U0948621

天商法学教育教学改革论文集

2018年卷

Legal Education Reform Proceedings
of Tianjin University of Commerce

孙学亮◎主　编
沃　耘◎副主编

中国政法大学出版社
2018・北京

图书在版编目（CIP）数据

天商法学教育教学改革论文集/孙学亮主编. —北京：中国政法大学出版社，2018.10

ISBN 978-7-5620-8613-0

Ⅰ.①天…　Ⅱ.①孙…　Ⅲ.①法学教育－中国－文集　Ⅳ.①D92-4

中国版本图书馆CIP数据核字(2018)第231006号

出版者　中国政法大学出版社

地　址　北京市海淀区西土城路25号

邮寄地址　北京100088信箱8034分箱　邮编100088

网　址　http://www.cuplpress.com（网络实名：中国政法大学出版社）

电　话　010-58908289(编辑部)　58908334(邮购部)

承　印　固安华明印业有限公司

开　本　650mm×960mm　1/16

印　张　17.25

字　数　250千字

版　次　2018年10月第1版

印　次　2018年10月第1次印刷

定　价　58.00元

目录
CONTENTS

人才培养模式创新

特色专业建设

转型专业建设

课程建设

教学管理

人才培养模式创新

《天津市普通高等学校法学本科专业综合评价指标体系》分析

孙学亮*

2014 年以后，辽宁、上海、天津等省市分别进行了包括法学专业在内的本科专业综合评价，对各地本科专业教学及高等院校的学科建设、专业建设等发挥了积极的推动和引导作用。当然，与以往历次高校专业评估或评价一样，本次评估工作也在社会上、特别是各高校内部引起了很大的反响和争议。鉴于以往各高校评价或评估过程中极大的人力和物力投入，人们担心此次评价工作又会是一次劳民伤财、费力不讨好的工作。

事实上，从世界范围来看，对高校的评估或评价工作其实在很多国家或地区都存在，只是评估机构或评估的组织工作、评价结果的使用等在不同国家存在差别。因此，冷静地接受评估，是高校面对形形色色的专业评价或学科评价应有的一种态度。

现阶段我国对高校的评价或评估工作，其组织形式或主导机构越来越多样化，评估结果也越来越受到社会重视，评估或评价结果已成为学生高考志愿填报、研究生考试志愿填报的一个重要参考依据，也成为有关用人单位对毕业生招聘、选择的一个参考依据。然而，评估或评价指标体系的科学性、评价标准的客观性、评价过程的公正性将直接影响评价结果的准确性。因此，理当给予评估、评价指标体系的研究以应有的重视。本文乃以 2015 年度天津市法学专业本科综合评价指标为分析对象，按照其指标体系的逻辑顺序，对其各项主要指标尝试进行全面分析，以期能对该指标体系的完善提出一点建议。

* 天津商业大学法学院教授。

该评价指标体系共计有7个一级指标、17个二级指标和35个三级指标及相应的评价观测点，以下逐次分析如下：

一、生源情况（权重：0.1）

该一级指标下的二级指标及观测点设置如下：

1.1 招生录取情况（100%）	1. 近四年录取的本专业学生入学平均分（或标准分）（60%）
	2. 近四年录取学生入学平均分数在学校整体招生中的情况（40%）

该项指标权重为0.1，评价指标主要是招生录取情况，观测点有两个：近四年通过国家统一高考录取的本专业学生入学平均分数，权重占60%；近四年通过国家统一高考录取的学生入学平均分数与学校整体招生分数比较，权重占40%。

此项评估指标在不同类型学校之间引起的争议比较大。反对以此作为评价指标的观点认为，不应将生源情况作为评价指标，因为生源并不能反映一个学校最终的培养效果或培养质量，或者说，生源质量并不反映一个学校的培养过程或培养质量。影响一个学校的招生生源的因素有很多，学校的学科建设、专业建设水平和师资队伍水平、专业设置、以往的人才培养质量乃至学校的地理位置甚至专业“热度”都会对学校生源质量产生影响，但生源与人才培养质量之间的直接对应关系其实非常有限。因此，对一些社会声望相对较低的学校而言，以生源质量评价其人才培养质量有失公允。

我们认为，专业的评价或评估结果如果要在不同院校之间进行排名（水平评价），生源质量水平与学校的培养过程或培养效果几乎没有关系，特别是对两个学校声望和专业声望不对称的本科专业而言，这一指标将直接导致评价结果出现明显偏差。例如，一些地处沿海或东部发达地区、以所谓热门专业为主的高校，往往在高考志愿填报时具有极大的吸引力。反之，一些地处西部内陆地区的高校，尽管有着很好的办学条件、办学传统，学校的学科建设水平、专业建设水平也处于较高水平，但由于学校所处地理位置原因，其招生生源质量可能要远逊于东部同类学校。因此，设置这一指标，一定要考虑到其对评价结果公正性的影响。

如果将生源或招生情况作为评估指标，那么，以该专业“一志愿录取率”和该专业生源流失率作为一个评价指标，可以更加准确地反映某一学校该专业的办学条件和办学水平或人才培养质量（专业吸引力），尽可能滤去其他与教学效果评价无关的因素对评估结果的影响。

二、培养模式（权重：0.15）

该指标项下的二级、三级指标体系及主要观测点设置如下：

<table>
<tr><td rowspan="5">2.1 培养方案（60%）</td><td rowspan="2">2.1.1 培养目标（20%）</td><td>1. 培养目标、培养要求与本专业人才培养定位、课程设置的契合度（30%）</td></tr>
<tr><td>2. 毕业生的知识与能力、素质对培养目标的支撑度（70%）</td></tr>
<tr><td rowspan="3">2.1.2 课程体系（80%）</td><td>1. 培养方案中的课程设置与培养目标的契合度（30%）</td></tr>
<tr><td>2. 课程设置对知识、能力和素质要求的支持度（40%）</td></tr>
<tr><td>3. 培养计划中主干课程和主要专业课对知识、能力要求的支持程度（30%）</td></tr>
<tr><td rowspan="2">2.2 培养模式的改革创新（40%）</td><td colspan="2">2.2.1 专业人才培养模式改革创新的措施及实施效果（60%）</td></tr>
<tr><td colspan="2">2.2.2 本专业国际化人才培养的改革措施及实施效果（40%）</td></tr>
</table>

该指标权重为0.15，有“培养方案（60%）”和“培养模式的改革创新（40%）”两个二级指标。

“培养方案”有两个三级指标，即“培养目标（20%）”和“课程体系（80%）”。培养目标的主要观测点有二：一是培养目标、培养要求与专业人才培养定位、课程设置的契合度（30%）；二是本专业毕业生的知识、能力和素质对培养目标的支撑程度（70%）。这两个观测点的设置，忽略了本专业人才培养目标与学校总体培养目标之间的匹配度及专业培养目标定位问题。

课程体系的主要观测点分别为：①课程设置与培养目标的吻合度（30%）；②课程设置对知识、能力和素质要求的支持程度（40%）；③教学计划或培养方案中，专业主干课程和主要专业课程对学生的知识和能力要求的支持程度（30%）。上述三个观测点中的第 2 项与第 3 项之间存在较多的重复。因此，建议修改第 3 项观测点的内容，具体考虑到法学专业的特点，或从法律职业对人才培养的能力需要角度设计观测点或评价指标。

“培养模式的改革创新”这一指标，有“专业人才培养模式改革创新的具体措施与实施效果（60%）”和“专业国际化人才培养的改革措施与实施效果（40%）”两个三级指标。其对应的观测点分别为“专业人才培养模式改革创新的具体措施和实施效果”和“专业国际化人才培养的改革措施与实施效果”。通过对各被评价学校提交的评估材料分析，这两个观测点体现了较强的主观性，评估人员对评估结果的主观影响比较大。同时，从内容上看，各学校的具体创新措施或体现在培养方案的设计上，或体现在教学方式、教学手段的改革方面，与其他评价指标的观测点难免重复；而专业国际化人才培养对绝大多数地方高校而言，在某种意义上仅具有象征意义，实质意义不大。

三、教学资源（权重：0.3）

该指标体系下的二级、三级指标及观测点设置如下：

3.1 专业师资基本情况（35%）	3.1.1 专业生师比（25%）
	3.1.2 具有博士学位教师的比例（15%）
	3.1.3 高层次教师情况（15%）
	3.1.4 近四年高级职称教师为本科生授课情况（15%）
	3.1.5 具有行业实践经历的专任教师比例（15%）
	3.1.6 中青年教师参加实践教学能力培训比例（15%）
3.2 专业教师科研情况（25%）	3.2.1 教师近四年发表学术论文情况（40%）
	3.2.2 教师近四年市级以上科研奖励情况（30%）
	3.2.3 教师近四年主持科研项目情况（30%）
3.3 教师教研情况（25%）	3.3.1 教师近四年发表教研论文数量（30%）
	3.3.2 教师近十年主持编写本专业教材情况（30%）
	3.3.3 教师近十年主持市级以上教研项目情况（40%）
3.4 实验实践教学条件（10%）	3.4.1 现有教学实验仪器设备（含软件）生均值（25%）
	3.4.2 近四年新增教学实验设备（含软件）生均值（25%）
	3.4.3 近四年校外实习实践基地数量及各基地实习学生人次数与在校生总数的比值（50%）
3.5 图书资料（5%）	3.5.1 现有生均专业纸质图书资料（60%）
	3.5.2 现有专业电子图书资料数（40%）

这一指标权重为0.3，下设“专业师资基本情况（35%）”、“专业教师科研情况（25%）”、“教师教研情况（25%）”和“实验实践教学条件（10%）”及“图书资料（5%）”五个二级指标。

“专业师资基本情况”主要考查专业生师比、博士学位教师比例、高层次教师情况、近四年本专业高级职称教师为本专业本科生授课情况、中青年教师参加实践教学能力培训比例及近四年参加市级青年教师教学基本功竞赛情况。这些考查指标基本达到了对被评价单位师资队伍整体状况的评价，但其显然还忽略了开设一个本科专业开展正常教学活动所需的基本教师数量，也未考虑到教师的职称结构、年龄结构和学缘结构等因素。同时，对中青年教师参加实践能力培训的界定范围过于宽泛，使该项指标的考查目的流于形式。同时，对青年教师的培养环节、青年教师总体教学水平或教学能力的考查不够。

“专业教师科研情况”主要是通过以下三个三级指标来考查：近四年教师发表学术论文情况（20 篇代表论文他引次数总和）；近四年教师获得省部级以上科研奖励情况；近四年教师主持科研项目情况。这几项指标重点考查本专业教师的科研能力和水平，但从现有指标设计看，指标对地方高校服务社会、服务地方经济的能力和效果的关注不够。建议对地方高校本科专业评价体系适当增加服务地方经济、文化建设等方面的指标，如承担或完成的地方部门委托项目、社会评价或服务效果等指标。

“教师教研情况”则主要从近四年教师发表教研论文数量、近十年教师主持编写本专业教材情况和近十年教师主持省部级以上教研项目情况三项指标进行评价。三项评价指标考查年份数或 4 年或 10 年，缺乏一致性。建议与科研情况考查采取同样的年份标准，以避免指标设计有针对性之嫌。出版教材还应考虑到教材的非本校使用率（推广率）或社会影响。

“实验实践教学条件”项下有三个三级指标：现有教学实验仪器设备（含软件）的生均值；近四年新增的教学实验仪器设备（含软件）的生均值；近四年校外实习和实践基地数量及各基地实习学生人次数与本专业在校生总数的比值等。

该三个三级指标中所涉及的实验仪器设备（含软件）考虑到了实验室或实验教学的经费投入，但欠缺实验设备使用情况或使用效果的考查指标，将实习基地实习学生人次数与本专业在校生总数进行比较，在不同年级人数相差较大的情况下，比值的可信度会降低。

四、本科教学工程与教学成果奖（权重：0.15）

该项指标的二级指标体系及观测点设置如下：

4.1 本科教学工程项目（50%）	历年省部级及以上本科教学工程项目（100%）
4.2 教学成果奖（50%）	历年省部级及以上教学成果奖（100%）

本项指标从本专业所获省部级以上教学工程作为专业建设水平的考查指标，可以反映本专业建设的质量和水平。从指标体系的逻辑关系考虑，建议将其归入第三项指标之中，一起反映本专业的教学水平。同时，增加考查本专业用于教学改革研究的经费投入指标，以考查学校在该专业教学研究与改革方面的投入水平及投入效果。

五、教学质量保障（权重：0.1）

本指标体系的权重为0.1，二级和三级指标体系及观测点设置如下：

5.1 质量保障体系（100%）	5.1.1 质量监控（30%）	教学质量监控机制及各个教学环节的教学质量监控措施
	5.1.2 质量评价（40%）	教学质量评价机制的健全程度、对各环节的涵盖程度，具体质量评价实施措施及实施效果
	5.1.3 反馈及效果（30%）	质量保障体系是否有持续改进

这一考查指标的体系设计，基本涵盖了本科专业教学质量监控体系，但现有指标体系设计还缺少对教学效果、教风、学风状况的考查指标，例如，从学生出勤情况、考试违纪情况、专业图书生均借阅率等对学生学习质量和学习效果进行相应监控。

六、培养效果（权重：0.2）

本指标的权重为0.2，项下有“就业情况与培养质量（50%）”和“在校学生综合素质（50%）”两项指标。其中就业情况与培养质量指标主要根据近四年就业情况与10名优秀校友简介两个三级指标来考查。就业情况统计近四年年终就业率及灵活就业率，较之一般统计的毕业就业率更科学，但考虑到法学专业受法律职业资格考试安排的影响，建议增加该专业最近四届毕业生近三年的行业就业率统计。而10名优秀校友简介的筛选，未设定任何限制性条件，由于不同院校同一专业的开设时间不同，筛选范围可能会存在极大差别，难以进行客观比对，建议限定为近十年毕业生中优秀校友简介，使不同学校的比较对象更具可比性。

七、专业特色（满分10分）

该指标完全为描述性指标，由被评价单位自行按要求围绕本专业培养特色、实施过程和效果撰写一篇1000字以内的文字说明。通过这一说明，可以反映被评价单位对其人才培养目标、培养特色及实际效果的自我评价。但评价结果可能会受到评价者的主观影响，因此，还应考虑该评价指标的客观性考查因素，以使评价结果最大限度地能客观反映被评价单位的办学质量。

截至本分析报告撰写完毕，因始终未能得到天津市2015年法学专业综合评价的最终结果，因此也就一直未能获得不同院校对评价结果的反馈意见或反应，所以报告的完整性、科学性难免受到影响，今后我们仍将继续关注其他类似评价活动，以进一步充实、完善分析报告的内容。

需求导向视角下高校法学教材建设的新思考

刘 剑*

不论是初等教育还是高等教育，教材在教学过程中都发挥着极其重要的作用，这一点是毋庸置疑的。即便是在高等教育中，教材依然是全部教学环节和教学内容的中心。教材承载了教学的基本内容，是教育目标的具体体现，是教师教学活动的主要依据和基本准绳，是学生研读和学习的主要对象和重要工具。

国务院副总理刘延东曾强调："教材建设是事关未来的战略工程、基础工程，教材体现国家意志。"为了加强对教材工作的领导，近日，国办印发了《关于成立国家教材委员会的通知》，通知指出，拟成立国家教材委员会来指导和统筹全国教材工作。〔1〕由此可见，教材建设工作的重要性以及国家对教材建设工作的重视。适当教材的选定，不仅保证了教学内容的稳定性和一致性，而且保证了教学过程的连续性和体系性，保证了教育目标和教育目的的实现。

一、高校法学教材建设的多种需求

自高校法学教育恢复以来，相关法学专业教材的编著工作也获得了蓬勃发展。这些教材在法学教学工作中发挥了重要的作用。但是，随着时代的变迁和法学教育自身的不断发展，在高校法学教材建设方面，产生了很多新的需求。

（一）对于教材权威性的需求

在法学专业的教材领域，可供选择的课程教材非常充分，既有

* 法学博士，天津商业大学法学院副教授，主要研究领域：经济法学。

〔1〕 参见李海楠："教材建设是事关未来的战略工程"，载《中国经济时报》2017年7月12日，第002版。

法律出版社、高等教育出版社等出版的版本，同时也有很多高校自行编写的教材，其中北京大学出版社、中国政法大学出版社、中国人民大学出版社等高校出版社出版的法学教材也得到了广泛的使用。除此之外，很多地方性高校的法学专业教师也纷纷编写各自使用的教材。

但是，数量如此巨大的法学教材，在其内容上却相差无几，在体例和形式上也并无太大不同，以至于，除少数权威性很强的教材外，太多的教材在出版后并未得到充分的使用。

教材所传授的应当是本门课程中最为基础性的知识和理论，教材对于这些重要知识和理论的阐发应当是最为权威的。具体到法学专业，法律法规作为重要的社会规范，在一国范围内具有很高的普遍性和权威性。因此，以其作为主要研究对象的法学教材，在内容上也应当具有很高的权威性。如此，才能保证对重要法学理论理解的准确性以及对相关法律法规解读的合理性。

（二）对于教材立体化的需求

互联网技术的普及对社会的各行各业都产生了很大的冲击和影响，对教育教学也产生了很多变革性的激励。传统教材一直采用的都是纸质的载体，而互联网技术则为教材建设提供了更多可供选择的呈现途径。除了传统的纸质版教材之外，为了方便存储和携带，教材的内容还应当可以通过光盘和网络存储器的方式加以保存，这将为学生的学习和教师的教学提供极大的方便。

不仅如此，对于法学专业的课程而言，日常教学的内容除了法学理论、文本性的法律规范之外，还需要向学生展示更为具体而鲜活的案例案情、立法背景等视听资料，需要为了帮助学生加深对所学理论和法条的理解而进行大量习题的演练等。在这方面，传统纸质教材的不足即十分明显，受篇幅和体裁的限制，这些资料不方便在传统纸质教材中体现，这给学生的学习和教师的教学带来了很多的不便。

概而言之，在互联网技术的冲击下，教育教学领域对教材的内容和形式产生了“立体化”的需求。所谓“立体化教材”，即要求以传统的纸质教材为基础，融合多媒体、多用途及多层次的教学资源和多种教学服务为内容的结构性配套教学出版物，包括视、听、看、测试练习等内容，以达到助学目的。[2]

（三）对于教材多维度的需求

教材存在的主要价值之一在于满足学习和教学的需要，因此，当学习和教学的对象存在多维度的需求时，教材也应当调试自己对其进行适应、满足。

高等学校的法学专业在办学特色、发展定位以及人才培养目标上，一直以来都存在着研究型和应用型的区分。多数地方高校的法学专业，从法学专业本科生的就业实际出发，都将其目标定位于应用型法学人才的培养。如此，在培养过程中，除注重基本理论和基础知识的传授之外，还需注重实践能力的培养和训练，在其培养方案中都设置有一定比重的实践和实训类课程。但是，与理论性课程相比，这部分实践和实训类课程的开展普遍存在缺少可供使用的统一教材的困境。

同时，很多地方高校独立学院的法学专业教师还担任着本校其他学院专业中与某些法律部门有关的法律概论性课程的教学工作。这一类的课程在一定程度上已经打破了严格的法律部门划分界限，以特定专业学生的专业和就业需求为依据，选取并组合某些相关法律法规作为讲授和教学的内容。例如，对于经管类院系、专业的学生，需要将合同法、公司法、破产法、消费者权益保护法、产品质量法、商标法、刑法等多种法律部门的相关内容进行选择性地讲授。这种选取和组合，应当以服务于授课对象为主要目的，具有很强的“因（人）才施教”、“因需定（教）材”的特点。

二、高校法学教材建设的新回应

在新时期、新形势下高校法学教材建设新需求的推动下，高校教材建设领域出现了新的回应。

2004年4月，中央开始启动“马克思主义理论研究和建设工程”（以下简称“马工程”）计划。“马工程”计划在教材建设方面

---

〔2〕 陈计专：“‘互联网+’时代高校教材立体化建设研究”，载《科技创业月刊》2016年第18期，第88页。

的主要目标，是有目的、有组织、有计划地编写150种左右的教材，基本涵盖哲学、政治经济学、社会学、法学等学科专业的基础理论课程和专业主干课程，从而形成充分反映当代中国马克思主义最新理论成果的学科体系和教材体系。“马工程”教材的编写，是新中国自成立以来在教材建设方面的空前行动。

截止到2017年，法学专业十六门专业核心课程“马工程”教材的编写、出版工作已经基本完成。崭新的“马工程”系列法学教材陆续走进了高校法学专业的课堂。

法学专业“马工程”系列教材，不仅以当代中国马克思主义理论研究的最新成果和科学方法来指导和统领对具体法律知识的学习，具有极强的理论价值和现实意义，而且这一系列教材在很多方面也很好地回应了本文前述内容所提及的高校法学教材建设的需求。

首先，“马工程”系列法学教材内容更具权威性。由高等教育出版社出版的这一系列教材，每一本都由该领域内的权威学者组成编写组，汇聚集体的智慧，统领该门课程范围内的成熟理论研究成果编写而成。“马工程”系列法学教材在全国高校被逐渐广泛地使用，在很大程度上改变了法学教材“群雄割据”的局面，对于教材的选用有了统一的标准，学生的学习内容更具普遍性和一般性，打破了部分高校教材对于本校教师学术观点的片面强调。这也在很大程度上避免了学术水平有限的作者所出版的数量庞大、质量良莠不齐的教材给大量读者在选择教材时所造成的极大困惑。

其次，“马工程”系列法学教材形式更加立体化。这一系列教材在编排形式上的最大特点是其形式的立体化。这种立体化变革不仅体现在除依然以纸质版教材作为主要载体之外，还融合了先进的互联网二维码技术。在不打乱教材严谨体系化结构的前提下，教材的编写者把大量辅助性的立法背景素材、大量实践性案例案情及裁判过程作为“拓展阅读”的材料，穿插在教材的相关位置，方便学生和教师在阅读过程中，通过手机扫描二维码的方式获得这些信息。更为可贵的是，这些拓展阅读的材料已经不再局限为文字材料，而是更多地体现为视频材料和文献资料，甚至有的拓展材料还来自于“今日说法”等法制专题节目的片段。除此之外，编写者还在每一章的结束处，通过二维码的形式留有“自测习题及参考答案”，方便学生的自检自测，方便老师的选用考查。这样，一本在外观上看似与传统纸质版教材并无不同的“马工程”教材，其所包含的内容和发挥的作用却已大大地超越了传统教材的限度，成为集教材、学习辅助资料、试题库、案例库等多种角色于一体的综合性、立体化的新教材。这种新颖、独特的编写方式满足了“互联网+”时代对教材的高技术所附加的新需求。

三、对于“马工程”系列法学教材的再补充

“马工程”系列法学教材运用马克思主义的基本原理和基本方法指导法学各学科的研究和教学，保证了教材的思想性和科学性。教材的编写人员汇集了该学科的代表性人物和领军性学者，在教材内容的权威性上也不容置疑。教材的形式创新，以手机扫描二维码的方式获得视频、音频等多种形式的教材补充阅读材料，并附有大量可供获取的自测习题，这种立体化的教材组织形式在很大程度上弥补了纸质版教材平面化的不足，将教材的覆盖范围延伸到了课堂之外、辐射到了课堂之后。并且，随着这一系列教材在全国各高校法学专业的推广，专业教材内容的统一性也得以保证和实现。

由此可见，“马工程”系列法学教材的确是一本深受好评、意义深远的好教材。但是，对于不同的需求主体而言，“马工程”系列法学教材在具体的使用过程中，还需要有其他类型的教材作为补充。

首先，需要实践、实训类教材的补充。“马工程”系列法学教材主要的目标群体是法学专业的本科生，然而，在法学本科生的培养过程中，学习系统而扎实的理论知识固然重要，但是同样不可或缺的是对法学本科生运用法律的实践、实训性能力的培养。“高校法学专业教学改革，从传统理论教学模式向实践性教学模式转型，两者相辅相成，缺一不可，形成一个新型教学的有机整体。”[3]很显然，

---

〔3〕 耿强：“应用型人才培养与高校法学专业实践教学改革”，载《知识经济》2012年第5期，第173页。

后一部分培养目标并不在“马工程”系列教材涵盖范围之内。尤其是大量的地方性高校的法学专业，其发展定位、办学理念均确定为培养应用型法学人才，而在培养“应用型”法学人才的过程中，需要大量以实践、实训为主要内容的教材作为此类课程所依赖的准绳。

其次，需要面向不同主体的多样性教材的补充。“马工程”教材面向的目标群体是以法学为其专业的专门法学人才。但是，在全国很多的高校中都存在这样的现象，即法学专业的教师除为本专业学生授课外，还需要根据本校其他专业的需求，为其他相关专业的本科生开设既与其专业相关又具有一定法学专业性质的法学概论性课程。例如，对于经管类专业的学生、对于理科类专业的学生、对于医学类专业的学生、对于建筑类专业的学生等，在与其各自专业相关的方面，法学教师需要分别根据其授课对象的专业特点，选择性地以不同的法律法规作为授课内容。在这类课程中，教师重点讲授且学生最为关注的可能不是法律理论的阐述和对法律体系的把握，而是更具体的法律法规的规定。甚至，服务于不同授课对象的需求，教师经常会打破法律部门划分界限，对授课内容进行实用性地组合。因此，在一定程度上，“马工程”系列教材对于这部分特殊主体的多样性需求也不能完全满足。

通过上述分析，本文认为，“马工程”系列法学教材的编写，适应并满足了当前法学专业教材使用过程中所产生的诸多需求，在内容和形式上都有重大的突破和创新，非常具有时代感和科学性。但是，由于不同高校中法学专业建设的不同需求，以及法学专业外的其他学科对法学类教材的特殊需求，因此，单凭“马工程”系列教材一己之力难以满足如此不同层面的多样性需求。当然，我们期盼如同“马工程”已经出版的教材那样，在上述多维度、多层面的需求刺激下，后续会出现适用于不同主体的高水平的全国统编教材，但是，在其尚未面世的空隙，在“马工程”基本理论、基本思想和基本方法的统领之下，各高校法学专业在短时期内仍有现实的需要，去编写满足不同维度学科建设需要的教材。

论信息时代大学课堂吸引力的提升

——基于教师的反思

蔡文霞*

一、信息时代大学课堂吸引力下降的表现

大学课堂是大学生学习和领悟知识的重要场所。大学生通过聆听教师的讲授和同学之间的相互探讨来获取知识和学习思维方式，进一步提升自己的综合能力。然而，在信息化时代的今天，大学生更关注互联网上的各种信息，时刻沉浸在电子产品所提供的海量信息之中，这对大学教师的课堂授课效果产生了极大的影响。几乎所有的大学教师都面临着课堂上传授的知识对学生的吸引力对战互联网上日益翻新的海量信息对学生的吸引力问题。大学课堂如果不刻意地要求学生上交手机或者通过技术屏蔽教室内的互联网信号，不少学生在课堂时间内最感兴趣的事情还是浏览手机上的信息。手机上的信息五花八门，十分吸引学生，无论是让人欲罢不能的网络游戏，还是不时关注或点赞的微信朋友圈，以及穷追不舍的网络电视剧等，都有足够的吸引力吸引学生抱住手机不放，而教师的授课在这些电子产品强大的吸引力之下，屡屡败下阵来。

在信息化时代的今天，大学教室里如果能够让学生自由选择是浏览手机内容还是听老师授课，不加以任何课堂纪律的约束，那么，大学课堂上很可能会呈现出一种人人浏览手机内容的独特现象。当然，这种浏览手机内容的做法未必是每个学生时时盯住手机内容不放，而是在整个上课过程中，鲜少有学生一眼都不看手机的。即使

* 天津商业大学法学院讲师，法学硕士，研究方向：刑法学、犯罪学。

是对于专心听讲、自律性较强的学生而言，老师讲课的魅力可能也难以抵挡对刚刚发过来的一条信息的好奇，而按捺不住打开这条信息看看究竟是何内容。对于本身对课堂内容不太感兴趣或者自律性较差的学生，更是喜欢挑选教室的后排座位，寻找可以遮挡老师视线的地方坐下，打开手机继续追剧，或者玩网络游戏、浏览八卦新闻或者网络小说。

信息时代大学课堂对学生的吸引力下降的主要表现不再是学生嗜睡或者聊天等不愿听课的情形，而是学生在课堂上的注意力被更吸引他们的大量互联网信息吸引，不再关注教师的教学内容。

二、信息时代大学课堂吸引力下降的原因分析

在信息时代，大学课堂上教师教学的吸引力不及手机浏览内容的吸引力是客观存在的现象，其主要原因可归结为以下几点：

（一）课堂学习的效率不如自学效率高

当互联网技术遍布全球，全民上网，人们不再单一地依靠书本或者口授相传来获取知识，而是简单地通过上网搜索相关的信息便可以获得知识时，大学课堂的教学就面临着极大的挑战。大学课堂不同于中小学课堂：中小学课堂多以基础知识的传授为主，并且学生因未成年所具有的自学能力有限，加之受到中考或高考的压力，不得不依赖教师的教学内容而进行学习；大学课堂上的学生多已成年，具备一定的自学能力，当教师所传授的内容可以通过更为快捷的互联网渠道获取时，学生便不愿将大把的时间用于课堂，而倾向于自我学习。加之有些学生的自学能力强，自学效率比传统的课堂讲授效率高，因此，更愿意在课堂上通过网络收集资料来进行学习，而不愿聆听课程。

同时，网络上各种慕课和微课的大量存在，也为自学的学生提供了海量的学习资源。学生们也不在乎课堂内容是否真正听懂、课堂笔记是否全面记下，因为即便没有听懂或记下，各种慕课或者微课的视频可以反复学习，网络上整理好的学习资料下载下来更为全面。因此，教师的授课成了大学生学习课程内容的一种方式，而且

是众多学习方式中可供选择的学习方式之一，完全改变了过去课堂授课仅为唯一学习方式的一家独大的局面。在各种学习方式的竞争中，课堂学习的效率如果不能体现出优越性，当然失去了对学生的吸引力。

（二）学生对课程本身缺乏兴趣

不少课程的老师无论是授课内容还是授课方法都为人称赞，但仍然有不少大学生在这样的课堂上醉心于网络上的各种信息而忽略教师的授课，关键原因就在于学生对课程本身缺乏兴趣。兴趣是吸引一个人注意力的最重要的因素，一个人对某些内容感兴趣，想了解其中的原理，纵使讲授人讲得枯燥，听者听起来仍津津有味；反之，一个人对所学内容毫无兴趣，纵使讲授人讲得天花乱坠，听者仍毫无反应。

有些大学生因为高考失利等原因进入了自己并不喜欢的专业，因此对专业所学的课程始终难以提起兴趣，课堂学习时间被用于干各种与课程内容毫无关联的事情，不听教师讲授。还有些学生对本专业感兴趣，但对专业内所学课程有些感兴趣，有些不感兴趣，对不感兴趣的课程一律不听课，期末突击复习以应付考试。除此之外，还有部分学生“功利性”较强，尽管对课程不感兴趣，只要课程学分高，老师给分高且要求松的一律选修，这样就可以做到上课不听讲，却能保证成绩优秀且不用认真学习的“最佳状态”。在信息化时代的今天，对课程不感兴趣的大学生有课后的大量网络学习资料可供考试过关，又有各种非课程的互联网有趣信息吸引自己，更是放纵自己不关注课程教学内容。

（三）课堂内容的有趣性难以匹敌互联网信息

传统的课堂授课强调学生掌握知识和技能，往往紧扣教材，注重学生的对知识的记忆，学习方法也多从有利于学生的识记出发进行总结。因此，课堂教学内容偏重于理论归纳和总结，实用性相对较差，难以激发学生对课程的强烈兴趣。如果授课教师在教学手段和教学方式上不能很好地引发学生的兴趣，仅仅依靠学生的自律去学习，那么课堂的吸引力本身就会十分有限。在信息化时代，大量的信息可以快速地通过互联网获得，不受时间和地点的限制，各种信息精彩纷呈，无论是学习资料还是娱乐消息，都不仅是以文字的形式呈现，而且是多以动画的形式表现，在趣味性上的表现往往比单纯的课堂讲授更胜一筹，以致学生对教师的课堂讲授满不在乎，而陶醉于互联网上的有趣信息。

总而言之，在信息化时代的今天，教师在课堂教学上所面临的挑战不仅仅是如何让课堂内容丰富而有趣，以及让课堂形式多彩多样以吸引学生的注意力，更为艰难的任务是如何在课堂上与精彩纷呈的互联网信息争夺学生的专注力，提升自己课堂的吸引力。

三、信息时代大学课堂吸引力提升的做法

尽管互联网信息具有强大的吸引力，但在与互联网信息吸引力较量的过程中，不少大学教师仍运用自己的智慧成功地将大学生的注意力从互联网信息转移到课堂教学内容上来。这些教师改变了一些传统的授课模式和方法，不仅没有排斥互联网信息，反而利用互联网信息为其课程内容服务，提升了大学课堂的吸引力，让学生重新重视课堂教学内容。笔者对这些做法做了一些总结，以供教学同行借鉴。

（一）课堂讲授内容体现新意

对于大学生而言，只要具有基本的阅读能力，教材中的文字通过阅读就可以理解其内容。他们不愿意聆听教师用语言再复述一遍教材的内容，甚至有些学生觉得老师讲述教材内容所需的时间远多于自己阅读教材内容所需的时间，因此认为不如将课堂时间用来阅读教材内容或者浏览网络上的慕课或微课内容。对大学教师而言，大学课堂既是学习知识的地方，也是追求真理的场所，教材不是真理的代表，学生不需要通过标准化的考试，而是需要吸取有价值的思想来进行自我判断，追求真理。所以，大学教师的教学内容需要紧贴教材，但绝不能是教材的重复，而且需要高于教材，具有思想内容的新意才能深深吸引学生的注意力。这种新意是网络上的慕课、微课等网络课程所不具有的新意，学生不得不紧抓课堂教师所教授的内容，因为内容一旦错过，教学的内容不能像网络课程一样回放，

所以必须全心全意地投入到课堂学习之中，以最大限度地汲取课堂教学内容。

教学内容的新意主要体现在必须透过书本挖掘隐藏在知识背后的思想并展现给学生。课程教材所展示的内容大多是知识性的或者是技能性的，如果学生掌握这些知识只需要记忆，那么学生完全可以采用死记硬背的方法来掌握这些内容并应付考试。如果需要记忆更持久和深刻一些，采用理解性的记忆也可以应付考试。教材的内容是展示这些需要记忆的内容，而传统的教师就承担着通过讲述的形式帮助学生更快更准确地理解和记忆这些内容的任务。既然仅仅是记忆，那么通过何种方法能够快速理解并记忆就是学生的选择了。在众多学习资源面前，大学生都会自主选择效率最高、最有趣的记忆方法，当教师的讲授不是最佳的记忆方法时，就会被网络资源打败，大学课堂吸引力自然下降。要对抗网络上大量学习资源的挑战，不能以己之短对抗彼之长，因此，大学教师提升课堂吸引力要另辟蹊径，这就是讲授教材上知识点背后的思想。教材上的每个知识点不是孤立的，往往具有体系性，这样的体系性背后还有建立该等体系的原因或者原理，教师就需要讲授这些知识点背后的思想。例如，在进行法学课程的课堂讲授时，教师在解释法条内容的同时，需要让学生明白法条的出台背景、立法这样规定的原因，这样才能使学生真正理解法条，进而正确地适用法律，这样知识点背后的内容不是单纯地可以从书籍中获取，可能更多的是从诸多案例和法条释义中去领悟的“心得”。教师的领悟要有自己独具匠心的“心得”，这样传授给学生，学生觉得从中学习到的是通过其他信息渠道所无法获取的信息，因此会格外珍惜而凝神去吸取课堂教学内容，从而达到提升大学课堂吸引力的效果。当然，这种新意的挖掘是需要教师长年累月的科研活动做支撑的，不可能在短期内速成，所以必须要求有深厚的学术积淀才可以形成“心得”。青年教师尽管学术积淀不够，也完全可以从现在做起，将点滴发现的知识背后的思想一点点积累并呈现给学生，学生在感受“心得”的过程中会被深深吸引。

（二）挖掘课程本身的实用性

19 世纪后期，一些美国教育家提出了新的教育思想，即进步主义教育思想。进步主义教育家认为，教育并不是强制听讲或闭门读书，教育就是生活、生长和经验改造。生活和经验是教育的灵魂，离开生活和经验就没有教育。[1]大学开设的所有课程都应该是具有实用性的，与生活和经验相关。这些课程或者作为基础课程为后续的专业课程铺垫知识基础，或者作为专业课程为日后的实践工作提供方法。因此，授课教师想要课程吸引学生就必须在授课伊始就让学生感受到课程本身的实用性，绝不仅仅是理解记忆知识点，而是这些知识点会转化为实践工作所需要的内容。学生只有从思想上真正意识到课程是实在、有用、为生活所需的，才会有意识地关注课程内容，进而自觉放下手机。

大学教师的授课过程就是一个不断挖掘课程内容中的实用性展示给学生的过程。通过授课教师让学生一点点感受课程内容在实践中的作用，而不断增强学生对课程的兴趣。不同课程的实用性的体现是极为不同的。理工科的数理演算过程不仅仅是单纯的数字和公式的推理过程，而是为了解决某个具体问题而列出的公式并进行演算得出结果的过程，这种具体问题切忌凭空捏造，而是实际生活中确实存在的问题，让学生体会课程的实用性。人文类的课程更是如此。以法学课程为例，所有课程中的概念都不是空洞而刻意编造的，而是为了解决实践中的各种问题而产生的。像“权利”和“义务”这种抽象的概念，绝不仅仅是字面意义上的解释，更多的是对实践生活中具体的权利和义务的识别和辨析，以及对待权利和义务的态度等问题。对于离学生实际生活较远的法学类课程，如《国际公法》、《国际经济法》等课程，最好能让学生进入这些课程内容所涵盖的角色之中，像模拟扮演外交官来明确外交代表的特权和豁免权以及工作职权等内容，模拟扮演船长来具体判断面临海难是如何决定抛弃何种运载货物等。通过各种形式让大学生成为解决这些实践问题的主角，而课程本身的内容为他们解决问题提供了方法和思路，他们会认真领会课程内容，感受到课程内容的实用性，从而喜欢上

---

〔1〕［美］约翰·杜威：《民主主义与教育》，王承绪译，人民教育出版社 2001 版，第 14 页。

该课程。

（三）提问式教学抓住学生注意力

传统的课堂讲授重在“讲”，要求教师将教学内容一一分析给学生，其中的重点和难点反复强调和演示，教会学生理解并且运用，学生始终处于被动接受知识的地位。为了更快地理解和运用所学知识，学生对教师所讲的知识尽快地进行记忆并尝试运用教师所授的方法去解决问题，争取做到举一反三，灵活运用。这种教学方式效率高，尽量让学生在最短时间内掌握全部的教学内容。但是，如果教学内容不足以时刻吸引学生的注意力，那么教学效果将会差强人意，这种教学方式的效果好坏主要依靠教师教学内容的吸引力和学生的自律性。在信息时代的今天，在强大而有趣的互联网信息的攻势下，带有一定理论性的知识远不如网游、网剧有趣，仅依靠学生的自律或者教师诙谐的语言来抓住学生的注意力显然不够。在课堂上吸引学生的注意力，除了教学内容本身增强创新性和实用性外，通过提问来吸引学生不失为一条良策。

人天生都是有好奇心的，尤其是对自己不知道的问题更是喜欢刨根问底，这也不难解释为什么悬疑小说总是能抓住读者心，一连串疑点让读者欲罢不能，不看到结局决不罢休。如果大学教师能够将授课内容适当编排，通过一系列提问的回答呈现出来，学生在听课过程中不得不跟随一环扣一环的疑点问题进行思考，注意力自然集中于课堂上教师对答案的层层揭秘。以法学学生熟知的正当防卫的概念讲解为例，在讲授式课堂上，教师一般都从正当防卫的概念讲起，接着讲述正当防卫的意义和成立条件等内容；但是，提问式课堂要从一个与歹徒做斗争的案例提问，要求学生思考此案中行为人能否成立正当防卫？如果某人进行正当防卫，需要注意哪些条件，否则会导致防卫不正当？通过不断变换案例中的各种条件，让学生结合生活实践中的合理性来判断哪些是正当防卫所必须满足的条件？最终引导学生得出正当防卫的概念和成立条件。这样的教学过程是一个学生不断探索和思考的过程。最终得出的结论如果和教材中规定的正当防卫概念和成立条件有所偏差，那么可以进一步思考出现偏差的原因是什么？是对现实生活中纷繁复杂的情况考虑不周导致，还是其他原因？一系列的问题抛给学生回答，学生不得不思考，不得不探究，不得不将全部的注意力放于课堂之上，自然不会受到网络上有趣信息的诱惑。

（四）利用网络信息培养学生批判性思维

开放的互联网信息提供给了学生海量的信息。但不可否认，海量的信息良莠有别，学生不加甄别地一味吸收并不能提升自身的水平，反而可能会陷入思维混乱之中。大学的课堂不仅传授知识的运用，更需要教会学生甄别良莠的能力。面对互联网信息的诱惑，当不少教师抱怨课堂教学抓不住学生的注意力时，优秀的大学教师不仅不会为互联网信息所累，反而要利用互联网的海量信息教会学生甄别良莠的能力。这样的教师在课堂上不禁止手机的使用，反而鼓励学生使用手机去获取信息。当讲到某一问题的不同观点时，他会鼓励学生通过手机上网去查找存在几种不同的观点？这些观点的分歧点是什么？通过提问的方式让学生自己寻找答案，自己思考，自我选择合理的观点。这种方式与直接讲授给学生标准答案的方式相比，更能抓住学生的注意力，锻炼学生查找资料的能力，培养学生的批判式思维。互联网的信息不再是抓住学生课堂注意力的障碍，反而成为辅助课堂教学的重要手段。

（五）通过网络技术了解学生学习状况

随着网络技术的不断提升，网络技术逐渐运用于人民生活的各个领域，包括课堂教学。不断更新的 APP 软件在吸引学生课堂专注力的同时也成为教师的教学利器。教学软件 APP 的多种功能帮助教师随时了解学生的学习状况，及时根据学生的学习掌握程度调整自己的教学内容，紧抓学生的课堂专注力。以“雨课堂”教学软件为例，这一软件为师生交流学习内容提供了一个方便的平台。教师可以在课前向学生发布预习内容，并通过数据统计随时了解已经预习的学生数量以及预习习题回答的正确率等内容。教师在授课之前对学生的预习状况了如指掌，可以针对学生的错误认识设计课程内容，更好地吸引学生的课堂注意力。在课堂上，教师可以随时通过这一平台发布问卷调查、随堂测验等问题，通过当场反馈的数据及时了解学生的学习效果。课后，这一软件还为师生进一步探讨问题提供了场所。通过这样的网络技术，教师时时了解学生的课前预习、课堂表现、课后探讨等情况，能有的放矢地设计教学内容，并采取各种教学手段、教学方法来吸引学生的课堂注意力，以达到最佳的教学效果。

客观地说，互联网作为获取信息的一种快捷手段，在给人们提供诸多方便的同时，也确实为课堂教学吸引学生的注意力带来了一些难题，但是怎样将互联网信息为教学所用，而不是受其所累，是每一个大学教师需要认真思考的问题。优秀教师的做法值得我们借鉴，更为我们思考在信息时代提升大学课堂吸引力的做法提供了一条思路，只要教师肯开动脑筋，就会创新出更多的方法来提升大学课堂的吸引力。

尽管慕课、微课等各种网络课程的出现冲击传统的课堂教学，但是课堂教学有一个最大的优势是其他方式的教学所无法比拟的，那就是师生的互动性。大学教师尽可以将这一优势发挥到极限，在注重教学内容的创新性、实用性、问题性、批判性的同时，随时跟学生互动，紧紧抓住学生的注意力，通过学生的课堂表现来发现学生对教学内容的掌握程度，变换自己的教学方法，以期达到最佳的教学效果，培养出具有创新性和批判思维的大学生。

因此，作为一个合格的大学教师，首先，不仅要严谨治学、善于研究，不断提升学科专业理论水平，而且要不断提高自己的教学学术修养，善于用自己的教育智慧给学生以创造性的启迪和引导。其次，尊重学生、相信学生，以学生能够并乐于接受的方式展开课堂教学活动，注重教学方式的多样性和实效性，让学生真正以主体者的角色参与到教学中来，使课堂不再是教师的“一言堂”；教师则以平等对话者的角色参与学生的学习过程，关注学的方法、学的结果，使学习不再只是学生的事，努力构建一种平等对话、和谐共进的现代课堂教学模式，突出教学过程的主体性、交互性和生成性，以此促进学生自主创新能力的不断提高。〔2〕

---

〔2〕 李杰：“大学课堂教学有效性的误区及其成因分析”，载《中国大学教学》2014年第1期，第77页。

从古希腊自然法思想的起源谈我国法学教育“超越性”的缺失

刘　涛[*]

法学教育应如何改革？近年来，上到法学界的泰斗级人物，下到普通的法学教育一线教师，皆给予了高度关注，所论所指大到法学教育的体制乃至中国大学的体制重构，小到某一门具体法学课程的授课方法乃至阅读书目的遴选，不可谓不充分，期间许多宏论洞见令人备受启发与鼓舞。但是，总体而言，既往的讨论对法学教育具体方法及模式的关注远远多于对法学教育目标与内容的关注。这一现象至少反映出两个方面的问题：其一，它说明如何吸引学生主动参与教学、提高教学效果已经成为大多数法学教育工作者的自觉追求，正是在这一认识基础上，方法问题才成为共识性的问题；其二，它说明大多数业界人士对既存法学教育教学的目标和内容是基本认同且无甚异议的，教育教学的改革更多地被等同于方法上的改革。笔者以为，任何思维倾向都是一种遮蔽。换言之，这种以“方法改革”为中心的思潮已经产生了遮蔽法学教育教学内容与目标改革的效果。而不管是就逻辑还是经验而言，教育教学的内容与目标之于教学方法的关系，都是决定而不是被决定，因此，更多地从法学教育内容与目标的维度来思考问题，应成为进一步推进法学教育改革的一把钥匙。

从整体上看，经过三十年的发展，我国法学教育的内容体系已经基本固定：法理学、法律思想史等所谓纯粹理论的课程被单独设置；就某一部门法内部而言，虽然有基础理论与制度历史沿革的教学内容，但一般只是被当作导论性质的内容一带而过，当前生效的

---

* 天津商业大学法学院讲师，研究方向：公司法、证券法。

制定法的逻辑分析及其立法解释、司法解释乃至某一执法部门的行政解释被作为全部教学内容的核心来进行重点教授。这种内容安排所体现出的法律实证主义倾向，其优势在于使记忆与理解成为法学学习的首要方法，便于“普法”，便于造就大批的法官、检察官、律师等“国家法律工作者”；其弊端则是贬抑了深入思考的价值，扭曲了法学教育的价值，使得传统文化中“权大于法”的观念不能从根本上被节制。笔者以为，作为西方法律思想源头的古希腊自然法思想所蕴含的“超越性”，乃是解决上述问题的根本所在。以下特就此展开，所论所识，必然浅陋，希望求教于大家。

一、古希腊自然法思想的起源：形式及其实质

“言必称希腊”乃有其不得不称的道理。尽管在世界历史早期各国都有其关于正义或法律性质的观念与思想，但古希腊哲人的思考无疑是最彻底和最基本的。这种思考的结晶就是我们今天称之为自然法的思想的起源，其时间跨度至少可从公元前8世纪的《荷马史诗》开始，一直到公元前4世纪的斯多葛学派的兴起。[1]就其在自然法上的观念形式而言，前期主要以至高无上的“神的意志”来解释法律的性质，后期则主要以永恒而普遍的“自然理性”来解释自然法与人定法的差别。为较为准确地阐述其间的差异与共性，现将上述两种观念形式分述如下：

（一）法是至高无上的“神的意志”

据考证，早在公元前8世纪，自然法的思绪就孕育在古希腊的神话和诗歌中。[2]在神话中，古希腊人创建了包罗万象而等级分明的神的谱系，诸神既是大自然的主宰，也是人类的主宰。诸神利用自然的力量来控制人类社会，总是依据一定的法则，这个法则就是神的正义。它普照世界万物，维护着宇宙的秩序，是自然和人类的

---

〔1〕［美］E. 博登海默：《法理学：法律哲学与法律方法》，邓正来译，中国政法大学出版社2004年版，第3~16页。

〔2〕汪太贤：“从神谕到自然的启示：古希腊自然法的起源与生成”，载《现代法学》2004年第6期，第16页。

共同的最高法律。这意味着人类每时每刻、自始至终都受到一种“超验”的法则的支配。在《荷马史诗》中，宙斯作为普遍正义的化身，既是正义与邪恶的裁判者，也是最终的执法者。它根据宇宙的正义法则，辨别人类行为的正义与邪恶，并利用大自然的力量来惩罚违反宇宙正义的人类行动。据《荷马史诗》第16章记载，宙斯之所以投下暴风雨来惩罚人类，是因为人类不顾上天的妒忌而滥用他们的权力，在法庭上发表歪曲的宣判而排除了正义。这表明，宇宙或神统治人类有一定的法则，这个法则代表着神的正义。[3]也正因为如此，在古希腊的早期阶段，宗教仪式便渗透到城邦的立法和司法的形式之中，祭司在司法中起着重要作用，而其权力则来源于主神宙斯。在这种具有对世俗世界的超越性的法律观念的支配下，古希腊很早就产生了对所谓“国家法律”的反思。在索福克勒斯的悲剧《安提戈涅》中有一幕著名的戏，生动地描述了这种冲突。希腊人把举行葬礼视为来自神的意志的最高命令，违者将会遭受神的诅咒与报复，而故事里的克里奥国王却颁布命令，禁止人们为一个生前违反国家法律的死者举行葬礼，这个死者就是戏剧的主人公安提戈涅的兄弟。在国家法律与“神的法律”明显冲突的条件下，安提戈涅为了捍卫神法勇敢地向国王的法庭提出了抗辩，并最后按照希腊宗教仪式安葬了她的兄弟。[4]

（二）法是永恒而普遍的“自然理性”

自然法作为一个明晰的概念是由荷马时代之后的希腊自然主义者提出的。他们联系自然界的各种现象进行深入思考，力求把握背后的稳定的“质料”，例如泰勒斯的“水”、赫拉克利特的“火”、毕达哥拉斯的“数”等。这些自然哲学家各自思想的背后都似乎潜藏着一种共通的观念，即不再像之前的时代那样，绝对地认为宇宙秩序是建立在某些或某个至高无上的“神的意志”的基础上，而是认为来自一种永恒而普遍的“自然理性”。按照赫拉克利特的说法，

---

〔3〕［古罗马］荷马：《伊利亚特》，傅东华译，人民文学出版社1958版，第296~297页。

〔4〕［美］E. 博登海默：《法理学：法律哲学与法律方法》，邓正来译，中国政法大学出版社2004年版，第4页。

“神法”不是指神的意志，而是指“逻各斯”。他规劝人们悉心倾听本性呼声，顺从本性行动；他明确地把法律分成人的法律和神的法律，并认为人的法律及其力量不是来自于某个人的权威，而是来自于自然法，人的法律是由神的法律所派生的；人的法律是经常变化的，神律是永恒不易的。人类共同生活，除了恪守自定的法律外，更要尊崇“神律”即宇宙内共同的法律——自然法。赫拉克利特也由此被后世许多学人奉为自然法思想的始祖，以至于有人认为“古代的和近代的一切自然法学说都渊源于赫拉克利特的观点，他们把自然法理解为人定法中应当表现的某种理性的原则。”〔5〕其后，亚里士多德也明确指出自然正义的普遍性不取决于人们是否接受它，而在后期，斯多葛学派的代表人物芝诺更是认为宇宙是由一种质料构成的，这种质料就是理性，自然法就是理性法，人应该根据符合其自身本性的法则去安排自己的生活。〔6〕

综上所述，将古希腊自然法思想起源的两种观念形式稍加对比，不难发现，不论是作为“神的意志”的法，还是作为“自然理性”的法，都构成了一种在世俗法、人定法之上的超越性。换言之，古希腊自然法思想的两种观念形式的本质是对世俗法、人定法的“超越性”。这种“超越性”的建立，实质上是为世俗法与人定法建立了一个参照系统与约束系统，也为世俗法、人定法的发展提供了一种取之不竭的动力资源。这一观念本质作为一种深厚的思想传统，对后世西方社会法律制度的发展与法学教育的模式都产生了深远的影响，所谓20世纪以来自然法的复兴运动就是一个很好的证明。

二、对我国法学教育“超越性”缺失的判断及其根据

我国法学教育经过三十年的恢复发展已经有了巨大进步，不论是从法学院的规模、毕业生人数等硬指标来衡量，还是从社会影响

〔5〕［苏］涅尔谢相茨：《古希腊政治学说》，蔡拓译，商务印书馆1991年版，第59页。

〔6〕［美］E. 博登海默：《法理学：法律哲学与法律方法》，邓正来译，中国政法大学出版社2004年版，第17页。

力等软指标来衡量，都可谓成果辉煌。但是如果以前述“超越性”作为参照与判准来反观我国法学教育，不能不得出所谓“超越性”缺失的结论。如果采取量化打分的做法，把完全满足“超越性”标准的成绩定为满分10分，完全不满足的定为0分，笔者为目前法学教育的打分是3分。至于做出上述判断的根据，可以从教育内容上的“超越性”缺失与教育目标上的“超越性”缺失两大方面分述如下：

（一）教育内容上的“超越性”缺失

如前所述，当前的法学教育现状是以制定法及其司法解释乃至行政解释为主体内容，教学的整个过程更像是对官方法律正当性及其规范内容的解释、宣传、记忆、执行、适用的过程；更有甚者，在所谓法律职业资格考试（以下简称“法考”）通过率的压力下，大学的法学教育正全面地倒退至“应试教育”的模式：原本薄弱的理论基础部分更加被教师与学生边缘化，理论教学成了“假大空”，多做模拟试题、分析标准答案成了显著提高教学效果、使师生都能快速得到“实惠”的最佳方案。期间既没有充分地从传统马克思主义历史唯物论与辩证法的立场和观点出发进行批判分析，也没有充分地从传统自然法观念及现代人权观念出发进行辩驳反思。在该等缺乏“超越性”的内容的编排下，学生对法的理解很难不发生严重偏差，最直接的后果是经历了四年所谓的法学教育，仍然把“法”简单地等同于“法律”，把“法律”简单地等同于“正当”，把普通市民当成了最重要的法律规制对象，对政府机关、司法机关的规范性文件顶礼膜拜、诚惶诚恐。试问，在这样的心智结构下，即使法学院学生的法考通过率是百分之百，就业率是百分之百，其对“法治”的促进与实现有何助益？

（二）教育目标上的“超越性”缺失

法学教育自文革中断后经历改革复兴，可谓历尽坎坷。按理说，吃一堑而长一智，在法学教育的目标导向上应该充分反映出来：通过大学的法学教育，我们的基本目标应该是培育信仰和认同法的基本价值、熟谙法的基本原则的法律人共同体，而不是传统意义上的“国家的法律工作者”；我们的最高目标应该是培育出对“正义”与“自然法”有精深洞识与论述的世界级的法学大师。唯有如此，才能日积月聚，为我们这个欠缺法治文明而人治传统、专制传统深厚的国度的根本转型做好人才上、智识上的准备。但遗憾的是，时至今日，在我国各地法学院教育目标的表述与理解上，仍鲜有上述的“超越性”。从实际情况来看，各地的法学院大都以“法考通过率”、“考研通过率”、“就业率”等各种所谓“科学的”量化指标作为直接的教育目标。行文至此，笔者突然产生了一种缥缈的联想：如果古希腊思考自然法的古圣先贤穿越时空，置身于我们今天的所谓“法学院”的“法学课堂”，会不会莫名惊诧，能否全身而退？联系前述法学教育内容上的“超越性”缺失，这种教育目标上的“超越性”缺失更具有根本性。可以说，前者为果，后者为因。教育目标上的“超越性”缺失，实质上是为师者的见识的缺失，最终导致的必然是为学者学习目标上的缺失与智识结构上的缺失。

综上所述，“超越性”在我国法学教育中存在着严重缺失，并且已经导致了一些严重的不良后果。以西南某市为例，当地坐落有一所我国当时恢复法学教育最早、实力最强的著名政法院校，数十年来培养的法学法律人才无数，遍布神州各地。仅就其本地而言，其历届毕业生在当地的公安、检察、法院、律师等许多法律机关、组织、系统中的主要岗位上担负着重要工作。如果不考虑其他因素，仅就重要岗位任职人员所受法学教育的“科班”背景这个因素而言，其当地的法治发展水平，在全国来讲，不能说必然名列前茅，但至少也应该不低于均值。但众所周知的是，在一段比较长的时间内，该市的法治状况倒退到了令人瞠目结舌的地步。究其原因，当然是多方面的。但是如果从法学教育的维度去深入探析，“超越性”缺失不能不说是一个重要因素。恐怕正是由于“超越性”的缺失，才使得当地公安系统、检察系统以及法院系统等重要部门的部分所谓“受过多年法学院精英教育”的人员不仅难以依法制约权力的专横，反而变成了权力的法律打手。

三、弥补我国法学教育“超越性”缺失的几点建议

在现代意义上，不论是法学还是法学教育，都是西学东渐的产

物。从洋务运动到五四运动，乃至近百年来的历史，反复告诫我们一个道理：师夷长技以制夷的态度在长期来看没有出路，必须要彻底地进行文化与观念上的反思。我国法学教育中“超越性”缺失的根本成因应该说是文化基础上的问题。西方法律至上的观念、“王在法下”的观念的形成是有着厚重的文化思想传统背景的，“超越性”作为古希腊自然法思想起源的观念实质是其根本性的基础。我国传统文化中虽然也有“天理、天道”的观念形式，但长期的专制统治使得“明君圣主”、“法自君出”等观念始终充当着社会的主流认识。对于这一点，早有学者睿见地指出：“中国始终没有一种客观化的上帝概念和超越性的宗教力量，来帮助法价值提升到凌驾于人的权威之上，是法律至上观念难以形成的一大原因。”〔7〕以此论之，弥补我国法学教育“超越性”缺失的任务，仅有法学界的力量恐怕远远不足，这实际上需要整个文化界的努力。当然，抛开上述宏大叙事，如果仅就法学界内部而言，笔者以为，解决我国法学教育“超越性”缺失的问题至少应该从以下两个方面入手：

（一）确立具有“超越性”的法学教育目标

法学与任何一门学问一样，其最初的起点和目标有两个：一个是形而下的满足应用的层面，另一个是形而上的满足好奇心的层面。自改革开放及恢复法学教育以来，为了适应依法治国的形势需要，为了满足国家与社会对法律人才的爆发式的需求，迅速培养大批应用型的法律人才成为高等学校法学教育的当然目标与必然选择。时至今日，这种实用主义的目标设置更是凭借其内在的现实合理性在法学院的教育目标体系中占据了绝对的统治地位。但是，如前所述，缺失“超越性”的教育目标，其代价是沉重的，就像一个人四肢发达、浑身技艺却头脑混沌、没有灵魂。在这种法学教育下，法学院的毕业生充其量是一批懂得如何运用法律糊口自利的“精致的利己主义者”，而非追问正义、坚守良知、维护自然法的堂堂公民。因此，只有重新确立起具有“超越性”的法学教育目标，才能平衡、弥补目前近于一元化的实用主义的教育目标所带来的不良后果。这

---

〔7〕 周天玮：《法治理想国》，商务印书馆1999年版，第94页。

种具有“超越性”的法学教育目标，具体来讲，就是重新开放出法学作为一门学问的原始的、形而上的、满足好奇心的层面，抛开应试、抛开就业，把对正义、对公平、对自然法、对真理本身的无功利探求作为重要的教育目标。

（二）增添具有“超越性”的法学教育内容

在具有“超越性”的法学教育中，其不会把任何世俗法、国家法作为唯一的内容或最重要的内容，相反，它会把自然法、民间法作为其核心内容。因为“真正的法律乃是一种与自然相符合的正当理性，它具有普遍的适用性，并且是不变而永恒的。”〔8〕在这样的课堂上，重视探讨存在的根本原理，重视追问正义和价值的确切涵义，重视辩论正当性论证的理由，正如季卫东老师所言，“这种形而上学的、思辨的人文教养的价值，也就是庄子所说的‘无用之用’，构成卓越以及创新的核心元素。可以断言，没有人文精神作为根基，应用型专业知识和技巧就是无本之木，不可能真正开花结果。”〔9〕特别是在进入21世纪之后，“社会更加复杂化、动态化，风险性也进一步增大，法律家越来越难以在概念演绎和权利计算中故步自封，而必须面对千姿百态、千变万化的具体现象，必须把基于原则的普遍主义思维方式与基于现实的政策判断紧密结合在一起。这意味着在法学教育的现场，不仅要注重形式理性，而且还要注重批判理性；不仅要注重制度的结构和功能，而且还要注重文本背后的各种价值涵义。”〔10〕换言之，增添具有“超越性”的法学教育内容，不仅是满足纯粹理性与好奇心的需要，更是适应时代更加快速发展的需要。只有如此，法学教育的改革，才不会从一个极端走向另一个极端，才会有更好的平衡与更快的发展。

〔8〕［美］E. 博登海默：《法理学：法律哲学与法律方法》，邓正来译，中国政法大学出版社2004年版，第17页。

〔9〕季卫东：“法学教育的真谛”，载《检察日报》2012年11月29日，第3版。

〔10〕季卫东；“法学教育的真谛”，载《检察日报》2012年11月29日，第3版。

产教融合背景下法学专业应用型人才培养体系研究

吕　翎*

一、经济社会转型发展过程中产教融合对高等教育提出的新要求

国家“十三五”规划纲要对应用型办学方向的精神，即产教融合、校企合作的应用型人才培养模式，提出了明确的要求，应用型大学建设是当前高等教育的一项重要战略任务，在此大背景下，对法学专业的人才培养模式也提出了新要求，不主动作为就会没有一席之地。

产教融合中的“产”是指产业或行业，它代表产业最新的技术水平；“教”是指学校开设的专业、课程能否对接相关行业的需求。

（一）法学专业应用型人才培养的定位

据麦可思研究院发布的《2016 年中国大学生就业报告》统计，2015 届本科毕业生半年后就业最低的是历史学（86.4%），其次是法学（86.9%）。[1]法学专业的就业率不断下降，法学专业的教育模式需要做出何种变革，才能改变目前这种就业形势呢?

我们应该看到法学专业就业率之所以低，主要是因为法学专业的毕业生与社会需求有很大差距，我们培养的学生只掌握了基本的书本知识，对于如何进行实际运用只是通过案例分析、法庭模拟等几节课程简单地进行了解，根本达不到应用型人才的标准，更不要说为行业的发展起到推动作用了。

---

* 天津商业大学法学院助理研究员，研究方向：民商法学。

〔1〕引自广州日报，2016 年 6 月。

产教融合中法学专业培养应用型人才的着眼点：

（1）产教融合不应仅仅是校企合作或“订单式培养”，而应该立足于本行业的标准，这就要求学校应及时了解本专业所处的行业的最新技术水平，所设置的专业和课程建设都应该有较宽的覆盖面，形成以“不变应万变”的潜在能力。对于法学专业来说，培养方向应着重以法律思维为基础，以法律技能为手段，以实习实训为方法，制定符合行业需求的教学标准，使专业能力的学习与应用能力的学习融为一体。

（2）产教融合不同于传统的仿真实习或模拟实训，而是要求在真实的工作中实干真做，并且又是教学计划的组成部分，是在学校、教师的指导下的教学活动，以完成的工作来衡量学业水平，使学生的学习与工作紧密联系，学做人与学做事为一体，培养综合职业能力。学生的专业能力与应用能力相辅相成，这种有目的的实战性项目训练实现了学生的职业素质教育。

（3）产教融合需要在学院系和专业层面上有效地融入行业的活动中，把本行业最新的理念、文化、技术、力量引入到日常的教学活动中，使学生在专业课程的学习过程中对今后所从事的行业有深入的了解，能够更好地对自己的职业进行规划。

（二）发达国家产教融合的经验做法

历史和实践都为我们指出，高等教育必须适应经济社会的发展。例如，在18世纪英国产业革命中，牛津大学和剑桥大学对正在发生的产业革命采取了“事不关己”的态度，与时代需求严重脱节，结果这两所大学都陷入了近一个世纪的衰退。反观一些城市大学在产业革命中革新了教学方法、承担了许多试验和研发工作，不仅实现了与产业技术的对接而且推动了高等教育的自身发展。许多发达国家在这方面的经验值得我们学习。

德国：双元制职业教育。由企业和学校共同担负培养人才的任务，教学分为专业理论教学和技术技能培训，教材分为理论和实训两种，授课教师也分理论授课和实训授课两类教师，教学活动始终是围绕职业实践活动开展的。

法国：学徒培训中心。特点是企业不仅要支付工资，同时还要保证给予系统完整的培训，国家通过立法来促使企业履行职业教育义务，也对企业给予补助。

日本：企业教育。日本的大多数企业都实施了不同程度的企业教育，这被视为企业经营战略的重要部分，像丰田公司开设的“丰田工业大学”，松下公司开设的“松下电器工学院”。

澳大利亚：新学徒制。由政府出资设立新学徒制培训服务中心，免费向社会提供服务，帮助培训机构和学徒双方达成培训协议。

加拿大：合作教育。加拿大的校企合作、工学结合教育以合作教育作为本科教育的基本模式。学生从大一开始，每 4 个月在学校和产业之间转换，交替学习或带薪工作，这样学生在毕业前就已具有 6 次 4 个月的工作经历。不同专业的校企合作教育的实施方式也有所不同，主要根据专业教学需求、企业工作岗位情况以及学生自身情况而定。

英国：三明治式。即“2+1+1”，前两年学校学习，第三年企业实习，第四年回到学校学习、考试；或“1+3+1”，第一年企业工作，中间三年学校学习，第五年又回到企业实习。在这个过程中，企业参与学校的评估、参与制定职业资格标准、对学校进行资助，学校则根据社会与企业的要求设置专业、按照行业标准进行教学。

美国：学工交替式。学校根据所开设的专业需要与相关企业签订合作合同，企业提供岗位并安排专人对学生进行指导，对学生实习期间的成绩、态度、工作情况进行评定，学校也派教师到企业进行指导监督。

上述发达国家的经验也给我们一些启发和思考。学校的教育紧跟企业的需要，学制灵活、理论学习与工作实习安排合理，同时企业参与度高，真正做到了产教深度融合。正如马云在今年 5 月在贵州“数博会”上称我们正在进入重新定义很多事情的世界。产业的“重新定义”必然导致职业教育的“更新换代”，法学专业也要抓住机遇调整课程结构以对接行业的需求。

二、法学专业开展产教融合目前存在的问题

（一）合作方具有不稳定性

目前，大部分本科学校的法学专业在校企合作对象的选择上存在很大的随意性，往往是经人介绍或对方找上门来，缺乏来自各级政府和学校高层的整体部署，而学院本身也只是为学生找个地方去实习，没有从学生今后的就业方向、职业需求等客观方面去有计划地安排，这就导致合作流于形式，学生应付差事，根本起不到产教融合的实质要求。

（二）合作模式单一

法学专业在开展的校企合作的产教融合中只局限于共建实习基地的模式，学生实习被集中安排在实习单位岗的随意性大，甚至被安排一些与专业技能毫无相关的工作，实习项目单一，同时缺乏专门的管理人员监督指导，在实习单位遇到的专业问题回到学校也没法系统地咨询与解决，这种产教融合严重缺乏约束性和有效性，根本起不到培养人才的目的。

（三）缺乏学生自主创新创业的实践平台

法学专业的学生如果不在学校安排的实习基地进行实习，就要自己寻找实习场所，学校对此采取的是放任的态度，对学生在实习单位究竟是如何进行实习、实习效果如何，只凭实习结束后单位出具的证明材料，对学生来说根本没有什么约束力。每年70%的学生自主寻找实习单位，大部分是抱着应付的心理，学院对这部分学生无法进行有效的管理，也未能为其提供一个有效的实践平台以给学生一个创新创业的机会。

（四）师资队伍建设的不足

许多专业教师十几年甚至几十年讲一门课程，其知识结构的老化及专业实践能力的缺乏，制约着应用型人才的培养质量，试想连产业最新动态都不了解，怎么可能实现产教融合。在教学内容上，只凭教学经验和教材内容，严重脱离行业的岗位实际需要。与此同时，缺少行业内的人员对学生进行实践教学指导。

（五）缺乏国际化视野

在全球化的背景下，国际化办学是大势所趋，国际化的办学视野和开放的治学理念，缺一不可，法学专业也是一样，开展国际交流虽然在专业上有一定的局限性，但是一些成功案例也值得我们学习借鉴。美国在“技能危机”的时代背景下，由政府扶持的“全国性大型项目”以校企合作产教融合推动应用技术强化，对经济社会转型发挥了示范作用。针对存在的上述问题，法学专业在培养应用型人才的产教融合方面任重道远。

三、产教融合对法学专业应用型人才培养的思路

（一）产教融合对法学专业的必要性

1. 学校在产教融合过程中提高人才培养质量的需要

高校要可持续发展，人才培养是关键。然而，随着高校招生的规模扩大，在校大学生的数量急剧增加，这使得现有的教学资源相对紧缺，再加上教学观念的滞后、教学改革和管理的落后，这都影响到教学质量的高低，而教学质量的高低不仅影响到学校的竞争力，而且还直接关系到学生的就业问题。如果没有创新，仍墨守成规，那么对于像法学专业这种本身就业率偏低的专业而言，无疑是雪上加霜。法学专业在产教融合的背景下，怎样推进教学改革满足行业发展需要，怎样培养人才实现与行业需求对接，开展特色办学使法学专业的毕业生对社会的发展具有实用性和直接性，都需要学校以培养行业需要为导向，从专业的实际出发，优化专业设置，将毕业证书与职业资格证书对接，将职业资格标准和行业规范纳入课程体系，提高培养质量，坚持产教融合的教学，使学生毕业后能够与行业无缝对接。

2. 行业在转型中的经济社会发展的需要

许多单位普遍反映刚毕业的大学生普遍缺乏“团队合作精神”和“实践能力”，大学生进入单位后会需要花费很长一段时间进行培训，才能胜任。问题的关键在于高校注重的是理论培养，学生真正动手实践的机会不多，如果给学生一个真实的职业环境，让学生在

工作实践中体会行业规范，端正职业态度，学会岗位技能，培养出行业所需人才，那么最终的结果将不仅能提高就业率，而且还会降低行业成本。

3. 学生自我发展的需要

创新性人才的培养应重视人文科学，在内涵上加强对学生的思想道德教育，提高学生的综合素质，产教融合为学生提供真实的实习工作岗位，让学生真做、真学，明确学习目标，提升工作中的成就感，掌握真正属于自己的一技之长。学生们只有意识到自我存在感的价值，才会将更大的热情带到学习和工作中。

（二）推进法学专业产教融合的思考

1. 政府主导健全产教融合的协调机制

地方政府在研究制定促进产教融合的相关政策上要建立明确的约束机制，明确学校和行业的权利义务，尽快制定完善产教融合的法律法规，从制度上给予保障。同时，政府成立校企合作或成果转化指导委员会，发挥政府的组织优势，统筹规划地方高校的产教融合，明确培养目标、解决实际困难、搭建信息平台、提供公共服务，协调校企合作有序开展。在这方面，钦州学院是一个很成功的例子。钦州政府在北部湾经济区正式成为国家站后，抓住机遇为钦州学院培养应用型专门人才提供了政策支持，帮助钦州学院定位为“地方性、海洋性、国际性”特色鲜明的应用型高校，支持钦州学院走深化产教融合的改革道路。目前，钦州学院成为广西壮族自治区唯一一所获得国家高级船员培养资质和国家一级渔业船员培新资质的高校，地方政府起了关键作用。

2. 行业应该在产教融合过程中发挥主导作用

产教融合中的“产”代表了行业或者行业中较大的企业，能够代表行业中最新的技术水平或职业要求。我国的产教融合在 2013 年之前有所尝试，多数为高职高专院校，合作模式有实习合作、校企培养、校企实体合作、共建实习基地、订单式培养、引企业入校等。随着地方普通高校的转型发展，应用型本科院校培养目标为高科技部门、技术密集产业或管理者和组织者，这就需要对所从事的行业联合开展培养科技攻关，建立科技研发中心或项目合作，行业应贯穿人才培养的全过程，包括课程内容的制定、人才培养方案的制定、专业设置、实训平台和科研平台的搭建、教学评价体系的建立、职业资格的认定，每一个环节都要有行业参与，使行业与学校成为共同的利益体，一方面能为行业培养更多的创新主体，另一方面能发挥行业的主导作用，提升行业的整体水平。

3. 学校应该成为产教融合发展中的管理机构

应用型大学转型是个系统的工程，学校在此过程中要发挥领导作用。首先，学校在实施产教融合中要依法签订合作合同，明确双方的权利义务、产权关系，对岗位职责、利益风险、发展目标等按照法律法规作出明确的规定，避免出现法律纠纷。其次，对内部要充分调动教师的科研积极性和创造性，对教育教学和科技研发进行全面的监督管理，为行业发展做贡献，同时维护好各方的共同利益，融合合作的大局。最后，对外部要掌控风险，使产教融合既符合教育教学的规律，又符合市场经济的发展规律。在这方面，上海海事职业技术学院是成功的案例。该校立足于中远海运集团，形成了准确的办学定位：一方面，在企业的支持下搭建了全覆盖的职业培训平台，为企业培养了大量的优秀创新人才；另一方面，学校通过资源的整合，研发了许多的项目，为今后的发展提供了后劲。

4. 学院如何建立有效的实习途径

在产教融合中，产教实习基地是丰富教学实践、提高专业技能的实践场所，对培养学生的综合素质起到至关重要的作用。目前，法学专业的实习基地大多数是与相关的律所、基层的法院、司法局共建，实习单位和学院缺乏专人监督指导，学生到实习单位大多走过场，流于形式，如何改变这种局面呢？一是由学校自行投资建设，如建立公益性的律师事务所，由学院派相关的专业教师组成领导小组，聘请退休的教师负责相关日常维护，让学生在大一开始就有机会接触到行业的运行程序，分学年进行不同程度的专业实习，特别是寒暑假期间对有就业意向的学生重点给予指导。二是为学生设立科研奖励基金，鼓励学生参与老师的科研课题，将学院现有的科研课题面向学生，培养学生的科研能力，为一部分继续深造的同学提供平台。三是将职业资格考试纳入到教学计划中，在授课内容中深化基础知识与职业技能的学习与训练，使学生认识到获得《法律职业资格证书》是迈向行业领域的必备条件之一。这就需要加强行业实训等实践性教学环节，聘请行业内部有经验的专业人员穿插为学生讲解职业资格考试的实际案例，培养法科学生的法律思维能力。四是学院从行业的标准和需求着眼，分析当前教师结构，将“双师双能”教师队伍的建设放在首位，可有计划地将教师送到行业一线挂职锻炼，提高教师队伍的整体水平。特别是在当前京津冀一体化的大背景下，学院应定位为哪些地区、哪些部门培养什么的人才，将观念转化，把服务地方作为主要目的，为地方经济的发展和推动行业进步做出自己的贡献。

四、结语

学校培养人才必须符合经济社会发展的需要，不断改革创新，与时俱进，同时在产教融合的过程中保持自己的特色。墨守成规，会得不到发展；完全企业化，也会背道而驰。产教融合育人模式是应用型本科院校符合当前我国经济社会发展的实际情况，将行业发展、市场需求与专业建设有效结合，实现行业人才培养目标的全新教育模式，学校实现教育理念创新、考核体制创新、实习培养模式创新，突破瓶颈制约，从关门办学逐步走向开放办学，形成以产教深度融合为主要引领和支撑的人才培养体系和发展方式决定了专业发展的未来。产教融合这种教育模式符合我国经济发展和高校教育改革的方向和趋势，在培养人才、发展科研、促进生产等方面起到了积极作用。

关于法学专业本科教学改革的若干思考

高　茜*

一、法学专业本科教学改革的现状

（一）以教学为主是法学本科教学的主要模式

目前对于法学专业的本科教学而言，采用的教学模式是传统的以教为主的讲授型方式，多年来这种传统的教学模式对于我们培养法学专业人才发挥了极为重要的作用。但是近些年来，随着国家经济的快速发展，社会对法学人才的需求开始有了更高标准的要求，培养富有创新性的应用型和实践型法学人才成为迫切需要。与此同时，传统的以教为主的教学模式也暴露出很多问题，例如，受学科本位思想的影响，传统的教学方式侧重于理论知识的传授，但却忽视了对社会现实需求的跟踪和把握。因此，在法学专业本科课程设置上也呈现出理论教学多而实践教学太少的状态，从而导致了高校教学与实践应用的脱节，这也是我们当下进行教学改革的重要原因所在。

（二）增加实践性教学比重是当前各高校开出的主要药方

正是因为以教为主的教学模式所带来的诸多问题，在当前的教学改革过程中，改变这种传统的以教为主的教学模式，并不断提高实践性教学的比重，成为高校教育改革的重点内容，它也体现了高等院校教学改革的整体发展趋势。在今后相当长的一段时期内，高校教学改革应该是围绕着如何培养学生的专业素质和提高学生的独立思考能力，以满足社会对实践型、应用型人才的需要这一核心问

* 博士，天津商业大学法学院讲师，研究方向：国际法。

题而展开的。尤其是对于法学这一实践性很强的专业而言，增加实践性教学比重确实是解决高校教学与实践应用相脱节的有效药方。目前各高校在加强实践性教学问题上采用的主要措施有：一是在课程设置上，增加实践教学环节的比重；二是不断丰富实践教学的参与形式，例如，在课堂实践教学之外，还设计了社会调查、模拟法庭、法律咨询、专题辩论、毕业实习等实践教学环节，对于提高学生的应用能力和实践能力起到了一些有益的作用。尽管经过这些年的努力，高校法学专业本科实践教学快速发展，但仍然存在着诸多问题亟待解决。

二、法学专业本科教学存在的问题

（一）以教为主的教学模式不利于学生专业素质的培养

以教为主的传统教学模式，是以教师的教学活动为中心，教师在整个教学过程中起主导作用的教学方式，这种方式一方面有利于学生对理论知识的系统获取，但另一方面也会带来很多问题。

首先，这种教学方式往往不利于学生学习自主性的发挥。由于教师在教学过程中，往往依据指定教材的内容进行讲授，这种方式会令学生产生一种误解，即所有的问题都有统一的答案，所有的学者都持同一观点。因此，在这种教学方式下培养出来的学生就很容易缺乏质疑精神、批判精神以及探索精神。

其次，以教为主的教学模式很难培养出富有创新性的应用型人才。在这种以教为主的教学模式下，学生往往都是被动获取知识，而且这些知识大部分都是理论性的知识，从而造成理论知识与社会实践的脱节。以票据法为例，单纯通过教师的课堂讲授，学生很难对汇票、本票、支票等各种有价证券和凭证有最直观的了解，也很难对票据流通的形式有深入的认识。因此，在走出校门时，也就无法满足社会对应用型人才的需要。

最后，就整个法学专业的本科阶段学习而言，学生对理论知识的掌握缺乏系统性。按照目前法学专业本科课程的设置，主要有十四门核心课程，这些课程分别安排在不同学期进行讲授。人的记忆是有限的，这就很容易出现“狗熊掰棒子”，学生学一门忘一门的情况，从而导致学生的理论知识获取不够系统，而这一结果的产生也确确实实与以教为主的教学模式是有莫大关系的。以教师传授知识为主的教学模式，没有考虑到人的记忆的有限性，亦或者说由于受到人记忆有限性的限制，以教为主的教学模式存在难以弥补的短板。当然，人不可能都过目不忘，记忆本身就是不断与遗忘做斗争的过程，但是如果能提高实践教学的比重，那么一方面可以增加学生的学习兴趣，使原本枯燥乏味的理论知识获取过程变得生动有趣，另一方面也是令学生加深认识并将其所学理论知识进行系统化的一个重要手段。

（二）提高实践性教学比重的手段过于机械，不符合教学规律

增加实践教学比重是进行教学改革的良方。目前就如何增加实践教学比重问题，很多高校的做法是：就某一个课程而言，在提高实践教学环节的课时的同时，降低该课程的总课时量。这种做法显然是不符合教学规律的。不可否认为了培养适应社会需要的实践型、应用型和创新性法学人才，在课程教学中增加实践教学环节的做法是无可厚非的，但是这不能以占用甚至是牺牲理论教学课时为代价。原因如下：

首先，对于法学专业的人才培养而言，课堂理论教学与实践教学同样重要。我们在强调实践教学重要性的同时，不能忽视课堂理论教学的重要性。因为如果没有充足的课时作保证，对基础理论知识的讲授必然是浅薄的、空泛的。理论知识掌握不扎实，所谓的加强实践教学就只能变成空中楼阁。学生只有具备扎实的专业理论知识，才能在教学实践环节将所学知识系统化和深入化，才能将这些所学知识转化为实实在在的技能。

其次，法学专业本科教学的目的并不是单一的，虽然现在很多高校强调对本科生的培养以应用技术型为人才培养目标，但是实际上高等院校对学生的培养目标并不是单一的，相反，我们的法科学生有很大比重将要从事科研工作，因此，对于本科生的科研创新能力的培养也是高等院校法学院人才培养的重中之重。那么，以占用甚至是牺牲理论知识课时的方法来增加实践教学课时量的做法显然

是过于片面的，它没有对法学专业本科教学培养进行全面深入的考量。要知道教学和实践二者的关系不但不存在内部冲突，而且二者是相辅相成的、相互促进的。因此，如果舍教学而就实践，这种做法显然是不合理的，也是不符合教学规律的。

（三）实践性教学流于形式

自1999年开始教育改革以来，已近二十载。目前，法学专业本科实践教学的方式并不少，但遗憾的是往往都流于形式。虽然目前很多高校的法学院已经将实践教学纳入教学计划进行统一管理，并采取过程性考核的方式作为监督手段，但平心而论，实践教学确实没有收到很好的效果。[1]究其原因主要有三点：

第一，现有的实践教学模式仍然是以老师为主导的，学生的参与度并不高，很多时候，学生在实践教学中仍然扮演着倾听者的角色，因此很难达到实践教学所追求的效果。

第二，现有的评价体系无法激发教师和学生的积极性。一是对于学生而言，实践教学缺乏考核标准，书面考试仍然是考查学生学习情况的唯一标准，这样就很难激发学生对实践教学参与的动力。二是对于教师的评价体系而言，论文依然是横在教师评价体系中的一杆硬标尺，可以说几乎所有的学术活动，最后实质上都要拼论文。这就导致高校教师往往把主要时间和精力都投入到了科研中去。而与此同时，实践教学又需要投入很多的时间和精力，但是这种投入却很难在评价体系中得到体现，因此，这种制度缺陷也导致教师对进行实践教学兴致缺缺，从而影响整个实践教学的实际效果。

第三，教学实践环节看似丰富多样，但实则学生能够真正参与的机会仍然不多。目前高校在课堂实践教学之外，还增加了诸如庭审旁听、社会调查、模拟法庭、法律咨询、毕业实习等实践教学环节，但是这些实践教学环节并不能保证每个学生都有机会参加，例如，就进行社会调查而言，其实这是一个非常好的实践教学方式，如对于环境法的学习就很有裨益。但是就实际来看，学生真正能参

---

〔1〕 曾凡燕："创新法律人才培养与实践性教学改革"，载《南京广播电视大学学报》2017年第3期，第45页。

加社会调查的机会并不多。究其原因在于，这种实践教学需要走出课堂，也需要相应的资金支持，而显然就目前来讲，这些条件是并不具备的。这也就导致课外实践教学缺乏良好的制度支撑。

（四）教师本身缺乏实践经验是加强实践教学的硬伤

增加实践教学为高校教师安排课程设计并完善教育教学提出了更高的要求。尤其是一些专业性和实践性很强的课程，要想做好实践教学，需要由既有深厚的理论功底又有丰富的实践经验的教师来从事实践教学指导工作。但就目前中国高校法学院师资队伍的现状来看，有一个无法回避的硬伤，这也成为制约增加实践教学的关键因素。当前高校教师的学历都很高，一般都能达到博士学位。但是学历高只能代表教师们受过多年专业的理论培养，具备扎实的专业知识和理论功底，但并不意味着这些高学历的老师们就具备了指导实践教学的能力。而恰恰相反，当前高校的法学院教师大多数都是埋头搞学术的人，是坐在书斋里的人，很少有参与实践的经历和经验。这种现实状况的存在也为高校进行实践性教学带来了新的问题和困难。

三、完善法学专业本科教育教学的建议

（一）从教学为主变为以学为主，教学相长

鉴于传统的以教为主的教学模式存在的问题，应该从以教为主变为以学为主，教学相长。因为以学为主的教学模式强调教学应该以学生为中心，突出了学生的主体作用。以学为主的教学模式可以激发学生在学习过程中的能动性和自主性，培养和锻炼学生的创新精神和实践能力。因此，高校法学专业本科教学改革，必须要突破传统的教学模式，大胆进行以学为主的尝试。实际上现在很多高校，尤其是985院校，已经开始了这种尝试，也取得了很好的效果。但必须明确的是，这并不意味着以学为主的教学模式就是完美无缺的，实际上这种教学模式也会带来一系列问题。因此，要改变传统的以教为主的教学模式，不但应该采用以学为主的方式，而且在此过程中，也不能忽略老师的指导作用，只不过是老师扮演的角色发生了

变化，由原来的课堂主宰者变为了课堂的组织者，实际上这种新的模式也能对教师的专业知识和实践经验积累起到积极的促进作用，实现教学相长。

（二）创新教学模式

混合式教学已经被逐渐引入本科教学的课堂。这种教学模式是由教师起到引导作用，通过诸如翻转课堂模式等方式增加学生对课堂学习的参与度，并积极通过网络化教学使课程学习更具吸引力和启发性的教学方式。在网络化教学带给传统教学模式以巨大冲击的今天，混合式教学确实是未来课堂发展的必然趋势。其优势在于，可以使课堂更加生动，从而提高学生的积极性和参与度，以便产生更为有效的学习效果，另外通过诸如微课等先进的信息技术可以扩充课堂教学的知识信息量，甚至通过慕课方式还可以打破传统课堂的边界，使更多人受益。固然，混合式教学带来的收益是巨大的，但混合式教学的采用并不意味着可以忽略传统教学模式，尤其是对于很多学科、专业而言，传统教学模式是必要的且核心的学习环节，是不能被忽视或取代的。

翻转课堂是未来课堂与混合式教学的一个重要组成部分，它是指对课堂内外的时间配比进行重新安排，将学习的主动权转移到学生身上，教师不再占用课堂时间来讲授信息，这些基础知识需要学生在课下自主完成。这样在课堂时间内，学生可以更加专注、积极主动地进行学习并参与讨论，从而更好地提升学习效果，教师也可以有更多的时间与学生在课堂上进行交流和讨论。〔2〕翻转课堂对于增进学习效果是大有裨益的，尤其是这种方式可以成为我们进行实践教学的有益尝试。尽管如此，对诸如翻转课堂等新的教学模式的采用必须辩证对待，也不能搞一刀切，因此，法学专业本科教学中设置翻转课堂必须符合法学专业教学的基本规律。例如，对基本理论知识仍然是需要采用教师讲授法的，这样才能确保学生获取的信息是系统且规范的。对于诸如案例分析等环节可以引入翻转课堂模

---

〔2〕 李向红："浅谈混合式教学"，载《江苏经贸职业技术学院学报》2006 年第 1 期，第 83 页。

式，甚至可以在这一环节增加教师与学生进行讨论的时间比重，这样通过教师的协助，学生可以通过实践获得更真实的学习，比单纯由老师来讲效果更好。另外，针对不同的教学对象在开展翻转课堂教学时也应该区别对待，例如，针对本科生，尤其是针对普通高校的本科生，教师讲授应当是课堂教学的主要内容和方式，这样更有利于学生对基础知识的系统学习。而且必须保持清醒认识的是，翻转课堂的成功采用是与学生学习的积极性、主动性以及配合度分不开的。否则，翻转课堂也可能会流于形式。

（三）完善实践教学环节

要完善实践教学，一方面，决不能为了增加实践性教学的比重而缩减理论知识的讲授学时，因为一个合理的教学安排应该是理论教学与实践教学的相互配合、相互促进。试想，如果没有充足的理论教学时间作保证，为学生奠定扎实的专业知识基础的话，那么实践教学无异于空中楼阁，根本不可能取得好的效果。因此，应当在不影响理论教学课时的前提下，适当增加实践性课程的比重，也只有这样才能培养出真正的创新型法律人才。

另一方面，在课堂实践教学之外，还应当通过强化案例教学、庭审旁听、社会调查、模拟法庭、法律诊所、法律咨询、专题辩论、毕业实习等实践教学环节，加强对学生分析能力与应用能力的培养。[3] 鉴于上述这些课外实践教学方式往往流于形式的现实，建议：其一，应该将这些课外实践教学环节固定化和制度化，这样才能保证课外实践教学不会成为偶然为之的工具；其二，应该加大课外实践教学的比重，尤其是给学生创造更多的参与机会，让每一位法科学生都能真正参与进去，并从实践教学中获益；其三，课外实践教学的开展需要完善的保障机制，因此，高校应该建立相应的资金保障机制，为这些课外实践教学的开展创造条件。

（四）为教师提供更多地参与实践的机会和制度支持

目前中国高校法学院教师缺乏实务经验是我们必须正面的事实。

---

〔3〕 曾凡燕："创新法律人才培养与实践性教学改革"，载《南京广播电视大学学报》2017 年第 3 期，第 47 页。

因此，要想提高学生的实践能力，应当从制度上为高校教师提供更多地参与实践的机会和平台，例如说可以由高校与实务部门实施互聘计划来解决这一问题。例如，可以鼓励高校教师采取挂职等方式多参与实践。另外，应该多聘请富有丰富实务经验的专家到高校讲课，拓展学生的视野。

高校法学专业本科教学改革千头万绪，任重道远，很多问题的解决不可能一蹴而就。而且高校教学改革，其目的还是要培养人。人才培养需要长期的过程来观察，因此，改革不能操之过急，需要从容安静的外部环境，才能深入彻底。

特色专业建设

高等商科院校法学专业特色人才培养模式联动机制研究 *

——以天津商业大学法学专业为例

沃 耘 **

引 言

目前，我国的法学教育正在遭遇瓶颈：从数量上，全国 600 余所设立法学专业的院校，每年产出大量法学本科毕业生；从质量上来看，法学教育中只精通法学专业知识的单一型人才已经不能满足经济发展的需要，逐步从精英教育开始转向通才教育。在我国法学教育规模不断扩大的局面下，如何提升人才培养质量，成为法学教育改革过程中至关重要的问题。为避免人才培养的“同质化”倾向，必须准确把握人才发展的正确方向，坚持错位发展的原则，利用商科院校充足的商科资源优势培养“法商相融”的复合型应用性特色人才。应当看到，特色化人才培养模式的改革是一项综合性工程，需要多个环节的同步推进与配合，联动机制的建立就成为各项改革措施之间的“连接点”与“润滑剂”，是全面提高人才培养质量的重要保障。天津商业大学法学院在充分讨论和调研的基础上，提出了教学环节的联动、课内教学与课外活动的联动、通识教育与专业教育的联动、师资队伍的联动四个方面的联动机制，从而培养出适

---

* 本文系天津市普通高等学校本科教学质量与教学改革研究计划重点项目“高等商科院校特色人才培养模式研究”的子课题“高等商科院校特色人才培养模式的教学环节联动机制研究”的阶段性成果之一。

** 法学博士，天津商业大学法学院教学副院长，主要研究方向：民商法学。

合社会需要特别是天津市地方经济发展的复合型、应用型人才。

一、商科院校法学特色人才培养模式中教学环节的联动及其配套建设

（一）教学环节的联动的必要性

作为知识输出的第一个环节——教学环节的设置是法学特色人才培养联动机制建立的基础，在全国高校扩招的大背景下，面对天津商业大学法学本科专业生源质量有所下降、学习能力欠缺与综合能力要求高存在矛盾的现状下，对法学专业教学环节的设置提出了更高的要求。传统的教学模式主要是单纯的课堂理论知识的传授，教师按授课计划完成讲授，学生通过考试就算教学的完成，这种单纯的讲授与聆听不能客观地反映出是否达到了人才培养的要求，更不能全面衡量法学专业学生的法律思维能力和实践应用能力。很长一段时期，法学专业的教学设置主要体现为理论教学，即采用传统授课方式，专业老师将知识输出，学生吸收的两阶段模式。随着经济发展对法学专业学生实践能力的需求，两阶段教学模式逐渐凸显出教学与学习脱节的弊端。传统的教学环节主要呈现出如下几个问题：一是教学形式单一，不能准确反映学习效果，通过考核得出的结果也缺乏客观性、公正性；二是在教学评教过程中评价主体（老师）与评价对象（学生）信息不对称，影响对教学效果的准确评定；三是教师的“教学过程”、“评价过程”与学生的“学习过程”没有有机融合；四是单纯的讲授方式难以激起法学专业学生学习知识的兴趣和创造力。应当看到，法学教育不仅要求高质量的专业知识的传授，更要培养法学专业学生对知识的实际运用能力、创新能力，做到知识和实训的有机结合。

（二）实现教学环节联动的改革措施

法学教育在应用型人才培养的需求下，不仅要保证教育环节中专业理论知识传输的质量，更要提高法学专业学生综合实践能力，课堂教学环节与实践教学环节的联动必不可少。天津商业大学法学院在教学环节联动方面采取的改革措施包括：

第一，将法学专业学生的实习、实训环节穿插于学业的进行时，改变原有的单一制集中实习模式。将原来的毕业集中实习分散在人才培养的各个阶段，包括认识实习、社会调查、专业综合实习［（一）、（二）、（三）］。有精力的同学也可以弹性地把毕业实习提前到大三学年。着力建设商业领域的实践教学基地，在实习、实训环节注重培养学生的职业技能、职业道德和社会责任意识。

第二，在教学方法上，多种措施并举，例如，开展以“双师教学”、“全真案例模拟教学”、“亲历教学”等为主要形式的“讲辩写练”的教学方法；将专业课程集合模拟法庭实验室进行实践性的训练，阶段性地聘请实务部门的专家讲授法官伦理、检察官伦理、律师伦理、辩论技巧等实践类课程；充分利用实验室资源，对物证技术、法制心理学、司法精神病鉴定课程进行实验室教学等。

第三，在实习、实训中寻找教学的缺口，及时反馈问题，根据反馈及时调整教学内容、教学方法和教学管理措施。建立用人部门与学校的交流反馈机制，通过与用人单位建立定期的交流制度，收集用人部门对法学专业人才培养的需求信息，分析其对专业人才的业务素质、知识结构、专业技能等方面的具体要求，及时调整教学内容、教学方法和教学管理措施，保证人才培养和社会需求间最大限度的契合。〔3〕

（三）教学环节联动的配套机制建设

第一，建立有学生参与教学改革项目的机制，真正实现“以生为本”、“因材施教”，改变作为教学环节的另一方主体——学生对单方被动地接受教学改革的局面。学生参与教改可以充分了解学生对于法学教育的需求和看法，可以通过调查问卷等方式来检测学生对于教学改革项目的意见和看法，从而让教学改革更好地与学生的学习需求融合与衔接，改变以往的“制度虽好，学生不买账”的错位状态。

第二，建立学生对实习指导教师的评教机制，整合课堂教学质

---

〔3〕 张嘉兴：“天津财经大学人才培养模式改革的探索与实践”，载《湖南商学院学报》2009年第6期，第23页。

量与实践教学质量的综合评教机制。配合理论教学与实践教学双轨制的教学环节改革，对教师的评教机制也需要整合与创新，从对理论知识的课堂评教拓宽实践教学环节、实习实训环节以及毕业论文指导环节的综合评价机制，让教学评价不再只是一种形式，而真正可以发挥其反馈与改进的作用。

第三，建立实践教学评价机制。法学是应用性的学科，应用性是法学的一大特点，实践教学环节与理论教学环节并重存在。传统的法律人才培养模式往往仅注重对教师理论教学环节特别是课堂教学的质量评价，忽略了实践教学环节中教学质量保障体系的建立。因此，有必要在实践教学环节中增加评价机制，并进一步建立实践教学环节的质量跟踪体系，有利于确保理论教学与实践教学环节的联动效果。

二、商科院校法学特色人才培养模式中课内课外的联动及其配套机制建设

（一）课堂教学与课外活动联动的必要性

课堂教学是提高人才培养质量的基础所在，法学特色人才培养模式的优化离不开培养对象专业基础的夯实。与此同时，商科院校法学特色人才培养模式的改革还应当从课上延伸到课下。例如，积极组织“学生团队下企业”、“商事职业技能竞赛”等课外活动。推动学生创业创新教育，积极申报国家级、市级“大学生创新创业项目”等。以天津商业大学法学院为例，通过积极组织或参与天津市“模拟法庭大赛”、“天津生活广播《法律与生活》节目校园行”、“社区矫正人员法制观念培养与实践”、“检校共建”等活动，让学生通过课外活动和竞赛将所学理论知识付诸实践，有效地提高了学生创新精神和创新能力。

（二）课内外教学联动的配套机制建设

第一，在人才培养质量检测中应该不拘泥于对学生考试结果的观察和考量，应当建立综合观测与考查机制。将社会调查、专业竞赛等课外活动的效果纳入特色人才培养质量观测体系，对学生的考

试成绩、社会活动、撰写论文、参与竞赛等各方面综合考量人才培养方案的实施效果。

第二，创新毕业论文形式，扩大论文选题范围，改变以往的毕业论文纯理论性研究，学生只是机械地完成学业任务，不能真正实现毕业论文所想要达到的效果。在创新毕业论文形式方面，可以鼓励学生选择社会调查报告的论文形式，引导学生根据自己的兴趣确定社会调查的群体、方式、内容等，在调查过程中提高学生的社会实践能力以及对法学领域现状的认识，为即将面临的毕业就业提供一个缓冲。在毕业论文选题方面，可以扩大论文选题范围，不再局限于理论性问题、高频性选题，建立专任教师与兼职教师共同指导毕业论文的机制，以及法学专业教师与交叉学科专业教师通过指导毕业论文的机制，在毕业论文环节进一步落实人才培养的复合型与应用性。

第三，与企业合作共同举办常态化“商业技能竞赛”，并将竞赛成绩计入选修课学分。通过与企业合作搭建实习基地、实践基地，开展专业技能竞赛，培养实际操作应用能力。通过比赛提高学生对竞争意识、团队合作意识的认识，加强知识的综合运动能力。改变原有的校内以课堂授课方式的选修课模式，将参加专业竞赛作为选修课的一部分可以起到一定的激励作用，既改变了选修课凑学分的尴尬现状，又能解决专业知识实操能力缺乏的问题。

第四，设立专项基金，扶持商事领域的“大学生创新创业活动”。鼓励学生积极申报国家级、市级“大学生创新创业训练项目”并给予经费支持，除此之外，在暑假期间参加的社会实践活动也应给予经费支持。

三、商科院校法学特色人才培养模式中商事通识教育与专业教育联动及其配套建设

（一）商事通识教育与专业教育的联动

随着经济社会的发展，只精通某一领域的“单一型人才”已经不能满足新时代的要求，既有专业知识又能涉猎其他领域知识的复

合型人才，既有理论知识储备又有综合实践能力的应用型人才，方能成为中坚力量。因此，法律人才培养对应多种行业需求，除政府机关、司法机关、律师与公证行业外，金融、证券、保险等领域也需要法律行业提供智力支持。法律职业的复合性决定了法律人才培养需要兼顾“通识”与“专业”的结合，法学专业人才培养若能进一步打破传统的行业壁垒，以学校的优势特色以及区域经济发展方向来适时调整法律人才培养方向，培养出来的法学人才也将获得更为广阔的就业渠道。

高校人才培养模式的定位直接影响到用人单位对培养对象的认可程度。尽管学界关于“专才”与“通才”教育、“一元”、“二元”与“多元”人才培养模式以及“研究型”与“应用型”人才培养目标的理论分歧一直存在，但是，人才培养模式的定位需要与学校办学特色以及所处地区的区域性经济发展特点相契合的观点已经基本达到共识。天津商业大学作为一所地方性商科院校，其办学特色围绕着“商”而展开，其人才出口必须适应“京津冀”、滨海新区等区域经济发展的需要。一方面，天津商业大学具有丰富的商科资源，形成了鲜明的财经特色；另一方面，天津市区域经济发展迫切需要向现代服务业输送精通金融法、财税法、公司法、证券法、保险法等商事法律理论与实务的复合型应用性法律专业人才。因此，在天津商业大学的法学人才培养模式中，法学专业教育与商科通识教育的联动必不可少。

（二）商事通识教育与专业教育联动的配套机制建设

第一，建立“法商相融”的复合型课程体系。商科院校法学特色人才培养的课程体系应体现层次感，以突出知识、能力、素质三者的相互结合与相互支撑。具体而言，理论课程体系板块突出知识的综合性以及专业的方向性。以天津商业大学法学专业为例，学院在开设法学专业全部核心课程及相关专业课程的基础上，设置了企业法务、金融法务和会计法务三个特色培养方向，相应开设管理类、金融类和会计类专业的基础课，保证本专业学生具有复合性知识结构。此外，在每一个特色培养方向的课程设置中，采取模块课与任选课相结合的选修课模式，即由学院制定特色专业必选课程模块，再由学生从辅修任选课中选择其他专业选修，建立较为完整的“法商结合”、“商经结合”、“商管结合”、“商事心理学”等“商科+专业”的复合型专业课程体系。

第二，积极探索慕课等信息化课程技术手段。充分利用现代信息技术，打造符合商科院校商事通识教育网络课程体系，充分利用学校的商科资源，开发“商事”通识教育课程，使得通识教育，尤其是公共选修课自成体系，形成一个能够独立于专业教育的课程体系，[4]最终实现“法商相融、注重应用”的人才培养目标——既具有高度社会责任感，又具备扎实的法学理论基础与较强的实践能力以及复合金融学、会计学等商学学科基础知识，即“法商相融”的应用型创新创业人。

四、专业教师与兼职教师的联动及其配套机制建设

（一）专业教师与兼职教师的联动

专业教师承载着输出专业知识的重要角色，实务部门的兼职教师则肩负着培养学生实践应用能力的重任。专业教师坚实理论基础与兼职教师丰富实践经验的融合，契合了法学专业对于应用型人才的培养需求，与此同时，在“双师结构”的前提下，专兼职教师加强在教学、科研方面的合作，也有利于打造实力更加雄厚的教学、科研团队，有效避免了理论教学与实践教学的脱节现象。专业教师与兼职教师的联动也有利于促进大学生培养质量的全面提高。值得注意的是，专业教师与兼职教师的联动必须强化专业教师与兼职教师的互动合作意识，营造合作氛围，拓展合作领域，打造合作平台，建立专兼职教师教学、科研合作团队。

（二）专业教师与兼职教师联动的配套机制建设

第一，建立与实务部门的专业导师互聘制度。在选派教师到法院、检察院、企业等实务部门挂职以丰富其实践经验的同时，从法

〔4〕 陈丽娟：“论慕课视野下的通识教育——以公共选修课课程实施为例”，载《漳州职业技术学院学报》2014 年第 1 期，第 105~108 页。

律实务门聘请学术水平高、业务能力强的专家担任兼职导师，建成一支有效合作的“双师结构”师资队伍。

第二，建立专业教师与兼职教师合作机制，即“双导师制”。在“双导师制”下，将由一名校内导师和一名校外导师联合指导学生的课程学习、论文选题撰写、社会实践、职业生涯规划和就业等环节，为毕业生创造更多更好的实践机会。[5]“双导师制”包括联合授课制度、毕业论文联合指导制度等。其中，联合授课可以将理论学习与实践能力的双重培养模式无缝衔接，毕业论文的联合指导则有利于帮助学生更好地理解制度、规定背后所隐藏的社会背景以及内涵。

第三，建立校院两级专兼职教师教学团队激励和管理机制，激发教师参与和创新的积极性。例如，将实践课时按比例折合成教学学时计算薪酬，根据综合考评结果以及教学成果给予奖励激励和荣誉激励，同时也要加强管理，形成一套完善的双师教学团队的具体实施和管理规定，为“双导师”模式的发展提供制度保障。

五、结语

2017 年“五四”前夕，习近平总书记在中国政法大学考查时强调，实现依法治国必须加强法治人才的培养，将法治人才培养，提高到实现依法治国的战略高度。同时，由于社会经济的快速发展而引发的对法律专业人才素质的多样化需求，使传统单一的法学专业人才培养模式面临新的挑战。如何培养具有全方位、多角度法治思维及综合素养的创新型人才，以适应全面推进依法治国及经济发展新常态的需求，是法学专业建设亟待解决的重大课题。习近平总书记在考查中国政法大学时还指出，建设法治国家、法治政府、法治社会，实现科学立法、严格执法、公正司法、全民守法，都离不开一支高素质的法治工作队伍。法治人才培养上不去，法治领域不能人才辈出，全面依法治国就不可能做好。由此可见，法治为法学专

〔5〕 许晓进：“服务滨海新区天津高校财经类人才培养模式的研究”，载《东南西北·教育观察》2010 年第 8 期，第 117 页。

业的发展提供了前所未有的历史机遇。法治经济发展对复合型、应用型法学专业人才的需求是长期而稳定的。除人大、司法机关、政府部门及律师事务所、公证处等法律服务机构外，金融、证券、保险、房地产、物流、旅游等现代服务业也存在着对法学专业人才需求的巨大空间。根据天津商业大学“育经世之商才，授致用之术业”的办学理念，天津商业大学法学专业着眼于天津现代服务业等经济社会发展的需要，依托学校商科资源，突出“法商相融、注重应用”的办学特色，力争使本校法学专业在天津市属高校法学专业中具有明显的商事特色，在国内同类高校中产生较大的社会影响。

简论商科专业的法学教育

王　硕*

一、商科专业法学教育的必要性

首先应当明确，商科专业的法学教育，属于“非法学专业法学教育”的范畴。所谓“非法学专业法学教育”是与“法学专业法学教育”相对应的概念，二者均属于我国高等法学教育的重要组成部分。简而言之，法学专业法学教育是指开设有法学专业的高等学校针对法学专业学生所开展的法学教育；而非法学专业法学教育则是指高等学校针对非法学专业学生所开展的法学教育。〔1〕总体而言，非法学专业法学教育的必要性主要体现为：建设社会主义法治国家、全面推进依法治国的需要；提高大学生综合素质的需要；增强大学生法律意识、营造良好校园环境的需要。〔2〕而对于商科专业而言，开展法学教育的必要性则显得更为突出：商科专业的培养重点为商务类人才；而对于商务类人才而言，法律知识的储备、法律思维模式的养成是从事商务活动所必备的素养；在法制建设日趋完善的现代社会，行商必依法，很难想象缺乏必要法律素养的人能够顺利从事商务活动。因此，法学知识是商科专业教育的应有内容，是商科专业人才培养目标的重要环节，商科院校应当对商科专业的法学教育给予足够的重视。

---

* 法学博士，天津商业大学法学院讲师，研究方向：商法学。

〔1〕 参见李毅：“非法学专业法学教育之探讨”，载《贵州师范学院学报》2015年第5期，第85页。

〔2〕 参见陈丙义：“论高校非法学专业的法学教育”，载《首都师范大学学报》（社会科学版）2014年第6期，第63页。

二、商科专业法学教育存在的问题

（一）基本定位不清

商科专业法学教育在基本定位方面的问题，主要表现在法学教育课程设置方面。总体而言，商科专业的主流法学教育课程主要包括：《思想道德修养与法律基础》、《法学概论》、《经济法概论》、《行政法与行政诉讼法》等课程。而上述课程的设置并不能完全满足商科专业法学教育的需要，其主要原因在于法学通识课程与专业课程的衔接存在问题。

首先，作为针对全体学生统一开设的《思想道德修养与法律基础》课程，其本身即难以发挥法学通识课程的应有作用。根据教育部的要求，《思想道德修养与法律基础》是所有高校非法学专业学生必修的公共基础课；而该门课程的设置首先是应对国家政治的需要，将法治教育作为高校德育教育的组成部分，纳入到德育教育的范畴，“思想品德课”、“政治课”的色彩极为浓重；法治教育服务于道德教育的基本定位，使得法学教育在教育目标上发生了层次错位；法学教育所应有的独立性其实已经被湮没于道德教育的一般性之中；该门课程中所剩不多的法学教育内容也仅仅是定位在最低程度的“普法”、“知法”层次，甚至难以达到“法律认知”这一基本的教育目标，无法使非法学专业的学生理解法律的本质，无法使非法学专业的学生养成基本的法律意识。[3]以法学通识课程的标准而论，《思想道德修养与法律基础》课程显然是不合格的。

其次，《法学概论》课程虽然在形式上符合法学通识教育的基本要求，但对于商科专业而言，该门课程的内容往往过于庞杂，针对性不强。一门《法学概论》课程的内容一般包括：法理学、宪法学、行政法学、刑法学、民法学、商法学、经济法学、劳动与社会保障法学、民事诉讼法学、刑事诉讼法学、行政诉讼法学、国际公法学、

〔3〕 参见陈丙义：“论高校非法学专业的法学教育”，载《首都师范大学学报》（社会科学版）2014 年第 6 期，第 63~64 页。

国际私法学、国际经济法学。无所不包的概论性课程往往难以引发商科专业学生的学习兴趣，难以使学生有效率地获得法律技能，不利于培养学生的专业素质。

最后，《经济法概论》等部门法课程，与商科专业的联系较为紧密，针对性更强。但此类课程在实际运行中的主要问题在于：课程内容看似贴近现行法律规定，技术性较强，但由于体系化程度较弱，学生所掌握的法学知识极易碎片化，难以对新问题形成“举一反三”的能力，不利于法律思维的养成。此外，为了减轻学生学习法律类课程的负担，此类部门法课程的设置往往与《法学概论》课程处于“二选一”的非此即彼状态，不利于知识体系的衔接，往往造成直接修习部门法课程的学生对于基础法律术语的掌握并不牢靠，大大降低了学习的效率。

（二）法学师资问题

事实上，商科专业法学教育的师资问题，对于拥有独立法学院的商科院校而言往往不至于形成较为严重的负面影响，但对于法学专业尚不成规模的商科院校而言，师资缺乏的问题就显得较为突出。此类商科院系往往采取“内部消化”的方式，以本院系非法学专业的教师直接承担法学课程的教学工作，教师的学术背景、知识结构必然会对教学质量产生相应的影响。[4]而由法学院系的老师负责授课，也存在着“水土不服”的问题，因为此类授课老师虽然在法学专业知识方面过硬，但往往凭借其职业化的教学习惯，很少考虑到非法学专业的学生与法学专业的学生对某门专业法学课程的不同需求，难以根据授课对象的特点调整教学方案和教学风格，缺乏法学一般理论基础的非法学专业学生往往感觉无所适从，而想更深入地学习又不得其门，最终难以取得良好的教学效果。而此类在授课教师和商科学生眼中共同的“外专业课程”也更容易沦为学校法学教

〔4〕 当然，实践中这一问题往往比较复杂。即使是法学学科建设较为成熟的商科院校，也可能存在非法学专业教师“不愿让”、法学专业教师“不愿上”的情况：因授课课时量可能与教师的个人利益直接挂钩，故而本专业教师“不愿让”；而非法学专业的学生属于法律的“外行”、管理方面的“外人”，传授知识以及维持教学纪律的成本较高，故而法学专业教师“不愿上”。

育的鸡肋，教、学双方都不重视。[5]

（三）法学教材问题

商科专业所使用的法学教材缺少具有法学背景的学者参与，特别是经济法、劳动法等部门法课程教材的编写者往往是经济、管理专业出身的学者。而且为了突出此类教材的针对性和实用性，现行法律条文的内容所占比重过大，提纲挈领的理论梳理反而不足，不利于基本知识框架的构建。笔者在此绝无意对教材的编著者进行指摘，只是意在说明，当前市面上的主流教材内容，可能并不完全适用于商科专业的法学教育。处于转型期的中国，法律条文的修订变更频率较高，过分关注既有法律条文的具体规定，缺乏知识体系的建构和方法论的培养，不利于有效培养学生正确找法、用法的能力，一旦遇到法律的大幅修改，便容易手忙脚乱而不得其径。

三、改进商科专业法学教育的基本设想

（一）恰当定位

对于商科专业法学教育进行合理定位，必须考虑到商科专业教育的实际情况，既不可盲目追求高标准，亦不可满足于法学通识教育的高度。其一，商科专业的法学教育属于非法学专业的法学教育，在商科专业教育的框架下应居于从属地位，故不可喧宾夺主，不宜简单套用法学专业的教育模式，更不宜简单照搬法学专业的培养目标。[6]其二，商科专业的法学教育不同于一般意义上针对所有学生的法学通识教育，商科专业的法学教育应当在法学通识教育的基础上与商科专业紧密结合，体现专业特色和针对性。与一般意义上的法学通识教育相比，商科专业的法学教育应当更“专”更“深”。

---

〔5〕 参见陈丙义：“论高校非法学专业的法学教育”，载《首都师范大学学报》（社会科学版）2014年第6期，第65页。

〔6〕 一个很直接的指标是，法学专业本科生的专业必修课总学时一般均在900学时以上，而对非法学专业的商科学生而言，法学课程的总学时数往往仅有法学专业本科生必修学时数的十分之一左右。在学习时间如此悬殊的情况下，强行要求商科专业的法学教学水平向法学专业看齐，是不切实际的。

一般的法学通识教育并不能满足商科专业的培养需求，在商科专业领域，与之相关的法学课程需要具备适当的深度。简而言之，在法学教育方面，商科专业人才所具备的法律素养必须高于非法学专业毕业生的平均水平；至于达到法科专业人才的专业水准，既不可能也不必要。商科专业的法学教育目标在于培养具有足够法律素养的商务人才，而非真正意义上可以独立解决法律问题的专家。

因此，可以将商科专业法学教育的目标水准大致定位于“法学专业”及“其他专业”之间，即在法学通识教育的基础上，培养学生在商科专业领域正确阅读和理解相关法律规范的能力，面对实际问题的基本找法、用法能力，以及预防常规法律风险的能力。

为实现这一基本定位，学校应当首先做好培养方案的修订完善工作，在《思想道德修养与法律基础》课程之外，进一步将商科专业法学教育的课程内容分为通识课程和专业课程两部分。法学通识课程与法学专业（部门法）课程各自有不同的功能目标，不能简单地相互取代，而应有效衔接。法学通识课程部分应列入商科专业的必修课程，在此基础上结合具体专业方向开设相应的部门法课程，如经济法、知识产权法、国际经济法、劳动法等。

（二）师资建设

前已述及，商科专业法学教育的师资问题，并非单一院系可以妥善解决的问题。因此，师资队伍的建设需要学校层面做出统筹规划，在明确商科专业法学教育基本定位的前提下，有效整合法学院系和商科院系的师资队伍。专业师资队伍的建设，可以考虑在法学院系单独设立针对商科专业的课程教研室，也可以考虑商科专业与法学院系合作建立课程教研室。商科院校应当以学校利益、学科建设为基本出发点，进一步完善跨院系课程的考核、奖励机制；对于商科专业的法学课程教学，应当强调以法学专业教师为授课主体，在全校范围内实现师资的合理调配；同时有效地实现不同院系资源的有效利用，促进不同学科的良性互动。

对于法学学科建设水平较低甚至是没有独立法学院系的商科院校而言，师资队伍的建设成本可能相对较高。此类院校如能将法学学科建设与商科专业法学教育改革相统一，面向学校的全面发展做出长远规划，可能是最优方案；如重点仅在解决当下的实际问题，则只能更多地采取“请进来”的方式解决师资问题，在此种情况下，成本较低的解决师资问题的方式可能是与本地区其他高校中的法律人才建立起联动机制，确保专业型授课人才的充分供给。〔7〕

（三）教材优化

市面上较为流行的针对商科专业（及其他非法学专业）所编著的教材，其实际使用效果欠佳，难以有效实现商科人才的法学教育暨商科人才的整体培养目标。因此，对于商科院校特别是法学学科具有一定规模的商科院校而言，自行组织力量解决合格教材的问题就显得尤为重要。有必要指出的是，由于国家级规划教材的使用率是高校教学评估的一个重要指标，对于大多数高校而言，以学校的自编教材取代国家级规划教材，可能是一件成本颇高的事情。因此，商科专业法学教材的优化工作，不应采取“另起炉灶”的方式，而应采取“锦上添花”的方式：在挑选优秀规划教材作为基本教材的同时，组织相关专业的教师针对本专业和本校学生的具体情况，自行编写针对性更强、更具特色的辅助教材。辅助教材的编写，应当充分服务于商科院校的办学目标和培养方案，从现实出发，立足于学校的办学层次，避免“贪高求全”的倾向；辅助教材的内容应当在既有规划教材的基础上进一步精炼，结合专业特色突出重点，详略得当；特别要重视知识体系、知识框架的梳理，避免知识碎片化的倾向；要突出方法论的训练，培养学生对规范和事实的基本涵摄能力；为工作中进一步深化学习法律知识奠定较为坚实的基础。

（四）方法改革

现阶段非法学专业法学教育的教学方法容易出现两个极端：一个极端是教师在课上理论讲解过多，内容过深，非法学专业学生接受能力有限，因此兴趣低下，昏昏欲睡，无法取得理想的教学效果；另一个极端则是教师出于“讨好”学生以及“偷懒”的目的，讲授内容缺乏专业性，缺乏基本的理论深度，过分迎合社会热点，“段子

〔7〕 参见黎桦：“财经类省属高校法学通识课教育成效提升策略研究”，载《湖北第二师范学院学报》2016年第4期，第74页。

化”的色彩过于浓重，导致课程内容过分娱乐化，虽然学生们可能兴致盎然，上课积极性高，教学效果看似理想，但课后稍加反思，头脑空空如也，根本学不到多少有用的知识。

因此，从教学方法上应当避免这两个极端，既要引发学生的足够兴趣，又要坚决避免讲授内容的休闲化、娱乐化、空洞化的倾向。为实现这一目标，教学内容和方式均应和相关专业方向紧密结合，贯彻问题导向的教学方式。譬如，面向人力资源管理专业开设的劳动法课程，就可以适当采取“倾向性”的授课方式，即站在“资方”的角度思考劳动法律问题，让学生自行代入企业人力资源部门的角色，在法律规定的范围内拟定对己方最为有利的企业规章制度、劳动合同、裁员方案等文件，维护企业的利益。这种以实际问题为导向的“代入式”的教学模式，与案例化的教学方法有着天然的联系；但需要再次强调的是，案例化的教学方法仍然应当与知识体系的建构、方法论的传授相结合，不能因案例教学方法的采用而导致知识的碎片化。因此，在采用案例教学时，应当以“具体问题——解决方案”为核心，以点带面，将相关的知识体系梳理起来，潜移默化地培养学生的法律思维。

从审辩冲突看我国法学教育改革方向

李　静*

从“撕裤门”到“杂耍门”，一个又一个的辩审冲突典型案例不断地引发我们去思考一个问题：这种现象正常吗？我国的法律职业共同体怎么了？这一问题的严重性甚至引起我国最高立法机构的关注，曾经试图出台关于增加“蔑视法庭罪”的刑法修正案。围绕着修正案问题，《中国法律评论》也曾以《本是同源生，相济匡公正：化解法官与律师冲突，共筑法律职业共同体》为主题，组织著名学者、律师和最高法院法官进行高端对话。〔1〕最高人民法院院长周强也指出：“没有良性的法官与律师关系，要实现司法公平正义几乎是不可能的。”这种冲突的另一种展示方式就是当下流行的微信群以及朋友圈。作为一名法学教师，我们的教育与职业经历决定了我们的朋友圈主要是由律师与法官构成的，于是，每当有此类事件发生，朋友圈中的冲突也在所难免，同学群、学生群中的争论不断上演，常常是争得面红耳赤，以至于旧情谊尽消。一方面，做法官的指责律师唯利是图，为了博人眼球、博得律师界的所谓地位而胡搅蛮缠，不遵守法庭秩序与法律程序，同时大诉做法官之苦；另一方面，做律师的则抱怨法官滥用权力，刁难、蛮横，不尊重律师权利。作为一名法学教育者，目睹这种冲突，在痛心的同时也不得不反思，同一个课堂走出来的一群人，为什么对同一个问题的理解会产生如此大的偏差？法学教育又能够为此做些什么？本文希望通过讨论法学教育在法律职业共同体形成过程中的应有担当，起到缓和乃至弥合辩审冲突的作用。

---

* 天津商业大学法学院教授，研究方向：法理学。

〔1〕 参见田文昌、蒋慧岭、陈瑞华：“本是同源生，相济匡公正：化解法官与律师冲突，共筑法律职业共同体”，载《中国法律评论》2015年第3期，第1页。

一、关于辩审冲突原因的各种解释

随着人们对辩审冲突关注程度的增加，对于形成辩审冲突的原因，法学学者及理论实践领域专家给出了多方面的专业解释，主要有：

（一）司法体制与诉讼程序方面的原因

就司法体制而言，是由于缺乏真正的司法独立造成的。这种观点更多出自律师界，认为在辩审冲突中，法官是矛盾的主要方面，冲突往往发生在律师的据理力争得不到法官的理解与采纳，而法官之所以拒绝律师的辩护意见，是由于法官遭受到来自各方面的干扰，而不可能真正听取律师意见。

职权主义诉讼模式以及具体程序设计的问题也被认为是原因之一。与英美法系的抗辩制不同，在我国的职权主义诉讼模式下，法官在诉讼过程中居于主导地位，从立案、代理资格审查到庭审过程，法官权力不仅影响到审判结果，也包括过程进行，辩审冲突因此形成。此外，我国诉讼程序中对律师权利，如会见权、要求证人出庭等权利规定的模糊性和缺乏救济，导致律师诉求没有理性途径实现，也往往成为激发辩审冲突的原因。

（二）法律职业体制的问题

首先是职业隔离导致利益冲突。不同于英美国家法官从律师中产生的体制，在我国现行的职业体制下，律师与法官的职业路径是彼此分隔的，在这种分隔的体制下，一方面，法官从来没有做过律师，因此，难以理解律师的立场和特殊问题，甚至会对律师形成偏见；另一方面，律师作为自由职业者，除了个别人可能成为人大或者政协代表外，基本上没有政治前途和地位，这样就形成了所谓的律师嫉妒法官的权力和社会地位、法官嫉妒律师的财富的局面。现在我国正在推行的法官遴选制度改革开始为律师进入法官职业开启了大门，但笔者认为，这也很难从根本上解决辩审冲突，改革也只能让极少数律师进入法官职业，而且，法官的主体也不会改由律师构成。更何况，也很难保证进入法官职业的律师不会改变原来的立场和思维。

其次是律师制度的问题——律师独立辩护权。一些学者直指我国《律师法》中的律师独立辩护权，认为从委托人的利益出发，律师本应该努力协调与法官的关系，通过说服法官服务于委托人，也就是说，从委托人利益出发，辩审冲突是不应该发生的。但是由于一些律师将这一规定理解为独立于委托人意志的辩护权，将辩护活动完全理解为是个人观点或者情感的宣泄，因此才会出现与法官的对抗。〔2〕

（三）意识层面的原因

我国“重实体轻程序”、“重结果、轻过程”的思维方式导致委托人对于律师履行职责的判断只看判决结果，而不看律师是否已经充分发表了意见，律师是否已经充分运用了法律技能，这促使律师为了追求委托人的结果而采取过激行为。缺乏规则意识也是辩审冲突的原因之一，这表现在法官和律师两个方面。

二、辩审冲突的本质——法律职业共同体缺乏职业性

当人们去讨论辩审冲突的原因时，往往以这样两个判断为前提——辩审冲突是一种病态，这种病态的危害性后果是法律职业共同体的撕裂。然而，这两个前提实际上都并非不证自明。这取决于对于法律职业共同体的正常生态的理解：一团和气就是法律职业共同体的应有之义吗？辩审冲突与法律职业共同体谁为因，谁为果呢？解释这一问题，需要重新考查法律职业共同体的概念。法律职业共同体的概念最早来自美国学者库恩的科学共同体概念：“直观地看，科学共同体是由一些学有专长的实践工作者所组成，他们由他们所受教育和训练中的共同因素结合在一起，他们自认为，也被人认为专门探索一些共同的目标，也培养自己的接班人。这种共同体具有这样一些特点：内部交流比较充分，专业方面的看法也较一致，同

〔2〕 田文昌、蒋慧岭、陈瑞华：“本是同源生，相济匡公正：化解法官与律师冲突，共筑法律职业共同体”，载《中国法律评论》2015年第3期，第1页。

一共同体成员很大程度吸收同样的文献，引出类似的教训。”〔3〕据此，学者们纷纷提出自己对于法律职业共同体内涵与外延的各种界定。

纵观各种对于法律职业共同体的理解，尽管会存在一些差别，但在这样几个问题上是一致的：其一，尽管对外延的认识上存在差异，但法官、律师、检察官都被视为这一概念的核心；其二，共同体的形成有赖于教育的共同性；其三，共同体的标志是思维与语言的共同性，而非对问题的主张与判断上的共同性。其中的第三点对于我们认识法律职业共同体与辩审冲突之间的关系至关重要。在此，我们姑且将职业共同体设定为以法庭为核心的职业范围，在法庭活动中，法官、检察官与律师在协同完成法庭活动时，他们实际上是在扮演着不同的角色，有不同的立场、不同的利益诉求或者使命，也正因为如此，法庭上的唇枪舌剑是法庭的常态，也是现代司法制度设计所追求的法庭形态。

然而，我们今天讨论的辩审冲突并不等同于法律职业共同体中的正常冲突。其异常性表现为：其一，冲突主体的异常。辩审冲突不同于控辩冲突，尽管三方都处于法律职业共同体中，但其中的检察官与律师由于分别代表不同的利益——国家与被代理人，所以控辩冲突属于法庭上的常态，而辩审冲突则不然，从利益关系看，法官与律师不存在职业活动本身的利益冲突，因为法官乃居于中立地位，从法庭地位上看，他们之间是说服与裁判的关系，律师只有说服法官，才能够为被代理人赢得最大利益，因此，也不应该产生冲突。“辩审冲突本身就极不正常，任何一个成熟的法治国家都不应当发生辩审冲突，发生辩审冲突的情况说明这个社会处于病态了，法治环境处于病态了。”〔4〕其二，方式的异常，这种冲突不仅已经超出了对于案件本身所涉及的法律问题的理解，而且也超出了法庭程

〔3〕［美］托马斯·S. 库恩：《必要的张力》，纪树立等译，福建人民出版社 1981 年版，第 85 页。

〔4〕田文昌、蒋慧岭、陈瑞华：“本是同源生，相济匡公正：化解法官与律师冲突，共筑法律职业共同体”，载《中国法律评论》2015 年第 3 期，第 1 页。

序的范围。之所以这些现象引发关注，就是因为这种冲突通常采取了非理性的非法律的手段。

因此，可以说，辩审冲突不仅代表着我国法律职业共同体的撕裂，更代表着我国法律职业共同体的职业性欠缺。辩审冲突的实质是我国法律职业共同体的职业性问题。因此，辩审冲突的消弭，表面上看是让法律职业共同体变得更加和谐、和睦，根本上，却是要解决法律职业共同体的职业性，或者说，职业精神。

把握了辩审冲突的本质，也就可以解释辩审冲突与法律职业共同体的因果关系问题，笔者认为，我国缺乏真正意义上的法律职业共同体是导致辩审冲突的根本原因，或者说，我国目前只存在物理意义上的法律职业共同体，也就是说，我国存在着构成法律职业共同体的各种职业以及从业人员，但他们尚未形成作为职业公共体成员所需要的职业精神，而辩审冲突只是我国法律职业共同体有待培育的表现。前述关于辩审冲突的各种原因，认真加以分析，要么是缺乏职业精神的直接表现，要么就是本应可以由职业精神加以消解的。例如，所谓的职权主义诉讼、职业间的分隔等，这些本是大陆法系国家所共有的，但在其他国家或地区并未带来同样的辩审冲突。因此，消弭辩审冲突，需要从培育精神层面的法律职业共同体开始，而这一使命理应由法学教育担当。

三、法学教育在消解辩审冲突中的作用

（一）培养共同法律职业技能

导致辩审冲突的各种原因背后隐藏的往往是冲突双方缺乏足够的法律职业技能。就律师方面来看，如果律师具备足够的职业技能，完全可以靠运用职业技能说服法官，为委托人争取正当利益，也就不至于出现那些靠杂耍表演或者咆哮公堂博人眼球、博取社会关注来谋取所谓的案件胜诉的情况；就法官方面看，如果法官具备足够的专业技能，在处理实体以及程序问题时能够娴熟运用技能做出准确的处置判断，也就不需要通过申斥、威胁的手段来压服律师，而是让律师心服口服。如果辩审双方都具有了足够的专业技能，由于

双方并不存在如控辩双方的对立立场，基于共同的专业思维，他们对问题也更容易得出一致的判断。即使一时出现判断上的不一致，一致的专业思维也让他们更容易沟通，要么求同存异，要么理性地进入专业讨论，人们通常是在对方无法沟通、交流完全是对牛弹琴时才会采取情绪化的处理方式。情绪失控的背后往往隐藏的是对局面的失控，是无能的表现。

不同于其他职业，法律职业技能实际上是一种思维技能，也就是我们通常所说的像法律人一样思考的能力。思维技能的特殊性在于它是一种建立在知识基础之上的技能，是一种运用知识的能力。东吴大学法学院教授孙晓楼博士就曾提出："讲到法律人才，我认为至少要有三个要件：①要有法律学问；②要有社会常识；③要有较高的法律专业技能。"必须首先获得系统的专业知识，这对于成文法国家尤为重要。在成文法国家，如果说法律规范是由概念构成的话，专业技能往往意味着准确辨识案件中的关键争点，即所属的法律概念，寻找法律从根本上来说实际上就是概念的纳入。而这种技能首先需要对概念本身内涵与外延的准确把握以及对概念体系的完整认识，碎片化的知识不足以引领法律从业者迅速辨识问题的法律属性。例如，实践中出现过这样的例子，开发商以业主入住后私自扩大小院导致影响了小区其他房屋的出售为理由，主张合同目的无法实现，要求解除合同。在这里，律师完全不知道解除合同概念所处的概念体系——合同履行阶段，也表现出对于所谓"合同目的"的无知。因此，只有通过系统的法学教育才能够使法律职业从业人员获得必需的法律职业技能。在这个问题上，即使具有判例法传统的普通法系国家，面对日益增长的制定法，也早已改变了以往的学徒式法律职业训练，转而采取系统的学校教育的培养模式。

（二）养成共同法律职业道德

法律职业道德不同于一般的伦理道德，而是一种独立的职业精神，它是建立在对于法律职业深刻理解基础上的职业尊重。共同的法律职业道德并非是说法官、检察官、律师形成完全一致的利益追求和价值判断，他们共同的价值判断是对于法律和规则的尊重，以及对于彼此职业的尊重，但各自对于自己职业的忠诚与尊重也是法律职业道德的一部分。其中，检察官以法律为依据，捍卫国家利益和公共利益，律师依据法律维护委托人的合法权利，法官依据法律居中做出公正裁判，这些都是法律职业人对自己职业的深深理解与尊重。在共同的法律职业道德基础上，律师、法官、检察官在法庭上的活动就会彼此尊重，既相互制约又相互配合，辩审冲突就会得以消弭。

法律职业道德的养成有赖于正确的法律观的建立，对法律本质及其功能的正确理解，对法的价值冲突与选择的深刻认识，以及对不同法律职业在法律运行过程中的地位的理解。仅靠碎片式的法律知识积累以及实践中的训练，无法建立应有的法律职业道德，甚至在许多法律专业的教育中，法律职业道德教育也往往被忽略，这也是今后法律教育应该加以强调的。

（三）建构统一的职业评价标准

许多学者都将辩审冲突的原因归结为我国法官与律师之间的职业分隔导致的职业评价标准与价值观冲突，从而导致彼此之间相互敌意，缺乏尊重。这一认识直接带来了法官遴选制度的改革。然而，同样情形的大陆法系国家却并不存在这一问题。究其根本原因，应该是缺乏统一的职业评价标准。正如蒋惠岭法官指出的，如果“评价律师时说这个律师多么火，挣钱多么多，律所有多么大；评价法官时觉得这个法官级别多么高，而不是说他是一个对法律问题分析得头头是道、职业道德水平高、刚正不阿的法官；评价一个检察官时会说他多么咄咄逼人……所以，我觉得职业人士获得尊重的根本，还在于建立统一的职业评价标准，这是一个基础。尽管大家在不同的位置上，但我们都是法律人。”〔5〕

事实上，前述诸如律师博取公众眼球，屈从当事人对结果的不合理要求，以及法官炫耀权力等问题，说到底，都是由于法律职业从业者内心缺乏统一的职业评价标准。这种统一的职业评价标准，应该是纯粹以法律职业者的职业道德水平、职业能力水平为基础的

〔5〕 田文昌、蒋慧岭、陈瑞华：“本是同源生，相济匡公正：化解法官与律师冲突，共筑法律职业共同体”，载《中国法律评论》2015年第3期，第1页。

评价，这就要求职业从业人员都具备较高的专业技能和法律职业道德，并且从内心将职业技能和职业道德自觉置于极高的地位，而职业技能与职业道德的培养有赖于系统的法学教育。

四、法学教育改革方向

下面要讨论的问题有些是法律教育探讨多年的问题，从消弭辩审冲突的立场，我们对这些问题也许能够获得一些新的认识。

（一）素质教育还是职业教育

法律教育是素质教育还是职业教育的争论由来已久，而且至今仍然存在。素质教育论者的理由更多基于我国法律专业学生的就业状况和社会需求，认为由于法律职业资格考试的通过率较低，同时社会对于法律职业人员的需求有限，法律教育应该是通才教育、素质教育，以保证学生今后的出路。

然而，通识教育带来的后果，是学生对专业知识、专业技能的掌握有限，许多学生到毕业也就只知道一些基本的法律原理、一些常识性的法律知识以及一些口号式的公平正义观。这样的法律专业毕业生即使通过法律职业资格考试，进入法律职业后，其专业能力无异于非科班出身者。在履行职业时，专业知识与技能的匮乏只能用非正常的方式弥补，这也就是为什么我们常常看到的辩审冲突会产生在同样受过专业教育的人身上，出现在同窗之间、同学之间。道理很简单，如果我们的教育不是职业教育，又怎么要求毕业生成为真正的法律职业人，具有职业精神呢？“在法律职业共同体的构建过程中，本科法学教育是最关键的一个环节。在此意义上，强调法学教育应该是以法律职业的要求来进行，也许并不为过，也才符合法学的特点。”〔6〕

明确法律教育是职业教育，难解之题无非是如何兼顾那些不能

〔6〕 李贵方：“在‘中国法治之路与法律职业共同体’学术研讨会（2002 年 7 月）上的发言”，载张文显、信春鹰、孙谦主编：《法律职业共同体研究》，法律出版社 2003 年版，第 137~138 页。

进入职业的人。事实上，职业教育与素质教育并不矛盾，即使毕业后不进入法律职业，具有法律技能与法律知识也有利于提高毕业生的素质，是否具有一技之长往往也是社会对一个人的素质的判定标准。法律技能与思维对于一个普通社会人处理日常事务、形成理性思维，具有直接意义。

（二）批判还是诠释

法教义学与社科法学之争是近年来学术界的一个热门话题，这一问题是一个关涉整个法学研究与法学教育的基本功能以及基本方法的问题。这一问题的通俗说法就是批判与构建的法学教育还是诠释的法学教育。

对这一问题作一个历史性考查，我们可以发现，在西方历史上，英美法系与大陆法系存在着区别：英美法系的法律教育始终是以诠释为目的，通过诠释先例寻找规则；大陆法系早期的法律研究与教育的确采取了批判与构建模式，作为代表者，古典自然法学派的创始人格劳秀斯正是通过对荷兰法的批判与构建完成了对这一学派的缔造，此后的卢梭、孟德斯鸠等人继续这种批判与构建式的研究，最终成就了近代大陆法系国家的法律体系，但是自资本主义法制确立并日臻完善，诠释式法学教育也逐渐开始取代批判与构建模式，这种情形可以从一些学校所开设的课程了解到，特别是德国，其学校考试纳入国家职业考试的做法令法律教育的目的更加明确。从我国法律教育的历史看，之所以改革开放后的法律教育采取了批判与构建模式，也有其迫不得已的原因，当时我国的法律匮乏，缺乏诠释对象，20 世纪 80 年代初只有刑法、宪法，民法总则都是在 1982 年后期颁布的，而且法律匮乏的现状也令当时的法律教育必须以培养立法人才为主要培养目标。然而，随着我国社会主义法律体系宣告基本建成，法律教育也应该转为诠释式。

诠释式法律教育不仅使学生具备相应的职业技能，对于培养学生的规则意识、法律信仰，也有着至关重要的意义。现在我们的一些法学教育仍然以对法律的批判，或曰找毛病，为主要内容，学生的论文动辄就是制度缺陷与完善，甚至都不知道现行法律是什么样子的。这样的毕业生进入法律职业，不可能对规则心存敬畏，反而会怀有深深的敌意，在履行职业时乐于以空洞的所谓公平正义口号挑战法律与规则，而不懂得真正的公平正义是一套设计精细的规则体系，不允许以个人的是非善恶标准来替代、来挑战，于是辩审冲突在所难免。

如果说辩审冲突的本质是我国法律职业共同体灵魂意义上的缺失，而法学教育是构筑法律职业共同体的根本性力量，那么，消弭辩审冲突的根本性考量也必须从法学教育改革出发，特别是随着我国依法治国方略的全面铺开以及法律体系实际状态的变化，法学教育从目的到方式必须实现根本性的转变。

法学专业教师指导学生参加地方立法调研的实践性教学范本研究*

——以《天津市公共文化服务保障条例》立法调研为研究对象

严 静**

为了增强地方立法的可行性以及可预见性，避免立法的盲目性和随意性，地方立法机关每年都会编制地方立法规划，以期提高立法的针对性。天津市人大为促进公共文化事业规范、有序、健康发展，保障公民基本文化权益，于2016年初将《天津市公共文化服务保障条例》定为立法预备项目。天津商业大学法学院公法教研室积极参与草案起草，并带领3名学生进行立法前的实地调研以及写作调研报告。本文将通过对这次立法前调研的过程予以归纳和总结，梳理可复制的师生合作流程，从而实现教学相长。

一、梳理制定条例的基础和依据

法学专业的专业基础课《法理学》以及专业核心课《行政法与行政诉讼法》课中，有关立法的理论基础占据一定的比重。在传统教学模式下，对于立法，以教师课堂讲授为主，如讲授立法的程序。受限于封闭式的讲授模式，学生只能够机械性地记忆相关内容，缺乏亲自参与的机会。在《天津市公共文化服务保障条例》的立法调研中，教师首先指导学生梳理制定条例的基础和依据，并指导学生深入研读，整理上位法依据目录，做到无遗漏。通过梳理，学生不

* 本文系天津市艺术科学规划项目“京津冀文化市场执法一体化进程中协作执法创新机制研究”（课题编号：C14028）的阶段性成果。

** 天津商业大学法学院讲师，硕士研究生，研究方向：地方立法与公共文化政策。

仅学会了理解宪法有关公民权利具体条款的涵义，并第一次深入研读中央的政策，第一次真正意义上梳理出我国涉及公民具体权利的法律政策体系。

具体而言，《天津市公共文化服务保障条例》的基础和依据主要包括：《中华人民共和国宪法》、中央与天津市颁布的公共文化服务政策以及与公共文化相关的各项行政法规。

我国《宪法》第47条规定：“中华人民共和国公民有进行科学研究、文学艺术创作和其他文化活动的自由。国家对于从事教育、科学、技术、文学、艺术和其他文化事业的公民的有益于人民的创造性工作，给以鼓励和帮助。”落实《宪法》对公民文化权利的规定，不仅需要依靠经济发展和社会事业完善来提供坚实的物质基础和社会条件，更需要各级政府通过加快公共文化服务保障立法，把公民基本文化权益保障政策落到实处。因此，《宪法》为天津市制定公共文化服务保障条例提供了基本依据。

目前，与公共文化相关的行政法规主要有两类：一类是直接规范公共文化的行政法规，包括《公共文化体育设施条例》、《博物馆条例》、《全民健身条例》；另一类是与公共文化服务相关的行政法规，包括《政府信息公开条例》、《信息网络传播权保护条例》以及《公共场所卫生管理条例》等。上述行政法规设定的与公共文化相关的基本原则及主要制度，为天津市制定公共文化服务保障条例提供了具体的法律依据。

十八大以来有关公共文化的政策具体包括：《关于政府向社会力量购买服务的指导意见》（国办发〔2013〕96号）、《关于加快构建现代公共文化服务体系的意见》（中办发〔2015〕2号）、《关于推进基层综合性文化服务中心建设的指导意见》（国办发〔2015〕74号）。

二、开展立法前的实地调研工作

立法工作不能是闭门造车，必须深入实践发现问题，并筛选出哪些问题可以通过立法解决。具体就《天津市公共文化服务保障条例》立法调研，就是带领学生通过对市群艺馆、图书馆、博物馆、区文广局、街镇文化站等的实地走访和问卷调查，全面了解天津市公共文化服务领域已有法律法规执行情况以及公共文化服务工作所存在的主要问题，并通过召开立法座谈会的形式，广泛征集各相关单位、文化类非营利组织、文化企业、文化从业人员等利益相关者的立法建议，同时到文化部公共文化司为天津市立法征求指导意见。

截至目前，先后有广东、上海、江苏三个省市在公共文化服务相关领域进行了地方立法尝试。充分借鉴外省市的立法经验，有助于开拓思路，将会为天津市制定公共文化服务保障条例提供可资借鉴的范本与经验。2011 年 9 月 29 日，广东省第十一届人大常委会第二十八次会议审议通过了《广东省公共文化服务促进条例》。作为全国最早出台的公共文化服务地方立法，该条例在立法目的、立法体例、立法原则、概念界定、法规框架、立法程序等方面具有重要的启示与示范作用。2012 年 11 月 21 日，上海市第十三届人大常委会第三十七次会议审议通过了《上海市社区公共文化服务规定》。该规定在规范公共文化设施运行管理、鼓励社会力量参与公共文化服务等方面为天津市立法提供了参考思路。2015 年 12 月 4 日，江苏省第十二届人大常委会第十九次会议审议通过了《江苏省公共文化服务促进条例》。该条例是党的十八大以来全国首部公共文化服务立法，在强化公共文化服务政府责任、推进公共文化服务均等化、鼓励社会力量参与公共文化服务、增加公共文化服务有效供给、规范和促进公共文化服务事业健康可持续发展等方面，对天津市立法具有重要借鉴价值。

三、明确条例拟解决的主要问题

近年来，天津市充分发挥政府主导作用，着力营造公共文化服务良好环境；结合城乡发展实际情况，科学规划公共文化设施网络布局；以人民群众文化需求为导向，持续提升公共文化服务品质；紧扣时代发展变革，积极创新公共文化服务方式；以高品质文化活动为抓手，不断丰富公共文化服务内容；以队伍建设和制度建设为依托，保持公共文化服务体系内在活力；在体制机制方面，率先出台地方实施意见，实现科学引领有序推进，建立了市级公共文化服务工作协调机制，积极深化文化体制改革，高效实施文化惠民工程，强化服务，加强督导，通过一系列的政策措施，有效推进了天津市公共文化服务的发展，并形成了具有天津特色的经验。上述经验不仅可以为立法提供客观素材，而且有助于提炼天津市立法的亮点与特色，为制定和实施更具针对性与可操作性的公共文化服务保障条例，创造了有利条件。

通过调研，确定草案起草的指导思想，既实现与上位法的衔接，又在制度设计上有所突破，力争体现三个突出：一是突出立法重点，即明确政府在公共文化服务保障中的主体责任，推动天津市公共文化服务体系建设；二是突出天津特点，将天津市公共文化体系建设的政策措施和经验，尤其是公共文化设施建设和服务提供向基层倾斜、鼓励社会力量参与以及共建共享的保障机制，上升为地方性法规；三是突出可操作性，上位法规定比较原则的，能细化的尽量细化，不能细化的不照抄。

四、确定条例拟规定的具体措施

立法有动态与静态两个方面的涵义，作为一般普通大众，现阶段没有什么途径直接参与立法的动态过程，只能够接触到已经通过的法律条文。而学生切实参加立法前的调研，实际是双重身份，既是研究者的身份，也是公民身份。尤其是经过了实地调研活动，对立法预解决的问题已经能够清晰归纳，那么就进入法学专业人士提供智力支撑的环节，即确定条例拟规定的具体措施。

具体而言，围绕贯彻天津市公共文化体系建设规划，推进天津市公共文化服务体系建设发展，制定《天津市公共文化服务保障条例》主要突出四个重点：其一，明确政府在公共文化服务保障中的主体责任。中央政策与相关上位法均明确了公共文化服务保障的政府主体责任，但对公共文化服务保障主体责任究竟由哪一级政府承担规定得比较原则。《天津市公共文化服务保障条例》的首要任务是将市区两级政府以及文化主管部门在公共文化服务体系建设中的主体责任予以法定化，并进一步根据事权明确纵向各级政府的经费支出责任。其二，规范公共文化设施建设与运行。公共文化设施是公共文化服务的重要载体，必须规范其建设与运行。中央政策与上位法均对公共文化设施的范围大小、布局原则、设计要求、管理规范等内容进行了原则性规定，天津市在制定公共文化服务保障条例时，要结合实际提出有针对性的规范。其三，扩大公共文化服务供给。《关于加快构建现代公共文化服务体系的意见》要求“鼓励和引导社会力量参与”，将“活跃群众文化生活”、“丰富优秀公共文化产品供给”作为加强公共文化产品和服务供给的主要手段，从而在中央政策层面明确了扩大公共文化服务供给的要求。《天津市公共文化服务保障条例》作为地方性立法，应积极扩大公共文化服务供给，例如，通过立法，推动教育、体育等部门会同文化主管部门制定学校等单位的文化体育设施向社会开放的具体办法，文化主管部门应当会同教育主管部门推动义务教育学校利用公共文化设施开展文化素养教育。又如，通过立法，鼓励社会力量参与公共文化服务。其四，加强公共文化服务保障，例如，将公共文化体系建设协调机制法定化，通过规范参与协调机制的主体、完善协调机制的工作程序、确定协调机制的工作目标等，强化协调机制的可操作性。同时，优化公共文化服务保障经费结构，明确市区两级政府应当将公共文化服务所需经费纳入本级预算，建立公共文化服务经费随经济发展和政府财力定期增长机制，整合规范已有的公共文化服务专项资金，改革和完善转移支付制度，优化政府转移支付结构，建立市区人民政府及有关主管部门定期进行公共文化服务资金审计监督和统计公告制度。

转型专业建设

高校心理学专业应用转型的思路与路径

——以天津商业大学为例

艾 娟*

一、高校心理学专业应用转型的必然

从我国高校建立心理学专业至今已有三十余年的时间，培养了大批的心理学专业人才，专业建设取得了飞速的发展。然而，随着社会的不断进步，逐渐出现了社会急切需求心理学人才和心理学人才无法完全适应社会需求的矛盾，心理学专业人才的培养质量难以达到社会的应用性要求。

近年来，这种人才需求和人才质量之间的矛盾日益突出。一方面，人才需求日益明显。2016 年国家提出了《“健康中国 2030”规划纲要》，进一步明确：国民心理质量的建设和提高是这项计划中非常重要的一方面，从总体上反映出社会对心理建设人才的重视和总体需求。从更宽泛的层面上理解，国民心理素养和质量的提高体现社会各领域的方方面面，目前社会生活领域对于心理学专业人才的需求量急剧攀升，不再局限在心理咨询领域，其他领域（如学校教育、企业管理、消费研究、司法工作等）对应用心理学人才的需求数量和质量更是显著提升，彰显迫切。另一方面，人才质量要求也日渐提高。从行业和职业发展的情况来看，社会各领域对心理学人才的实际能力提出了较高的要求，除了具备深厚的心理学基础理论知识和技能之外，尤其强调心理学人才的领域具体性技能和实践应用性能力。例如，在商业领域，企业员工管理、消费心理调查分析、

---

* 博士，天津商业大学法学院心理学系副教授，主要研究方向：社会心理学。

犯罪心理问题、社区心理矫正、未成年犯罪心理分析以及司法审判调节等都特别注重心理学人才的实际应用能力。

心理学人才供-需之间的矛盾集中体现在人才质量方面，这也成为心理学应用型人才培养模式转型和改革的契机。[1]关键的问题是，在社会对心理学的认知度和需求度不断提升、专业人才不断受到追捧的大背景下，如何才能培养出更具实用性的专业人才？这是目前心理学专业建设所面临的最棘手的问题。有的研究者总结了美国斯坦福大学心理学专业的培养模式特点，即课程梯度层层递进、职业导向和学术导向并行、跨学科综合培养、实践能力培养与学位挂钩等，[2]为国内的心理学专业建设提供了可借鉴之处。但与此同时，也应该结合我国高校的具体情况，尤其是设立心理学专业的高校平台、学科建设的现有资源，勾勒出更适合自身发展的思路和路径。

二、心理学专业应用转型的整体思路

长期以来，在我国特有的国情背景下，心理学专业都设置在师范类院校，人才培养在课程体系上更加突出理论性和知识性，而忽略了技能的培养，这种情况持续并影响了整个心理学专业的发展。近年来，很多非师范类院校也逐渐设立了心理学专业，但专业特色并不明显。以天津商业大学心理学专业为例，在学科建设和发展上就存在着“先天”的不足。由于专业设立晚、发展慢，导致了其在学术研究层面上已经难以追赶国内其他院校，尤其是一些心理学专业水平较高的师范类院校和综合类院校，在一些较为成熟的专业方向和研究领域上难以发出声音，社会认知度较低，专业特色和优势并不明显。鉴于此，立足自身的实际情况，如何把劣势转化为优势，如何准确定位，突出和建设专业特色就成为专业建设和发展的重要突破口。

---

〔1〕 辛勇、王斌：“心理学应用型人才培养模式研究”，载《黑龙江高教研究》2012年第2期，第143页。

〔2〕 宋爽：“斯坦福大学心理学专业人才培养方式及其特点研究”，吉林大学2013年硕士学位论文，第2页。

考虑到心理学专业设置在商业大学，归属于法学院，需要借助学校和学院的资源优势，所以要在人才的培养思路上大胆创新，力争在专业人才培养的目标上突出学校的“商”特色以及学科融合的“法”优势，由此构建出心理学应用型人才培养的整体思路：根据社会对心理学应用型人才的迫切需要，以突出学校特色和专业特色为发展重点，以服务社会经济领域和法制领域以及人才就业创业为导向，以培养厚基础、高素质、高技能、复合应用型的人才为目标，大力将应用心理学专业建成突出院校特色和学科交叉优势的特色型专业。

实际上，人才培养的目标包含两个方面：其一，培养具备较高的心理学素养，具有扎实的、系统的心理学理论知识基础和科学研究能力的人才，奠定专业人才的知识和能力基础，这是心理学专业人才培养的基本目标。其二，加强管理、经济、法学相关知识的学习，培养能够胜任人事心理测评、企业员工管理、消费心理调查分析、犯罪心理咨询、司法心理研究等相关工作的复合型、创业型的心理学高级应用人才，专业优势集中体现在企业、消费等商业心理领域以及司法犯罪心理领域，更加鲜明地突显“商”特色和“法”特色。

不难发现，心理学专业应用转型的思路体现了我们对“何为应用型人才”的再认识和再界定，即作为以教学为主的综合类大学，需要立足自身发展的实际情况、资源平台，明确人才培养定位，专业人才的培养规格在知识、能力、素质、技能等方面的具体要求要区别于其他师范类院校、研究型院校，将培养社会大量需要的应用型人才作为主要目标。[3]

三、心理学专业应用转型的路径探索

为了更好地实现应用型专业的建设目标，突出人才培养特色，

---

〔3〕 张日新等：“本科应用型人才培养模式的研究与实践”，载《成都大学学报》（自然科学版）2004年第4期，第1页。

提高人才质量，专业建设需要在人才培养方案、师资队伍建设、教学内容体系规划、教学管理监督等方面实现全方位的改革。

（一）建构立体式的人才培养方案，突出专业特色

传统的人才培养方案架构是平面式的，即所有专业课程都铺开，体现不出层次和特色，人才的培养目标是笼统的，倾向于理论和知识。在应用型专业建设思路的指导下，人才培养方案应该是立体式的构建，即“基础+模块+实践”的培养模式和课程设置体系。在基础方面，注重培养心理学专业素养，重视专业理论知识与基本技能的培养，开设所有心理学专业的基础课程和核心课程，保证学生心理学知识的系统性。在模块方面，强调本科阶段的分方向、分模块、跨学科的教学，强调突出心理学技能在具体领域内的应用性和实践性，注重学生创新精神、实践能力和创业能力的培养。模块课程的设置尤其要凸显出专业自身的特色，例如，天津商业大学应用心理学专业设立了管理心理、消费心理以及法制心理三个特色方向，每一个方向都有一系列的课程，能够完整培养学生某个方向上的应用性技能。在实践方面，要做到实践活动贯穿整个专业学习过程，保证四年学习中不间断地经历认识实习、课程实习、毕业实习、大创项目、兴趣小组等多种形式的实践创新活动，提高学生学以致用的能力，真正做到理论和应用的兼修、知识和能力的共增。

“基础+模块+实践”的人才培养方案更具时代性、科学性和特色性，培养方案的可操作性强。这与华东师范大学心理学本科生创新能力培养所贯彻的“夯实基础、注重实践、点面结合”的理念〔4〕、“优化基础课程、强化应用课程”的思路〔5〕、“两平台、多方向”的课程体系设置理念〔6〕，都有着不谋而合之处。立体式的培养模式

〔4〕 桑标、周永迪、吴庆麟：“心理学本科生创新能力培养新举措——华东师范大学心理学本科生创新能力培养实践分析”，载《宁波大学学报》（教育科学版）2011年第2期，第52页。

〔5〕 莫雷：“培养心理学应用型人才的教学改革与实践”，载《中国大学教学》2008年第2期，第57页。

〔6〕 张日新等：“本科应用型人才培养模式的研究与实践”，载《成都大学学报》（自然科学版）2004年第4期，第3页。

不但突出了专业特色，强化了专业与社会的紧密结合，同时这种厚基础、强应用、重实践的人才培养模式使得专业课程更加丰富，实现了知识学习与实践应用的联动，构成了专业发展的良性循环。

（二）建设高水平的专兼职师资队伍，加强专业技能

师资队伍的建设分为专业师资队伍建设和兼职师资队伍建设两部分。首先，在专业教师建设方面，应用心理学专业现有的师资队伍还需要进一步加强专业技术水平，这里提及的专业技术并非是指教师的教学技能和科研技能，而是与职业资格相关的专业技术（如心理咨询、人力资源等）。目前来看，师资队伍的技能结构存在明显的不均衡现象，过分重视教学技能和科研技能，相对忽略了对专业技术的要求，忽略了各种技能培训和社会实践服务。因此，应用型专业的建设应该平衡现有师资队伍在技能结构上的短板，增加双师型教师的数量，提高教师参与社会各类社会服务的力度，增强教师的实践教学能力和实践技能，累积丰富的社会实践经验。同时，应该将这类技能要求和实践经历作为教师考核的一方面，将此类培训和活动常规化、制度化。其次，建立健全的兼职教师队伍，引进专业技能强、相关领域经验丰富的专业技术人员（或专家）作为兼职教师或者组成专家库，为本专业学生进行相关的兼职授课、讲座、指导学生实习实践等。完善的兼职教师队伍不但可以作为专业教师强有力的人才补充，同时也能够通过专兼职教师的结对、交流等联动方式，开阔专业教师的社会服务视角，增加社会实践机会，丰富实践经验，提高服务能力。

（三）构建科学的教学内容体系，强调实践创新

教学内容和教学工作是人才培养目标实现的具体落实，一定要围绕专业定位和人才培养思路来设置课程内容，尤其是要在知识、实验、实践等学时和内容的安排方面更加合理，突出特色，促进专业建设和发展符合社会对高素质应用型心理学人才质量的要求。

与传统课程内容相区别的是，应用型心理学专业的课程应该合理规划相关的知识、实验、实践学时分配和内容安排。其一，增加专业基础类课程的实验和上机力度，经典教学实验必须落实到位，增强学生的专业研究能力；其二，加大模块方向课程中实践类课时

的占比，设置应用性、领域性较强的实践教学内容，加强学生应用技能的提升，重视对学生创新精神、实践能力和创业能力的培养；其三，做好各类实习实训工作，保证每一位学生在学期间都能不间断地利用周末和假期来服务社会，在应用所学知识的同时也促进学生进一步反思自己专业学习的不足，以此促进专业学习的进步和完善。

最后，要通过实践教学为本科生的创新能力发展提供实践机会，激发他们参与科研训练和创新创业的热情。有的实践活动可以融合在课程教学中，有的实践活动可以独立作为一个长期项目，还有的实践是贯穿学生整个学习生涯的始终，每一个实践环节都要真正立足实践教学的特点，培养综合性与应用型人才。[7]例如，鼓励学生申请和参加各级各类创新创业类实践项目，积极参与校外实习基地的工作服务，组成专业兴趣和社会服务相结合的兴趣小组，将专业研究和社会工作融合在一起，学以致用，提高解决实际问题的能力。

（四）制定健全的教学管理制度，加强落实监督

作为教学工作顺利开展的有力保障，教学管理工作的目标是建立健全的教学管理制度，建立教学质量监督和评价机制，主要包括日常教学质量监督、过程性考核以及综合教学评价等。在日常教学质量监督方面，可以建立教学监督机制，通过公开视频的方式来不定时抽查教师的上课情况，同时也要定期进入课堂听课，加大每学期公开课的次数，提高课堂教学质量。坚持过程性考核的方式，在基础课程进行过程性考核的基础上，逐步引入专业特色课程进入过程性考查，尤其是要加强对实验、实训和实习等教学课程的过程性考查力度，切实将实践类课程的考查落到实处。建立综合教学评价体系，尤其是建立毕业生质量的跟踪调查制度，及时了解社会对专业人才培养质量的评价，定期追踪调查社会对专业人才的需求，定期开展各种形式的座谈会研讨专业发展思路。

---

〔7〕 谢念湘：“应用心理学专业实践教学特色探索——以‘心理咨询与治疗’课程为例”，载《黑龙江教育》2017年第4期，第89页。

四、结语

在双一流高等教育理念的影响下，一流高校、一流专业的建设成为高校工作的重点。尤其是一流专业的建设，必将促进目前高校专业排名的整体洗牌。建设什么样的专业，突出怎样的专业特色，培养具备何种优势的专业人才是目前高校专业发展都在思考的问题，并在积极探索新的专业发展路径。只有立足社会发展的需求，立足自身专业所属的学校平台和资源平台，在人才培养思路和路径方面另辟蹊径，凸显特色，才能在众多专业竞争中脱颖而出。

心理学系创新创业教育思路初探

赵慧敏*

每个新生开学的季节，家长们和同学们最热切希望了解的就是心理学系的就业出路，心理学作为引进的西方的专业设置，大家对它的了解不多，认为就业机会少，就业岗位的种类少。其实不然，除了考研、考公务员之外，还包括早教、幼教机构、中小学心理辅导老师、市场调查机构、心理咨询公司、市场调查、人力资源管理、销售等岗位。另外，近几年政府大力提倡大学生创新创业，相关扶持政策全面到位。与此同时，近几年我们商业大学心理学系的课程实习、毕业实习重视程度不断增加，实践课的内容不断加大，增强了大学生对本专业的实践性、感性化的认识。为进一步提高认识，拓宽就业渠道，提高大学生就业方向的针对性，本文希望对创业教育的思路进行以下分析，包括创业教育课程、创业师资队伍、创业训练平台和创业扶持举措等。

1998 年大学扩招之后，毕业生人数连创新高，有统计数据表明，2018 年会超过 810 万，[1]此后几年也会维持一个较高的数量。随着大学生数量增多，每位同学面临的就业压力越来越大。创业是其中一条重要的解决压力之道。然而，大多数在校生的创业能力和创业水平都比较低，不具备必要的创业素质和创业技能，因此，学校无论在就业指导方面，还是在创业教育方面，都应该引导大家转变观念，鼓励他们将被动的就业观念转变为主动的就业观念。

---

* 心理学硕士，天津商业大学法学院副教授，研究方向：发展心理学、管理心理学、消费心理学。

〔1〕 Hello Offer：“比起七夕，你更应该担心你的就业问题，2018 年毕业生，你们准备好了么”，载搜狐教育网，http://learning. sohu. com/2017. 8. 27，最后访问日期：2017 年 10 月 13 日。

大学生时期是就业前最重要的知识准备时期，也是整个职业生涯规划的一个主要时期，创业教育应该是大学教育的主要内容之一。实际上，大学生在校阶段主要是理论知识的学习和积累，并不是从事真正的创业活动。创业教育的内容只是一种知识的准备，是培养一种创业的基本素养，而非实际意义上的创业者，是帮助同学们对自己的未来事业做好理论准备，以便提升大学生的就业能力，使他们对自己各方面的认识更加清晰，帮助拓宽大学生将来的就业渠道，增加未来就业的多样性选择，减少对未来的恐惧和迷茫，变被动求职为主动就业。也许有的同学觉得自己不适合自主创业，但自主创业的教育还是能在各个方面激发大家的巨大潜能，大学生创业不仅能缓解严重的就业压力感，还能最大化实现自我价值和实现自己的职业理想，[2]提高人际交往能力和适应社会变化的能力，提升想象力，改变自我，加速个性解放和人性升华，同时推动社会变革与发，我们希望培养的创业型人才会变得比较活跃和富于创造性，能够将更多的新思维和正能量带入传统岗位和职业。[3]

实际上，就业和创业教育都是大学教育的有机组成部分，是职业生涯规划最重要的一部分，在不同的时期，同学们可以进行不同的选择，当创业意识没完全成熟或者条件不具备时，可以选择择业式的就业，这都需要在就业前的大学时期有所思考和准备。

为此，本论文希望在以下几个方面进行尝试和探讨：

第一，首先要调查和了解大学生的创业意愿、能力与素质，了解影响他们创业思路的关键因素等。[4]这项工作最好从新生入校不久便开始进行。可以通过问卷调查、访谈等方法，了解同学们的创业意向情况、对新思维和新生事物的接受程度、对创业相关知识的了解和积累情况、是否需要参与创业教育、需要哪些方面的创业知

---

〔2〕 余文博："基于功能化要求的大学生创业教育研究"，载《黑龙江高教研究》2017年第6期，第105~107页。

〔3〕 崔国庆："职业生涯规划视野下的大学生创业教育研究"，载《科教文汇》2017年第4期，第129~130页。

〔4〕 姜笑："双创政策驱动下大学生创业意向调查与创业教育研究"，载《淮北职业技术学院学报》2017年第2期，第48~50页。

识或信息等。这项工作是我们心理学系每位师生的特长，包括编制信度、效度符合要求的量表，发放问卷，测试，回收量表到使用SPSS软件统计结果和最后的数据分析，高年级的同学也可以参与，这些实践活动会帮助提高他们的动手能力以及分析问题、思考问题和解决问题的能力。

第二，逐步构建比较完整的创业教育课程体系。例如，在创业动机、创业态度、创业知识、创业技能和创业能力培养等方面，创业教育最基本的内容必须包括培养创业精神和提升创业价值，激发潜在的创业意识和创新意识，发挥大学生主观能动性，学习相关知识的热情，坚定持之以恒的决心，这些内容可以邀请校学生处创业办公室的老师讲，也可以邀请社会专业人士来讲。

另外，需要在专业课的讲授中增加一些心理学就业方向的内容说明。对于有创业意愿的同学，除了向学校老师学习外，要多利用互联网了解心理学科的现状和发展趋势，丰富知识储备，拓展专视野。另外也要多与家人沟通，明确创业目标，制定合理规划。

例如，在低年级开设的普通心理学、生理心理学和发展心理学上课过程中可以在相关章节中谈在实践中的应用。脑电仪不仅在实验室可用，在医院相关科室也有大面积使用；测谎仪在司法领域中也被广泛使用；胎儿心理这一章中可以联系到近几年宣传火热的基因检测部分、胎教的市场化内容；婴幼儿心理部分可以谈到幼教市场，如天津地区火爆的美吉姆品牌。与此同时，联系已经在这些机构就业的毕业生做讲座。小学生部分常见的多动症、抽动症、学习能力障碍的早期识别与应对都有较好的市场前景；中学生的自卑、人际关系和考试焦虑都是常见的需要社会机构帮助的问题；高年级开始方向课后更加有针对性，例如，在管理销售方向的市场调查、消费心理学中增加具体某些行业的方法，邀请本行业的老师增加一些实践性内容。管理心理学方向的内容，包括人员招聘流程、面试流程、薪酬设计、团队建设、个体激励、股权改造、领导力提升等，都是各相关公司的核心业务。司法方向的证据搜集、审讯、证人证言、陪审员、纠纷调解等内容市场化，也有很多可以思考的内容。

上课形式需要多样化，既包括传统课堂授课，也包括线上授课；

既要有固定的授课时间，也要有灵活多样的师生互动交流时间；既要有老师理论上的讲授，也要有创业者创业经验的分享评价等。相关老师们可以利用各种时间，通过社交软件向同学们推送多种形式的内容，如文字、图片、音频、视频等的创业知识、创业政策、创业成功案例等，让创新创业教育深入到学生日常思考范围和学习范围，并与原有的知识体系融合，逐渐出现创新思维，这样就可以将创新创业教育思维融入大学生生活的点滴，教育效果将与单纯理论学习完全不同。

继续加强实践课同理论课程深度融合，让学生亲身体验创新创业过程，防止创业教育内容及形式的单一性，提高创业教育的全面性，增加主体与客体的互动性，增加教育手段的多样性，减少教育模式的重复性。大学生接受新东西快，他们都能够熟练使用新媒体，上网创业也会成为新领域和新空间。

第三，大学生创业教育的教育者，需要采用走出去，引进来的方法。

首先，鼓励专业教师加入到大学生创业教育中，在教育中帮助同学们甄选信息，传递给大学生正确、科学有效的创新创业方法，积极联系可以联系的资源进行各种形式的校企合作，提高大学生创业的成功率，也需要老师们走访创业企业，学习创业工作成效显著的高校的相关经验，真正了解社会需要什么样的人才，如何培养这些人才等相关课题，减少老师们从校园到校园只重视理论的特点；也可以通过联系专家学者讲座、创业成功者培训等形式，将新的创业教育思路和办法引进来，将心理学专业和相关的几个行业结合起来，例如，可以从天津开始，联系教育、司法、医疗、心理咨询、企业管理公司、拓展训练公司等单位，深化理论和实践的结合，建立学习—模拟项目—竞赛—再学习的模式，在这个过程中需要及时发现和寻找存在的各种问题，老师们和同学们一起再学习、再完善；可以将学生的创业活动纳入到评奖评优的考核体系中，激发大家创业热情，鼓励大家积极参与创业实践，增加大学生创业奖励政策，对潜力大、效益好的项目给予奖励。

其次，引入名高校的创业培训课程，改善现有师资的知识结构和专业素养，为学生提供优质的创业教育，有机会的话聘请各级各类政策制定者、优秀创业校友、企业家、风险投资者为兼职教师，为大学生创新创业项目的选择、市场调查、融资及市场拓展、企业管理、团队合作等提供全程指导服务。[5]

最后，重视建立同企业稳定的校企合作机制，使学生可以进入企业参观见习，体验企业运行的全过程，了解企业的管理和运营，感受企业文化，为创业积累经验。

总之，除了创业硬件，如创业训练场所之外，更多的工作还是需要在“软件”上有所增加，例如，逐渐增加“一对一”创业辅导，在项目选择、团队建设、财务设计及管理、风险及防护等方面落实到人。[6] 创业导师团除了专业课老师外，应该包括成功企业家、风投等具有创业及投资经验的人士，及时了解并利用政府为符合要求的大学生提供的创新创业启动资金，利用好政府和学校为帮助大学生进行创新创业项目进行的各种报道和宣传，提升创业大学生的成就感，提高大学生创业项目的社会关注度。

第四，建设提供人、财、信息等内容的创新创业训练平台，为大学生创新创业活动提供政策咨询、项目选择、市场调查、融资及市场拓展、企业管理、团队合作等一站式信息咨询服务。[7] 为想要创业的同学们、老师们和创业成功者们提供交流平台，建立由创业教师、同学们和正在进行创业的毕业生们以及已经取得一定成绩的创业成功校友等多层次的成员所组成的互联网论坛、群组，创业教师作为组织者和引导者，负责平台的搭建和维护，发掘可以为同学们创新创业教育提供帮助的学校和各类社会资源，引导学生提出想法，向有经验的创业者请教，丰富学生的创业实战经验，帮助学生树立创业信心，通过“传、帮、带”等形式，提高大学生创业的成

[5] 刘丹等：“‘互联网+’背景下大学生创业教育研究”，载《知识经济》2017年第8期，第145页。

[6] 王春雅等：“国内大学生创业教育研究述评”，载《价值工程》2017年第1期，第236~238页。

[7] 田盼盼：“‘供给侧’改革视角下大学生创业教育研究”，载《开封教育学院学报》2017年第4期，第124页。

功率，获得更多和更好的政策和资金支持，也可以利用平台进行创新创业大赛，培养创业能力，也可将创业项目制作成文字或视频，发布到相应互联网平台进行宣传和推广，获得更多人的关注，进而有机会获得各种帮助，包括各种资金支持。在互联网上创造虚拟教育平台后，同学们自己也可以进行模拟创业、模拟经营，帮助大家在实践学习中相互启发思维、增长知识。例如，我们可以从生产者和销售者两个不同的角度，利用社交网络和智能手机，了解消费者下单、配货、物流配送、售后服务、会员管理、产品展示、内容传播、营销推广、购物体验和售后评价等一条龙服务，学习并促进各个环节达到资源优化配置和成本节约的方法。同学们通过网络平台的模拟交易不受时间和空间的限制，学习效率更高，效果更好。〔8〕

第五，对不同年级的同学来说，宣传教育的内容也应该有所不同。目前大部分创业教育通常只针对大四毕业班同学，实际上，创业意识和创新精神的培养，需要较长时间，应该从大学一年级一进校门就开始。对于大一的同学们主要进行职业生涯规划教育，帮助他们了解社会就业状况及可能要面对的压力，鼓励大家树立自主创业的就业观，刚开始接受专业课程的学习时就渗透一些创业教育课程，增加一些创业所需的专业技能。内容主要有：自我角色的转变；对学校气候、人际关系、学习方法等内容的适应；逐步提高对心理学专业内容的认同，了解未来的就业形势。大二时要关注在明确的就业目标指导下知识和能力的积累，需要同学们在老师的指导下自觉、有计划、有步骤地进行。大三时培养职业技能，提高实践能力，积累实践经验，了解自己的性格提点，找到自己的兴趣点或优势点，从自己的兴趣出发，发挥自己的优势，并做大做强，例如，外向型性格的同学提高自己的管理和销售水平，内向型性格的同学关注财务和库管方面的知识，多面手型的同学适合长期管理项目，精于技术型的同学更适合成为创业过程的计划执行者。大四进行择业和就业方面的教育，包括全面认知、评估自己，发现自己的优点和缺点，

---

〔8〕 张磊：“‘互联网+’视野下的大学生创业教育研究”，载《办公室业务》2017年第7期，第191页。

加工优点，改正缺点。全面调查与分析社会就业环境，并根据实际情况及时修正职业方向和目标。

另外一件事也很重要，即做好对家长的宣传工作。不少家长希望孩子在毕业后能找到稳定工作，如公务员、教师等所谓体制内工作，认为创新创业是找不到工作后的无奈选择，学校要向家长传递有关信息，以帮助家长们逐步理解大学生的创新创业行为，增加他们新的思维和理念，希望他们多与子女交流，给予恰当的引导，给予感情鼓励和必要资金支持。

第六，需要注意避免大学生创新创业教育中的几种倾向。

首先，创业教育方式表演化和激情化，如创业竞赛、创业报告，这种竞赛学习或模仿风险投资的运作模式，就一个具有市场前景的技术、产品或者服务项目，让大学生进行创业计划、设计，获胜者获得风险投资。其面对的只是小部分同学，激情创业演讲与实际的市场开拓、企业管理还有很大距离，在校大学生应主要参与学习和积累过程，要尽量减少这类具有太多的表演性质的活动。

其次，重视创业技能，忽视创新意识和创业精神。许多学校和老师过于重视创业技巧的培训，如财务分析、市场营销、战略管理等，忽视创新创业理论的教育，忽视创新与创业相结合或培养学生产生创意的能力。市场经济高度重视个性化，以客户为中心是时代所需，很多内容不是老师所教，而是创新思维的结果，老师需要做的是抛砖引玉。

最后，弱化创业的长期教育功能，偏重创业教育的短期作用。例如，小企业主素材培训班只重视技能和方法等，轻视家国人文情怀的培养。在以后的教育中，我们需要同时强调和宣传创新精神、创新能力、文化素养等内容。

总之，大学生的创新创业教育需要学校、学院、各专业老师、辅导员、家长及管理部门的重视，把创新创业教育放到与学生素质教育同等重要的位置，才能取得一定的成绩。

心理学专业应用型转型背景下项目导向学习模式的探索

姚海娟*

一、项目导向学习的作用

（一）实现学校教育与市场需求的对接

应用型本科专业的人才培养目标主要定位在高素质、应用型人才上，这就要求课程教学要以市场为导向，以就业为目标，根据市场需求来规划、设计和组织课堂教学的基本内容。2016 年 11 月 13 日在京发布的《中国高等教育舆情报告 2016》显示，社会对高等教育的关注，主要集中在“大学生”和“大学生就业”两个方面，这两类舆情占到高等教育总体舆情数据的近一半。[1] 自 20 世纪 90 年代以来，高校数量增加，并不断扩大招生，大学毕业生并没有准备好应对就业的挑战。因此，关注毕业生就业发展，找出识别和嵌入课程内的就业能力的方法是至关重要的。

高校要确保各专业设置的课程可以培养学生获得更多的应聘机会的能力。英格兰高等教育基金委员会强调：政府、大学、学生以及雇主要把就业能力纳入到高等教育的核心建设，这是需要重点考虑和优先发展的事项。目前，在高等教育研究领域，普遍接受的“就业能力”是指学生能够发展出来的“一系列成就”，例如，技能或大学生毕业时更容易获得就业机会及其他一些与个人相关的成功

---

* 博士，天津商业大学法学院副教授，研究方向：认知发展。

〔1〕 宋继祥：“大数据助力！《中国高等教育舆情报告 2016》在京发布”，载中国青年网，http://news.youth.cn/gn/201611/t20161114_8845637.htm，最后访问日期：2016 年 11 月 14 日。

的内容。高校的一切改革和发展必须围绕培养人这个中心来展开，高校的一切工作必须体现学生的主体地位，要为学生成为适应竞争社会就业岗位的人才服务。随着高等教育大众化的发展，高校毕业生在社会竞争中将趋于平等，高校的品牌效应差距必将愈趋明显，而高校的品牌最终必将依靠毕业生的就业状况来实现。〔2〕围绕大学毕业生的就业能力来设置课程中的实践技能培养方案，更好地体现了高等教育在促进社会经济增长和社会文化发展中的重要作用。

（二）充分体现成功的素质教育的基本要求

成功的素质教育观认为，高校必须以学生为本，以培养学生良好的综合素质为目的，传授知识只是手段，教学的主要目的不是传授知识，而是传授方法、训练思维等。在项目导向学习的教学运作中，教师和学生是一个合作的团队，学生之间也需要更多的团队协作。教师鼓励学生去探索解决问题的方法、张扬个性，进行批判性学习，培养学生的创造性思维。项目导向学习是让学生变被动学习为主动学习、变“要我学”为“我要学”的一种学习方式。根据设定的主题，学生团队带着问题进行研究性学习或探究性学习，而这些都是成功素质的基本要求。

本文主要介绍基于项目的学习（Project-Based Learning）帮助发展学生就业技能的相关方法，这些方法能够使高校更好地组织学生在课程内学习和课外实践，提供给大学生更多地以可持续发展为中心的学习者体验。通过基于项目学习的相关案例的介绍，探讨心理学专业开展项目导向学习的可行性方式，并分析基于项目的学习所可能存在的问题。

二、课程的可持续性与提高就业前景的相关性

高校通过教育培养学生的可持续发展能力。对于一些学生而言，培养对科学、技术的深入了解以及可持续发展教育中隐含的设计技

〔2〕李莉：“对大学生就业问题的思考”，载《昌吉学院学报》2004年第2期，第83页。

巧的课程所带来的就业前景比传统课程更大。可持续发展教育往往使学生参与进来，开展实践活动，例如，校园绿化倡议，实地考察和了解发展可持续的做法，以及开设一些使人们加强保护社会和自然环境的研讨班课程。从广义上看，融入可持续发展的课程不只包含学科需要的知识，而是应该使学生在专业领域和学习生活中加强对一些社会问题进行深刻理解的内容的准备，应该解决知识环境保护、经济增长、社会性别平等、公共卫生和安全治理以及其他的社会和经济问题。可持续发展是为本科课程进行跨领域知识的嵌入式课程，可以更广泛地提高就业的前景。高校应该支持教师在所开设课程中提供一些课外的发展资源以增加学生就业有关的技能，应该多与用人单位联系，以确定学生所需的与就业相关的能力。

三、项目整体化方法的必要性

要想让学生获得可持续发展的能力，斯特林（Sterling）和托马斯（Thomas）[3]建议课程要求不仅仅是内容的增加，因为可持续性不应被视为在课程中加入了另一个主题。相反，应该将其视为一个整体，是一个提供教育目标的综合方法，而不是作为教育目标的背景。在所开设的课程中采用综合方法是非常有用且必要的。因此，实施项目导向学习面临的一个挑战就是实施跨学科研究的大学通识教育。但是，这样做可能会缺乏跨学科的资源支持等。高等教育扮演着培养人才的重要角色，改革课堂教学模式和学生学习模式，特别是将课程、校园、社区和研究包括在内的综合方法，来培养学生的可持续发展素养，这对社会也有重要意义。

〔3〕 S. Sterling & I. Tomas："Education for Sustainability: The Role of Capabilities in Guiding University Curricula", in *International Journal of Innovation Sustainable Development*, 2006, 1, p. 349.

四、项目导向学习简介

（一）项目导向学习的内涵

项目导向学习，就是学生围绕一个具体的项目，充分选择和利用各种学习资源，在实际体验、探索创新、内化吸收的过程中，以团队为组织形式自主地获得较为完整而具体的知识，形成技能并获得发展的学习。

（二）项目导向学习的主要特征

实践表明，项目导向学习具有多种特征：

（1）项目是中心，而不是课程的外围部分，通过创设现实的、有意义的、具有挑战性的项目情境，激发学生主动参与到项目活动中。基于挑战性的问题，让学生参与设计、解决问题、决策制作或调查活动，有效利用各种资源解决项目中独特而又相互联系的各种任务，最终形成一个或一系列作品。

（2）将学科知识、概念、原理融入项目任务当中，学习者完成项目任务的过程，就是学习者体验、感悟学科知识、概念、原理的过程，在此过程中，学习者建构起对学科知识、概念、原理的个性化理解，掌握一定的技能，发展自己的高级思维能力。

（3）关注多学科内容的交叉融合。来源于现实生活中的实际问题往往是多学科交叉融合的问题，涵盖了多个方面的知识和技能。在学习过程中，学生需要综合运用多种学科知识来理解和分析，单纯依靠某一门学科知识则无法解决所遇到的问题。

（4）以“团队”为基本组织形式，强调师生、生生以及该项目活动的所有人员相互合作，形成“学习共同体”。在“学习共同体”中，成员之间密切合作，每位成员共享自己的思维成果，充分交流互动。

（5）学习具有一定的社会效益。项目导向学习能促使师生与广大的社区进行联系，学习过程中所需的文献资料和学生的最终作品都能够与老师、家长以及商业团体进行交流和分享，学生制作的作品可以提供给商家在市面上销售，从而获得一定的经济效益。

（6）学生在学习过程中需综合运用多种认知工具和信息资源。在学习过程中，学生会使用各种认知工具和信息资源来陈述他们的观点，支持他们的学习。这些认知工具和信息资源有计算机实验室、超媒体、图像软件和远程通信等。

（7）项目主要让学生进行建设性调查，因而在很大程度上是学生驱动的，项目主题的相关性激发了学生的积极性，激励他们对自己的学习产生积极的兴趣；教师扮演促进者的角色，与学生合作，提出有价值的问题，构建有意义的任务，辅导知识和开发社会技能，以及仔细评估学生从经验中学到的东西。可以说，教师负责监督项目导向学习过程的每一步，在学生朝着一个方向前进之前，需要批准学生的每一个选择。评估的内容包括活动、解决方案讲解、实验室实验，并在期末考试前进行几次评估研究。

（8）与传统教学方法只评估认知技能相比，项目导向学习还对认知和情绪-社交技巧等进行评估。

（三）项目导向学习的优势

（1）项目导向学习有利于学生开展个性化学习。项目导向学习适用不同的方法学习，能给学生提供多种方式参与和验证他们的知识学习，适合各种各样的智力技能（如肌体运动技能、图像技能）的学习，也能适应不同的学习风格，为学生开展个性化学习创造了机会，有利于学生开展个性化学习。

（2）项目导向学习可以促进学生元认知能力的培养，锻炼学生“学会学习”。项目导向学习为学生元认知能力的培养提供了条件，在项目导向学习中，允许学生自己选定学习内容，制定学习计划，调节学习活动，这为学生元认知能力的培养提供了很好的契机，锻炼学生“学会学习”，顺应了当代教育改革的趋势，是应试教育向素质教育转变的推动剂，为自主学习、终身学习奠定了基础。

（3）项目导向学习使学生获得了更深层次的知识，可以帮助学生建立自信，增强组织能力和项目管理能力，提高团队建设能力和研究的技能，提高了学生的沟通技巧，促进了批判性思维。研究发现，采用项目导向学习三年的学生与使用传统教学方法的学生相比，前者的学生达到了可能达到的最高成绩，学生的动机水平也显著提高。

(4) 项目导向学习在国际学生群体中使用，能够使学生产生高水平的尊重和自我接纳，以及对不同民族文化的更大宽容。

(四) 项目导向学习的局限和挑战

与所有教学方法一样，项目导向学习也存在一些局限性和面临一些挑战。首先，一些证据表明，这种方法的主要制约因素之一就是部分学生认为工作量太重。其次，部分学生抱怨他们投入到项目中的努力并不总是平等地进行共享。因此，许多学生仍然喜欢传统教学方法和评估方法，他们在其中扮演着更被动的学习角色。再次，教师和学生在实施项目导向学习过程中存在一些期望的差距。教师在项目导向学习中将学生看作是中心和独立的角色，而学生则对教师有更多的依赖，并期望与教师进行更多的沟通，得到教师更大的支持。最后，在项目导向学习中，一些学生倾向于将小组学习和项目执行质量的责任转移到整个项目组，避免对活动结果承担个人责任，因此有些教师也不愿意实施项目导向学习。

究其原因，主要是缺乏训练、经验和动力，或将项目导向学习作为一个额外的繁重劳动。因此，项目导向学习的准备和实施需要很大的帮助，项目导向学习需要更多的时间来计划，需要更多的学术和技术资源，需要更多的对学生成长提供支架作用的资源，更加努力真实地评估学生学习。此外，教师必须克服诸如财力不足等挑战性问题。

五、项目导向学习范例介绍

工业工程与管理（Industrial Engineering and Management，IEM）学位案例：葡萄牙的米尼奥大学和中国科学院生产与系统工程系在工业工程与管理专业学位上采用项目导向学习的教学法已有十多年的经验。项目导向教学法从第一学期开始应用于 IEM 新生，学生以团队合作的形式对项目研究问题开展广泛的探讨，解决跨学期项目的跨学科学习。学生通常分成小组，整个学期的团队都是一样的，由一个导师负责监控进度，对原始解决方案提出挑战。每队预计将与所有教师和其他团队互动，主要通过公开介绍、报告、扩展教程和原型演示等方式进行互动。由于工业实践越来越紧密地联系在一起，他们对项目的主题会进行谨慎选择。通常选择与可持续性有关的问题，目的是激发学生积极地探求信息，发展他们的信息，熟悉并主动设计产品和系统解决方案。这种方案必须对环境无害，促进社会公平，同时尽量减少资源使用和废物的产生。项目导向学习开发的主题包括：燃料电池生产系统技术条件；海水淡化；电动汽车用电池的生产规范、电池及其生产系统；有机废弃物在生物酒精生产中的应用；生产一种便携式设备规范空气湿度饮用水；海上溢油原油的净化与回收；报废电子废弃物回收拆解线规范及设计一个可持续的包装和规格的生产系统。〔4〕

六、项目导向学习在心理学专业应用型转型中的探索

正如本文所概述的，项目导向学习是一种有效的方法。在学习环境中实施可持续发展的原则和做法，可以帮助学生成为更有效的问题解决者和专业人士。项目导向学习的实施有赖于认真的准备，计划的数量也不应被忽视。该方法的成功将受到若干因素的影响，包括项目主题的适当选择及其子结构支持的适当程度，充分的预先计划将优化效率、灵活性以适应任何可能出现的不可预见的情况。虽然有不可预知的情况，但也要提前为学生提供工作准备。

在项目正式开始之前，每一个学生都应该被分配一份任务。当项目进行时，学生自己的能力可能会需要一些支持来理解团队工作的动态。此外，项目所使用工具的可用性和时间分配要有周密计划，准备时都要慎重。

心理学专业在应用型转型过程中要在应用性领域的课程中增加项目导向学习，如发展心理学、社会心理学、教育心理学、管理心

〔4〕 Walter Leal Filho, Chris Shiel & Arminda Paço: “Implementing and Operationalising Integrative Approaches to Sustainability in Higher Education: The Role of Project-Oriented Learning”, in *Journal of Cleaner Production*, 2016, 133, p. 131.

理学、心理咨询与矫治等。参考其他课程中项目导向学习的实施办法[5]，建议心理学专业实施的步骤如下：

（一）设计问题

课程的教师首先要思考所教的知识在现实生活中有什么应用，在什么地方能够找到，可以跨学科跟其他学科的教师交流共同完成。学生在教师的帮助下选择合适的项目选题，提出有意义的、现实的问题。

（二）确定目标

项目的进行时间为一个月或两个月，可视具体情况而定。学生分组搜集、整理资料，从图书馆、报纸、杂志和互联网上搜集项目的相关资料，对这些资料进行整理加工，确定项目的研究目标。

（三）探索研究

按照确定的目标，学生要开始进行项目研究工作。对提出的问题解决方案进行验证，并联系幼儿园、企业、中小学、心理咨询机构或特殊治疗中心等，将项目成果在适用群体中进行广泛应用，通过有效的反馈进一步检验解决方案的有用性。

（四）分析总结

每个小组通过不同的研究过程得到他们的结果，然后积极地进行项目成果的展示，对项目成果进行具体的讨论和分析，这样既能让学生掌握所学的知识和技能，也能让学生将所学的知识和技能应用到项目和未来生活中。最后，教师对各小组的结果进行总结和分析。

（五）考核评估

项目导向学习在心理学专业中的应用使得学生除了学习课本上的知识外，还进行了很多的社会实践、调查研究和宣传活动等。这就要求教师在对学生进行考查的时候，不仅对学生所获得的知识进行考查，还要对他们参与活动的积极性等进行考核。最好是设计一种评价表，在项目一开始的时候，评价表就对学生是公开的。学生

[5] 薛志诚、蔺平爱："项目学习法在高等数学教学中的应用"，载《教育理论与实践》2015年第18期，第53页。

也可以参与评价表的制定，以更好地完善评价表来区分学生不同程度的表现。

七、结语

本文探讨了项目导向学习的作用、内涵、特点、优势以及局限性和所面临的挑战，综合而言，我们认为，项目导向学习是一种有价值的教育学方法。应该仔细考虑在适当的支持下选择合适的项目，在为学生提供教学方法的同时，获得更具可持续性和创新性的解决方案、提高学生掌握的知识和技能。通过项目实施过程中的经验，在现实世界中，不仅开发学生在工作场所中值得重视的能力，而且促进世界进行可持续的发展，这将是至关重要的。项目导向学习围绕多学科视角，以项目为中心，以“做中学”为过程，结合课内知识和课外实践的优势，有效地促进个体获得更多有利于就业的技能。本文通过案例介绍了项目导向学习的价值和所开展的主题，心理学专业在应用型转型中可以借鉴该案例，在不同的课程中选择更合适的主题，还可以开展跨学科的课程，培养学生的通识能力。

论团体箱庭疗法的教学模式探索

慕德芳*

《心理矫治技能与实务》是应用心理学专业培养的方向课程之一。该课程是在咨询心理学理论的基础上，更加注重心理咨询与矫治技能的掌握和操作。该课程在明确心理矫治的功能、作用的前提下，重点介绍心理矫治技能，其主要内容涉及心理治疗方法、技术及其应用等。该课程强调团体箱庭疗法、绘画分析、音乐疗法等技术的操作，具有很强的针对性、实用性，尤其是团体箱庭疗法在实际的心理健康和企业培训等工作中应用得非常广泛。

因此，在团体箱庭疗法章节的教学内容中，应该结合中小学生的心理特点，具体介绍团体箱庭疗法的规则、团体沙盘游戏疗法操作、箱庭疗法分析等内容，教学要求是学习、掌握团体箱庭疗法的理论基础和基本设置，掌握团体箱庭疗法的操作过程，了解箱庭疗法的分析原则和解读方法，学会灵活地运用该疗法解决实际问题。教学重点是团体箱庭疗法操作、箱庭疗法分析。

一、团体箱庭疗法的特点

箱庭疗法，又称沙盘游戏疗法，是指运用一盘细沙和一些玩具，通过自由摆放表达一个人的内心世界，从而使得内在世界外显化、形象化，从而激发来访者的自我治愈力进而解决问题。[1]团体箱庭疗法是具有一定规则限制的疗法。该疗法是团体成员（5~7 人）按照抽签的顺序在一个沙箱里共同制作沙盘作品，所有的团体成员按

---

* 博士研究生，天津商业大学法学院副教授，研究方向：儿童认知发展。

〔1〕 张日昇：《箱庭疗法》，人民教育出版社 2006 版，第 168 页。

照顺序摆放完玩具为一轮，摆放几轮要视沙盘的丰满程度。在团体箱庭的制作过程中，团体成员间不能进行言语和非语言的交流。

二、在教学中注重团体箱庭疗法掌握的必要性和重要性

团体箱庭疗法生动有趣，情境自然，其开放接纳的交流对中小学生心理健康具有非常好的干预效果。

（一）团体箱庭疗法为中小学生提供一种安全、保护的氛围

在团体箱庭疗法过程中，心理咨询师为团体成员建立起一个安全、被保护、无条件接纳的环境，团体成员的个性也充分被尊重，因此，团体成员也更迅速地与心理咨询师建立起互相信任的关系，有助于他们更加迅速地进入团体箱庭游戏。团体箱庭疗法注重激发团体成员内心的自我治愈能力，心理咨询师给予团体成员充分的时间，通过沙盘游戏的深入探索，让他们通过摆放玩具和沙盘动作而觉察自己的真实内心，内在的情绪和心理得以展示与发展，从而激活自我治愈的能量。

在采用团体箱庭疗法干预时，我们发现大部分学生都有一个感受，玩沙盘时越放松，越能找到真实的自我。沙盘把问题呈现在眼前，但最终解决它们的还得是自己。在团体箱庭疗法中，心理咨询师真诚、共感、热情、积极关注的态度，不是停留在知识层面，而是辨认学生身上发生了什么，并要保护和支持这个过程，要在紧要的关头介入，把握好火候，要让学生在有限的空间内，在与团队成员合作中真实地表达自己。

（二）团体箱庭疗法为中小学生提供一个更深刻的体验形式

团体箱庭疗法在原本空白的沙盘上创造出了一个世界，演绎了个体从出生到成长以及走向死亡的生命轨迹，箱庭作品主题涉及美好生活、美丽家园、游戏、战争等。团体成员将自己内心的想法通过沙子和各类玩具充分展现出来。例如，一位团体成员发现自己只在右上角进行塑造，而没有顾忌其他成员的摆设。她不禁反思：“虽然我是个外表活泼开朗的女孩，但我只在自己觉得有安全感的地方活动，其实我很敏感，在沙盘中体现出来我的特点，这不禁让我感

到非常的惊奇。”有的成员没有过多考虑团体其他成员所选的沙具，或者选择的玩具和整体氛围不协调。通过观察团体成员对规则的遵守情况及其摆放的玩具等特点，可以很好地分析其在团队合作中的表现。例如，有个学生在制作团体箱庭时，摆放了一个有红色太阳的旗子，有些团队成员以为这面旗帜象征日本，所以纷纷摆放大炮等玩具进行防御，也有团队成员将太阳旗放倒或移动，从而出现了团体箱庭制作过程中的矛盾和冲突环节。在交流和分享阶段，每个团队成员都表达了自己对太阳旗的看法和体会，以及移动太阳旗的原因等。当摆放太阳旗的成员说，她摆放太阳旗只是把它当作给我们带来温暖的太阳时，团体成员开始了热烈的讨论，原来对摆放者来说，玩具并不代表日本国旗，而是想表达一种对太阳温暖的喜爱，于是团体成员纷纷表达对太阳旗的理解和感受，也解释作出移动或摆放大炮的动机，摆放太阳旗的成员也会表达自己起初对大家行为的不理解以及自己的委屈。就是在这样的矛盾和冲突中，团队成员开始互相理解和接纳，对同一事物，每个人看待的角度不同，每个人的感受也不同，自己的行为可能是出于善意，但可能对别人而言，会造成一些误会，也可能会造成一些伤害。团体成员体会到在人际关系中，要学会站到对方的角度考虑问题并体会对方的感受。

在中小学生心理健康工作中，谈话式的咨询或是讲道理式的指导，都可能因为其抽象性和缺乏体验性，很难让中小学生深刻理解，但团体箱庭疗法可以通过每个成员自身的体验和交流，深切体会到“凡事不能以自我为中心”以及“站在对方角度考虑问题”的重要性和意义。中小学生在团体互动过程中习得的体验与感悟延伸到现实的同伴交往过程中，最终达到改善不良同伴关系的效果。

（三）团体箱庭疗法为中小学生提供一个更开放和接纳的方式

团体箱庭疗法的最后一个环节是对话和分享。在这个阶段，心理咨询师引导团体成员敞开心扉，表达每一轮排放玩具的想法、对他人排放玩具的感受等。在玩具移动的环节，心理咨询师一定要问被移动玩具的成员“当别人把你的加油站移动了位置，你有什么想法?”，并让移动玩具的成员表达移动的动机，在这个过程中，心理咨询师一定要为团体成员营造一个开放和接纳的氛围，让每个人都去体会他人的情绪和感受，并让每个人明白，各种情绪要用合理的方式表达并让他人觉知，这样的交流和表达只是针对此时此刻沙盘中的动作和玩具，而不涉及任何人的品行讨论，也不要由此而生出对他人的偏见、喜欢或厌恶等情感。对交流和表达，心理咨询师引导学生以开放的心态看待不同的理解、不同的感受以及误会和矛盾。在开放的氛围中，学生不仅学会了情绪表达，更重要的是学会了在团队合作中接纳各种不同。在一个团体中，人与人之间既有配合，但也有自己的个性。最后，心理咨询师引导团体成员提炼团体箱庭作品的主题，在与团队成员的沟通交流中完成对箱庭作品的初步解读与辅导。

三、团体箱庭疗法技能的教学探索

（一）让学生真正理解团体箱庭疗法的特点

在团体箱庭疗法的教学中，要重视学生对团体箱庭疗法有效原因的理解和认识。只有真正地理解团体箱庭疗法的特点以及有效的理论根源，才能让学生更好地掌握团体箱庭疗法的操作和分析，并在实践运用中处理各种可能出现的问题。在教学中，要重点介绍团体箱庭疗法的特点，例如，对于团体成员而言，团体箱庭疗法具有共同的空间和必要的规则。共同的空间会产生竞争与合作的氛围，必要的规则会产生适度的限制性，因而该种疗法更符合真实的社会生活情境。因此，团体箱庭疗法在某种程度上可以视为是现实社会生活的缩写。在现实生活中我们并不完全自由，也需要受到社会规则的限制。个体如何调整自己以适应社会，在求同存异基础上尊重他人、和他人共处，却是一个不容易的过程。在共同制作沙盘作品的过程中，每个团体成员对作品的整体设计都有自己的设想，但在一个沙盘的共同空间内完成一个作品，难免会在团队合作的初始阶段由于不能进行有效的言语沟通而出现矛盾和冲突，这就需要每个成员学会站在他人的角度体会他人感受并调整自身，以达成合作的默契，最终实现团体的整合。也就是说，团体具有共同的目标和志向，同时每个成员又有自己的独立性，大家都能以一种坦然的心态对待彼此和团体这个“大家庭”，促进团体的成长。

（二）让学生洞察团体箱庭疗法应用群体的心理特点

应用心理学专业培养的学生毕业后有可能进入中小学和各种教育机构从事心理健康工作，因此，在团体箱庭疗法的教学过程中，应要求学生进一步了解和掌握中小学生的心理特点，让学生认识到在中小学阶段的学校心理咨询中，团体箱庭疗法由于其自由性、体验性、开放性及趣味性，而在各种心理问题的干预中能够获得非常好的效果，尤其是对中小学生人际关系问题的干预效果非常好。同时，在教学中应该让学生整理有关中小学应用群体的心理特点及容易出现的心理问题。例如，小学生的人际关系问题日益受到家长和教师的重视，对小学生的调查数据表明，人际关系问题占到42%。小学生在人际交往中经常出现紧张、冲突及矛盾的现象：不能忍受挫折和失败，不能容忍别人超过自己，当好朋友学习超过自己时，会产生嫉妒心理，不理睬这位同学；同学之间互相攀比，比外貌，比学习成绩，比衣服品牌等。作为独生子女，好胜心强，如果受到多次挫折，便认为自己无论怎么努力也不如别人，不能接受家长和老师的批评等。在教学中，在学生熟悉并了解被试群体的心理特点的情况下，学习团体箱庭疗法的操作将会更具有针对性，也更容易产生更好的干预效果。

（三）让学生亲身体验并掌握团体箱庭疗法的操作和分析

在中小学阶段，团体箱庭疗法以游戏的方式非常灵活地将中小学生切入到人际关系氛围中，在游戏中体验和成长。在实验教学中，将学生分成若干小组，让每个小组都亲身体验团体箱庭的制作和分享过程，在亲身体验中更好地掌握团体箱庭疗法的操作，并在体验中不断加深对团体箱庭疗法的理解。学生在体验和操作中，掌握团体箱庭疗法的具体操作过程：首先，确定小组成员及制作顺序，制作顺序通过抽签确定。其次，介绍引导语：“今天我们一起来做游戏，这个游戏的名字叫团体箱庭游戏，我们大家用沙盘和玩具共同制作一个箱庭作品。这个游戏会给我们带来什么感受，大家可以做完后进行交流。”再次，介绍团体箱庭疗法的操作规则，具体包括：按抽签的先后顺序轮流摆放玩具；每次只能选择一个或同类组合性的一组玩具；在制作箱庭过程中，所有小组成员之间不能进行交流；可以移动小组成员摆放的玩具，但不能将其拿回到玩具架上，同时移动时也就放弃一次选择玩具的机会。在制作团体箱庭的过程中，心理咨询师是静默的见证者，记录玩具的整个摆放过程和具体摆放的位置，小组成员如果有问题可以问心理咨询师。最后，团体成员对箱庭作品进行对话和分享。在讨论的最后阶段，由每位成员为箱庭作品起名字，由团队成员共同讨论确定主题。在对话和分享过程中，学生慢慢学会对团体箱庭作品的分析与解读。在实验教学中，结合理论授课让学生体验团体箱庭疗法的魅力，有利于学生快速掌握团体箱庭疗法的操作和运用。

综上，团体箱庭疗法以其特有的趣味性和自由性为学生提供一种安全、保护的氛围，让他们在团队合作中也能表达真实的自己；该疗法以其情境性和体验性为学生提供一个更深刻的体验形式；该疗法以其表达性和开放性为学生提供一个更开放和接纳的方式。因此，在教学方面，应该围绕应用型专业特点，需要更加注重团体箱庭疗法的实践性和操作性，强调团体箱庭疗法的具体操作和运用。

实验室开放与应用心理学专业学生实践能力培养*

谢国财**

随着高校扩招带来的高等教育逐渐普及化，本科生就业压力日渐凸显，而用人单位在招聘时也越来越看重应聘者的综合能力和素质。如何提高大学生实践能力成为近些年来高校教育改革的重要目标，实践教学也越来越受到重视。在这样的背景下，许多高校纷纷开展学科专业向应用型方向转型改革。2017 年，天津商业大学应用心理学专业获批为天津市应用型专业转型专业，目前正在对应用心理学专业人才培养目标、人才培养方案、课程教学大纲、实验教学和实践教学等方面进行调整和改革。实验室是人才培养的重要场所，如何充分发挥心理学实验室在应用心理学专业应用型改革中的作用，成为影响和决定应用心理学应用型改革成效的关键因素之一。而要充分发挥实验室的效用，就要加大实验室的对外开放力度，特别是加大对本专业学生的开放力度。

一、从应用心理学专业人才培养目标来看实践能力培养的重要性

天津商业大学应用心理学专业始创于 2002 年，距今已有 15 年时间，期间培养了大约 500 名应用心理学专业本科毕业生。经过多年的摸索和经验总结，我校应用心理学专业把人才培养目标确立为：

---

* 基金项目：天津商业大学教改项目：“心理学专业开放式实验教学平台建设研究与实践”（编号：15JGXM78）。

** 天津商业大学法学院讲师，应用心理学实验室主任，研究方向：心理健康教育。

培养具备心理学专业基础理论、知识，同时又具备心理评估、心理咨询、心理调查与分析等实际操作能力，能在教育、企业、医疗、司法、行政管理等部门从事教学、培训、管理、咨询与治疗等工作的复合型、应用型的专业人才。

该人才培养目标之所以特别强调“实际操作能力”的培养，是因为心理学本身就是一门应用性很强的专业，广泛应用于教育、培训、医疗、健康、营销策划、司法、体育、军事、管理以及社会服务等领域。[1]而作为心理学专业中更侧重于应用的“应用心理学”专业，各种实际操作能力理所当然地成为衡量本专业人才培养质量的关键指标。在经历了高校多年扩招、开设心理学专业的院校猛增、本科生就业压力日趋严峻的今天，这一点显得尤为重要。专家调查表明，“缺乏实践，缺乏处理实际问题的能力的培养”是心理学专业教学中存在的一个主要问题。[2]而该问题在对心理学专业毕业生的调查中也获得了印证。[3]

二、实践能力的内涵

通俗而言，实践能力指的是解决问题的能力，或者顺利完成特定工作所需要的技能和能力。不过，对于实践能力的具体构成，不同学者的看法有较大差异。有的学者把实践能力分为内在实践能力和外显实践能力两大部分，[4]其中内在实践能力包括实践兴趣、理解力、策划力、执行力、表达力五个基本要素，这些内在的实践能力又在特定的任务或者情境中以不同的形式表现出来，例如，实验能力、教学能力、设计能力和组织能力等。也有学者认为实践能力

---

〔1〕 任其平、黄警钟：“基于能力培养的应用心理学专业改革探讨”，载《安庆师范学院学报》（社会科学版）2008年第3期，第27页。

〔2〕 高立群、彭聃龄：“‘21世纪心理学走向和人才培养’的调查”，载《北京师范大学学报》（社会科学版）1999年第5期，第51页。

〔3〕 刘学兰、吴发科：“心理学毕业生专业技能调查及其对专业改革的启示”，载《心理学探析》2003年第3期，第45页。

〔4〕 赵建华：“大学生实践能力的结构分析”，载《江苏高教》2009年第4期，第88页。

是由一般实践能力、专业实践能力和综合实践能力三大类构成，[5]其中一般实践能力包括表达能力、适应环境能力、自学能力、人际交往能力、外语能力、计算机应用能力和组织管理能力，这些方面构成了实践能力最基础的部分；专业实践能力包括实际操作能力、数据分析能力、记忆分析能力、观察想象能力、逻辑思维能力、信息处理能力、专业写作能力、实验能力、科研能力、设计能力、发明创造能力等，这些方面往往与个体所受的专业训练有关，而不同的任务或不同的工作所需要的专业实践能力也会有较大差异；综合实践能力是指独立地分析、解决现实中实际问题的创新能力。

由此可见，实践能力既包括多种成分，也包含不同的层面，不应过于强调某一方面而忽略了其他方面。对于应用心理学专业本科生来说，不仅要培养各种专业实践能力，也应当培养一般实践能力和综合实践能力，还要培养对实际工作的兴趣。而仅就专业实践能力这一方面而言，由于不同的工作岗位所需要的专业实践能力有很大不同，因此有必要对应用心理学专业本科生的就业去向做一番梳理，以便更准确更全面地了解该专业学生需要着力培养哪些专业实践能力。

三、从就业去向看应用心理学专业本科生所应具备的实践能力

（一）应用心理学专业本科生就业去向分析

基于笔者多年来对应用心理学专业本科毕业生就业去向的观察总结，再参考国内有关的研究[6][7][8]，并结合对中华英才网和智联招聘网等招聘网站上心理学专业招聘职位需求信息的检索，发现

---

〔5〕 邓辉、李炳煌：“大学生实践能力结构分析与提升”，载《求索》2008年第3期，第162页。

〔6〕 莫闲、沈海英：“江苏省应用心理学专业毕业生就业去向调查分析”，载《人力资源管理》2008年第12期，第75页。

〔7〕 李丹：“心理学专业就业方向综述”，载《出国与就业》2011年第13期，第83页。

〔8〕 王瑞乐、王建利、胡志海：“毕业生就业去向分析对应用心理学专业建设的启示”，载《池州学院学报》2013年第3期，第132页。

应用心理学专业本科生的就业去向以及需求岗位主要有以下几大方面：①各类学校和教育培训机构的辅导员、教师、培训师或咨询师岗位，包括幼儿园或幼儿教育机构、各类学校、面向各类学生特别是中小学生的培训机构、某些职业资格考试培训机构（如教师资格考试和心理咨询师资格考试）；②企业销售部门的销售和营销策划岗、企业行政管理或人力资源管理岗（主要为招聘、培训、员工关系和职业生涯规划方面的岗位以及企业内部心理咨询师岗）、企业产品设计部门的研发岗；③各类心理咨询机构的咨询师或助理咨询师岗；④市场调查或市场研究公司的分析员或研究员岗；⑤医疗机构、健康服务和养老机构的心理医生、健康顾问、心理咨询师或测评师岗；⑥招聘网站、人力资源管理咨询公司（如 EAP 讲师岗、猎头顾问岗）和人才测评公司（如人才测评师或测评师岗）的某些岗位；⑦公务员，如公安局、监狱、法院和街道等机构的某些岗位（主要为心理测评、心理咨询和罪犯矫治方面的岗位）；⑧婚介机构以及婚姻咨询机构的婚姻咨询师、情感顾问岗；⑨其他岗位，如出版社和传媒机构的编辑岗（侧重于心理学方面）。在这些就业去向中，所占比重较大的是教育教学类、心理健康服务类、人力资源管理类以及营销和销售类岗位，其中与心理学专业比较对口的是教育教学类、心理健康服务类、数据分析类、人才测评类和人力资源管理类岗位。

（二）从就业去向看应用心理学专业本科生应侧重发展的实践能力

首先，要培养心理测评、心理辅导或心理咨询的技能。在所有技能中，这些技能最能体现应用心理学专业的“专业性”。作为应用心理学专业本科毕业生，应熟悉各类常用的心理测评工具和方法，能够针对不同需要选用合适的测评工具或方法进行心理测评，并能够对测评结果进行合理解释或者应用测评结果来解决特定的问题；应具备对常见心理问题的诊断和鉴别能力，并能够运用一对一的心理辅导或心理咨询来解决一些轻度心理问题，并能撰写案例报告；应当能较熟练地完成一些心理咨询的辅助工作，如接听热线电话、接待来访者、指导来访者完成某些心理测验等；也应当能运用一些常用的心理咨询或心理辅导的技术来进行工作，如沙盘游戏和团体辅导。

其次，要培养教学和培训技能。由于本专业学生毕业后有相当一部分将会从事各类教育教学或培训工作，因此教学和培训的有关技能就非常重要也非常必要。具体来说，包括查找专业资料、课程内容设计、撰写教案、PPT制作、板书、授课、演讲以及与授课对象的沟通等技能。

再次，要培养人力资源管理的有关技能。本专业毕业生从事企业人力资源管理工作的较多，并且侧重于招聘、培训、员工关系、员工职业生涯规划以及员工心理辅导方面，因此有必要培养这些工作所需要的各种技能。具体而言，包括招聘岗位常用到的招聘公告撰写、招聘方案制定、简历筛选、与求职者电话沟通、招聘面谈和人事测评等技能；培训岗位所需要的内部和外部培训资源管理、培训计划制定、培训内容设计、教学和演讲、培训效果评估和沟通等技能；员工关系岗位所侧重的一对一的面谈沟通和倾听、员工职业心理测评、员工生涯规划方案设计、员工职业生涯规划辅导和员工心理辅导等技能。

最后，要培养其他重要技能。具体而言，包括市场调查和客户心理研究工作所需要的调查或研究方案设计、问卷编制、数据统计分析、进行个体访谈、主持和实施小组座谈会、撰写调查报告或研究报告、PPT制作和演讲等技能；心理编辑岗所需要的文字处理、页面或网页设计和专业内容检索等技能；测评师岗所需要的心理测评相关技能，如测试工具和方法选择和运用、测试效果反馈和沟通等技能；产品设计岗所需要的实验技能以及与各种工作对象进行沟通和交流的技能等。

四、实验室开放与应用心理学专业本科生实践能力培养

（一）应用心理学专业本科生实践能力培养途径简析

从以上分析可以看出，在未来职业生涯中应用心理学专业本科生所需要的实践能力是多种多样的，只有采用多种手段、多种途径来进行有针对性的培养才可能满足这些需要，也需要在应用心理学

专业人才培养方案中和实际工作中突出对本科生实践能力培养这一目标。

为了提高人才培养质量，近几年我校应用心理学专业在本科生实践能力培养方面做了许多努力。例如，加大专业实验室设备采购和实验室建设力度，加强对实验教学的重视和本科生实验技能的培养，在人才培养方案中加大实习和实践教学的比重，鼓励学生进行大学生研究训练计划（SRT）和参与教师科研，鼓励大学生创业，鼓励学生参与大学社团活动等。客观地说，这些努力和尝试对于培养学生实践能力是有一定成效的，特别是对于提升学生实验能力和科研兴趣有较大成效，但是还远不能满足学生未来就业的需要，特别是没有针对学生未来就业所急需的种种实践能力进行有针对性的训练，例如，教案设计技能、教学能力、PPT 制作技能、人才测评综合技能和心理咨询技能等。这就要求我们寻找其他途径和办法来更有针对性地和更有效地提升学生的多种实践能力。

（二）实验室开放对于应用心理学专业本科生实践能力培养的重要意义

许多高校意识到心理学实验室对于培养心理学专业学生实践能力具有重要价值，纷纷采取种种措施加大心理学实验室面向学生开放的力度，例如，增加实验室开放时间，加大开放性实验的比例，鼓励学生参与教师科研等。[9][10]毋庸置疑，这些举措对于培养和提升心理学专业学生的实践能力是非常必要的，也是很有价值的。不过，笔者认为，在心理学实验室开放上，还可以走得更远，因为心理学实验室拥有许多可资学生利用的重要资源，如果能更充分地向学生们开放，将非常有利于他们实践能力的培养和提升。

首先，实验室拥有许多专业仪器设备，如眼动仪、心理生理测试仪和心理实验台等。如果能让学生有更多机会和更多时间更自由地使用这些设备，不论是对于培养他们的实验技能抑或是对于提升

〔9〕 曾祥炎："深化实验教学改革，培养心理学创新型复合人才"，载《实验技术与管理》2011 年第 10 期，第 6 页。

〔10〕 马锦飞等："心理学实验室开放共享模式研究"，载《实验室研究与探索》2016 年第 8 期，第 246 页。

他们对本专业以及科学研究的兴趣都很有意义，也有助于培养学生提出问题和解决问题的能力。这对于未来想考研和进一步深造的学生以及对那些未来打算从事产品设计和技术开发的学生有重要意义。

其次，心理学实验室的心理沙盘是心理咨询特别是儿童和青少年心理辅导的常用工具，如果学生能更好地掌握沙盘治疗的原理并有更多的时间来亲身体验沙盘治疗，这将非常有助于他们未来从事心理咨询相关工作以及有关的教学和培训工作。

再次，心理学实验室拥有多种心理测评软件和工具，如智力测验、MMPI 测验、EPQ 测验、16PF 测验、MBTI 测验以及职业兴趣测验等。这些软件和工具已经广泛地应用于人才招聘、高考填报志愿、职业生涯规划、心理咨询和心理健康服务、健康管理以及婚姻咨询等领域。要想熟练掌握这些测评工具和提升自己的测评能力，学生们不仅需要自己亲自进行测试，更需要以测试人员的身份来对其他人进行测试并对结果进行解释，在实际应用中学习，而这些都需要加大实验室的开放力度。

最后，实验室的其他设备，如电脑、投影设备、多媒体设备以及实验室所拥有的场地，也能在学生实践能力培养中发挥重要功能。例如，学生可以在实验室机房的电脑上进行资料检索、文字图案编辑处理、PPT 制作和数据统计分析等作业，积累和锻炼他们操作和使用各种办公软件和统计软件、进行网上查阅专业资料、文字和图案编辑和制作 PPT 的技能和技巧。学生们也可以利用实验室的场地和设备来开展小组讨论，进行一对一的心理辅导或者团体辅导训练，模拟招聘和教学技能训练，开展各种竞赛或比赛和组建各种兴趣小组等活动，这有助于培养和积累他们主持小组讨论、进行心理辅导和心理咨询、进行团体辅导、主持招聘面谈、进行课堂教学、开展小组合作和交流的相关技能和经验。

（三）心理学实验室开放的具体形式

实验室开放比较常见的方式包括增加实验室开放时间、增加仪器设备开放范围、允许学生自主选择部分实验项目或实验课程、参与教师科研、允许学生利用实验室开展 SRT 项目研究和进行毕业论文或毕业设计等形式。[11]这些开放形式偏重于实验技能的培养和培养学生参与科学研究的兴趣和能力，这或许对于某些对实验技能特别注重的专业如化学专业和药物专业等专业更适合。而对于应用心理学专业来说，实验技能只是该专业学生需要培养的实践能力的一小部分，还有更多的与就业紧密相关的实践能力的培养需要通过其他方式来实现。

首先，可以尝试设定多种与未来就业方向紧密相关的能力训练或培训项目，如心理沙盘技能训练、企业招聘技能训练、人事测评综合技能训练、心理健康测评综合技能训练、教学技能训练、心理咨询热线接听训练、倾听技术训练、心理咨询面谈技术技巧训练、访谈技能训练、团体辅导体验和技术培训项目、课件制作技巧训练、测谎技术训练、问卷编制综合技能训练和调查数据统计分析技术训练等，并成立相应的兴趣小组，安排有关教师作为指导老师，还可以邀请校外专家或行业人员进行指导。

其次，可以依托心理学实验室开展一些竞赛或比赛活动，如PPT制作大赛、演讲比赛、教学技能比赛，心理咨询技能大赛等。

再次，将实验室开放与心理学专业实习紧密结合，充分利用专业实习学生停课期间的空余时间，充分安排各种培训项目，提高学生实践能力。

最后，依托心理学实验室的资源，组织教师和学生向校内其他专业学生和其他部门提供心理学专业服务。例如，我校心理学实验室承担了学校人事处的人事招聘测评工作，对所有前来应聘的求职者进行心理测评。如果安排一些学生参与到这些工作中，这样不仅能培养学生的服务意识和接人待物的能力，还能提高对心理学的应用价值的认识。更重要的是，能够让他们在实际的心理测评服务中培养心理测评综合技能，例如，向受测者说明测试的目的，组织和安排整个测评过程，处理测评过程中出现的特殊情况，回答受测者提出的疑难问题，对测试结果进行分析并与人事处工作人员就测试

---

〔11〕 冯书晓、柴元武、芦雷鸣：“浅谈实验室开放的形式与利用”，载《实验室研究与探索》2009年第1期，第164页。

结果进行沟通。这样的锻炼机会是在《心理测量学》课程中很难获得的。如果能面向校内其他专业学生甚至是社会公众（如中学生）提供诸如心理测评、职业生涯规划测评、职业兴趣测验和辅导和心理沙盘体验等服务，那将会给应用心理学专业的学生提供更多的实践能力积累和提升的机会。

（四）我校心理学实验室面向本科生开放的实践效果和存在的不足

近几年来，为提高本科生实践能力，我校应用心理学实验室以多种形式面向本科生开放，并取得了一定的效果。以 2016 年为例，该年度总共有 13 名应用心理学专业本科生利用心理学实验室进行毕业论文研究，使用时间共计 120 小时；有 5 名学生利用实验室开展和完成 1 项市级 SRT 研究工作，使用时间为 18 小时；有 2 名学生参加沙盘治疗兴趣小组，使用时间为 14 小时；有 12 名学生参加了学校人事处在心理学实验室的人才招聘测评实践，实践时间为 42 小时；有 4 名学生参与了教师科研，时间为 20 小时；学生公开发表论文 2 篇。

尽管已经取得了一定的成效，但是在这几年的实验室开放工作过程中还存在诸多不足之处。其一，由于宣传不够到位造成学生对实验室开放的了解不够充分，学生使用实验室开展各项活动的主动意识不够高，参与人数不够多。其二，实验室开放形式不够多。目前的开放形式主要包括学生开展毕业论文工作、开展 SRT 项目工作、兴趣小组、参与教师科研、参与人才测评实践等几种。其三，开放时间不够长。例如，寒暑假基本不开放，平时除了有预约，一般也不开放。其四，由于心理学实验室目前还没有专职实验管理人员，而是由任课教师兼管，这导致管理力度不够、开放时间不灵活、开放时间受限制，由此影响实验室开放的效果。

（五）实验室开放的注意事项

首先，要保障安全。不论是仪器设备安全，抑或是人身安全。要做好仪器设备使用登记和房间使用记录。对于贵重仪器设备，应当在教师或实验技术人员的指导下才允许学生进行操作，并且要进行充分的培训。

其次，要调动学生参与的积极性。要加大有关宣传，让学生了解实验室开放的意义和目的，了解实验室开放的具体安排。可以考虑对学生参与有关的训练提供某种形式的激励，如纳入成绩评定和各种奖励的评定。在实验室开放的具体安排上，要多征求学生的意见和建议，了解和满足他们的需要。

再次，要获得有关教师的理解和支持。在实验室开放过程中，学生们经常需要教师的指导，这势必会增加有关教师的工作负担，因此获得教师们的支持是必不可少的。可以考虑对教师参与实验室开放工作的时间按照一定方式纳入教师年度工作量核算，以调动他们的积极性。

最后，学校应当给实验室开放一定的人员和经费支持。实验室开放势必会增加实验室经费开销，还可能需要增加实验室工作人员数量，特别是需要配备专职实验管理人员，这些都离不开学校管理部门的支持。

心理学专业转型发展的内涵与实施方法

刘　丽*

随着社会经济建设的飞跃发展和教育资源的丰富，高等教育已经进入到了大众化的阶段，高校之间专业的同质化比较严重。如何更好地进行专业建设，是关乎专业能否得到生存和进一步发展的关键。高校应该根据学校的办学定位和所在的地区，在坚持专业本质共性不变的同时，充分挖掘自身的特色，发挥优势，从而实现专业多元化、区别化发展，实现专业的建设和转型。

为了响应国家和天津市提出的鼓励地方高校一些专业向应用型学科转型的思想，天津商业大学法学院应用心理学专业申请并获批了天津市转型专业，下面就来谈谈应用心理学专业转型发展的本质内涵和具体的实施方案。

一、应用心理学专业转型发展的内涵

应用心理学专业的转型发展，不应只体现在某一点或某一面，而应该将其看作一场改革，其所涉及的师资队伍、人才培养模式、课程设置等方面都要向应用型方面转变。通过专业转型建设，能够使培养出的人才更加适应和满足社会需要。

（一）明确办学特色和专业定位

心理学专业的研究对象是生活在社会之中的人，第十九次全国人民代表大会也提出要重视国民的心理健康，国民心理健康才能实现国家的繁荣昌盛。天津商业大学所设置的专业本就已经突出了“应用”的特点，所以区别于研究型的专业，应将专业特色定位在应

* 博士，天津商业大学法学院讲师，研究方向：认知与管理心理学。

用型上，主要是注重向社会输出心理咨询、矫正以及服务人员，满足天津以及京津冀地区经济发展的需要。

（二）独具特色的人才培养方案

要根据专业定位和办学特色，制定相应的人才培养方案；在课程设置中，要增加应用型课程如实践课、实习课和见习课程的学时和门类，根据学生需要和社会需求，提出不同的人才培养模式和方案。

（三）师资队伍向应用型转型

以往应用心理学专业教师的研究客体多为基础和认知方面的研究，理论知识扎实但是实践教学水平不高。在专业转型建设过程中，应通过培训、引进新教师、通过校企联合等方式促进整个专业向应用型研究转型。

（四）应用实践技能的培养

实践技能的培养体现在教师和学生两个方面：从教师层面来讲，提倡教师到企业去挂职，和企业合作展开研究，注重科研成果的转化；从学生层面来说，通过建立多个实践、实训和实习基地，使学生将课堂所学的理论知识转化为实际的技能。

二、应用心理学专业转型发展的实施方法

（一）建立以“地方性、应用型”为核心的人才培养模式

地方本科高校应用心理学专业应融入地方办学，在人才培养过程中可通过以下三个方面来实现地方性和应用型的定位。其一，根据办学特色选择一个或几个对应用心理学专业人才急需的行业，如天津商业大学的应用心理学专业设在法学院，所以心理学和法学的结合是一个亮点，心理学专业应该和法学紧密结合，侧重于犯罪人员的心理辅导、精神鉴别、释放人员的社区矫正等服务；另外，应用心理学专业也可以和企业文化建设、员工心理帮助、人才测评等管理方面的职业相结合；确定了对口行业之后，分析这些行业对心理学专业人才都有哪些具体的要求，然后结合本专业的实际情况，确定满足不同行业人才培养要求的人才培养特色。其二，通过学校

和企业（行业）合作建立能够胜任专业教学的双师型师资队伍，高校教师一般都侧重于理论方面，重科研，但是在实践方面经验缺乏，因此，可以通过让一些具有专业背景的教师到企业学习或兼职，积累实践经验，然后将之运用到课堂教学之中；也可以聘请企事业单位人员到高校兼职，将丰富的实践经验带入课堂。其三，将“地方性、应用型”专业定位贯彻到各个环节，在课程体系建设、具体的课堂教学和学生的实践课、实习课、教学质量评价体系以及对学生的考核中，均应该强调地方性和应用型两点。

应用心理学专业能否成功地进行转型发展，一个最基本的参照标准就是其专业定位和特色能否适应大的外部环境，首先便是要与本地的经济和社会发展状况相适应。随着经济的发展、人民生活水平的提高以及日益增加的工作压力，关注国民心理健康已经提上日程，社会急需拥有实践技能的专业心理学人才。另外，还要注意专业转型的经验也应该具有一定的示范性和推广性，即能够在同类学校的心理学专业中适用。

（二）打造应用型的师资队伍

专业建设的核心和根本保证是师资队伍的建设，应用型转型发展专业需要配备应用型的师资队伍。

第一，应该鼓励广大教师进行应用性的研究，在进行科学研究和申请各类课题时，应注重应用性以及与地方产业的密切联系性，注重科研成果的转化，鼓励将产学研结合为一体。天津商业大学是一所以教学为主、教学和研究相结合的大学。但是不论是什么水平的大学，都应该有相应的学科基础作为支持。关于应用型专业的转型，需要纠正的一种观点是：应用型专业的主要任务就是培养应用型人才，不用进行科研工作，所以教师不需要搞科研。这种观点是错误的，虽然我们强调专业的应用性，但是专业仍属于高等教育行列。而不管是何种高等教育，均要进行科学研究。为社会输送人才、进行科学研究、服务于社会是当代大学的基本职能。因此，作为向应用型方向转型的专业教师，也应该并且必须开展科学研究。但是，在选择的研究方向和具体研究领域方面，专业教师应该考虑将其与社会经济和国民健康等实际问题相联系，注重研究的应用价值和科研成果的转化，而不应像研究型大学那样更多地从事纯粹的理论或学术研究。

第二，教师的授课水平和科研水平直接影响专业人才培养目标能否实现。因此，应该结合专业本身特点，强力推进名师、教授为本科生上课，走进课堂，并在人事制度和教师考核制度中有所体现。例如，本校要求教授每个学年为本科生上的专业基础课要达到 96 个学时，通过这种方式可以提高整个教师队伍的水平；另外，要通过选取一些骨干教师对整体教师起到榜样带头作用；而且，对于新进的青年教师，学校开展了各种职业培训，让其尽快适应课堂教学，并对其进行教学质量的考核和验收，确保授课质量；此外，要充分发挥老教师的作用，老教师教学经验十分丰富，对少数的优秀教师实行返聘，让其继续进行教学或者从事教学质量的督导工作；最后，要根据天津市以及学校的相关政策从法院、社区、企事业单位聘请专家进行兼职。

第三，为了进一步提高教师的授课质量，天津商业大学进行了可视化教学平台的建设，实行课程的同步摄录，并且可以随时调用观看。而且，教师和各级领导可随时到可视化教学平台中心进行听课和观课，不用直接进入课堂。这一措施极大地促进了对教师教学质量的监管，对规范师生课堂教学行为和提高教学质量起到了重要的作用。

第四，根据应用心理学专业的实践教学需要，在教学队伍建设上，坚持校内校外相互结合、相互学习的方式。首先，积极鼓励教师到国内外的各高校和企业进行学习、进修和交流，从而扩大视野，提高学校教学水平。例如，天津商业大学从 2016 年开始每年会推选一些老师到外国的高校进修，学习国外相关专业的教学模式和人才培养模式；鼓励教师参加专业的学术会议，促进高校之间的学术交流；鼓励教师参加各种心理咨询和治疗的培训。另外，应用心理学专业还和本校大学生心理健康中心合作，专业课老师到大学生心理健康中心兼职，从而积累了实践经验。其次，不断扩大实习基地的建设。实习基地不仅仅为学生提供了各类实习机会，而且也可以成为教师进行科研成果转化的沃土，通过积极地与各个实习单位展开合作，以及通过派遣专业教师到实习基地学习，可以不断提高专业教师的实践教学水平。目前，应用心理学专业已经和法院、医院、社区、心理咨询公司和企业等多家单位签订了建立实习基地的协议，充分利用了各行各业的资源，一方面可以带领学生到各个实习基地进行认识实习和课程实习；另一方面可以把实习单位的资源带入课堂，开展授课、讲座等多种形式的教学，增加实践课程的比例和质量。

（三）建设具有特色的应用心理学课程体系

学科是专业的支撑和依托，应用心理学专业是心理学学科与社会需要进一步结合的产物。如果一个专业没有学科基础，那么就只能培养出仅掌握某一方面技能的人才，而不能培养出具有多种复合型能力的应用型人才。因此，即使我们今天提倡并且进行应用型专业的转型建设，也一定不要忽视对学科进行建设。在课程设置方面，一些学科基础课必须要设置，如普通心理学、实验心理学和认知心理学等课程。在这些课程的基础上，根据人才培养目标和社会经济发展的需要，开设不同方向的应用课程。一定要处理好基础类课程和应用类课程的关系，基础课程虽然不是应用型专业的重点，但是却能为后续的应用实践类课程打好理论基础，而且可以满足不同就业需求（继续深造或就业）的学生。因此，应用型专业也要随时关注相关的基础学科、基础课程的最新发展状况。

课程设置是实现专业人才培养目标的基本途径，也是心理学专业向应用型专业转型的一项重要内容。转型专业的课程体系必须与其人才培养目标和模式相适应，并且体现课程和教材的应用性和实践性。为此，我校进行了课程设置、课程大纲、上机和实验大纲以及实践教学大纲的修订和重新撰写工作。课程设置按照“基础课+模块课”的方式进行设置。从大三开始根据学生自身的兴趣选择不同模块的方向课，共分为三个模块，分别为：消费和管理心理学模块、心理健康与心理咨询模块、法制与犯罪心理模块，每个模块下开设至少5门选修课；积极组织优秀的教学团队申报各个级别的精品课程，编写新的教材，如果不能采用自编教材，也要使用近五年获得过“十三五”规划称号的教材。在课程体系建设方面，突出的特点是增加实践课程的门类和实践课时，提高实践课时的比例。而且，增加实习课程的门次，在大一学年安排学生进行见习实习，在大三学年安排学生进行不同模块的课程实习，并且提高实习的质量，避免实习流于形式。

（四）建立多层次、全方位的实践教学平台

1. 积极开放心理学实验室

应用心理学专业有自己的实验室和各种大型的先进实验仪器，如生物反馈仪、眼动仪和 ERP 脑电仪等。实验室对学生开放，从2016 年开始学校对本科生实行导师制，从大一开始每个学生就有自己的专业导师，学生可以参加导师的课题，导师也能够在专业方面给予学生更多的指导。实验室对学生开放，能够为学生提供科学研究和创造创新的平台。学生们踊跃申请和参加各个级别的大学生创业项目、挑战杯大赛以及创新创业大赛，以比赛促进科研。实验室的开放大大提高了同学们参与科学研究与创新活动的积极性，并且取得了十分显著的成效。近几年，有多个小组获得了国家级、天津市和校级的大学生创业项目，并在全国挑战杯大赛中获奖，而且，有学生毕业后进行自主创业，获得了很好的发展。

2. 校内实训

根据人才培养方案和课程设置，有一些课程内的实践课，学生可以在校内进行。例如，《心理咨询与矫正》课程的实践课，就可以在本校的大学生心理健康中心进行，可以邀请心理健康中心的专职咨询教师对学生进行案例的讲解，并进行模拟咨询练习；而课程设置中的实验课和上机课也都是在心理学专业实验室进行，包括经典实验的演示，学生可以重复实验，并对数据进行分析进而得出结果。另外，也会在实践课程中邀请不同行业的校外专家做讲座，就某些问题进行研讨。

3. 校外见习和实习

在课程设置中，学生在大一结束后的假期要进行为期 2 周的心理学相关行业的认识实习或见习实习。见习的地点主要选取在中小学等教育机构、心理咨询公司、人力资源管理、社区街道等对心理学专业有需求的行业或单位。通过见习实习，可以让学生直接地了

解心理学专业的就业前景和应用情况，可以让学生了解具体的岗位所运用到的心理学知识，并通过专业见习报告使学生深化认识，同时也能够培养学生学习创新、发现、解决问题的能力。

在第三学年，有两项专业方向课程的实习，这两门实习学生可以选择分散实习，也可以选择集中到实习基地进行实习，实习的时间为3~4周。在实习期间，学生每天需要到单位报到。目前，我们已经与天津市红桥区法院、和德脑电公司、良友心理咨询公司等多家单位鉴定了实习基地协议。通过在这些公司实习，使课堂学到的理论知识进一步得到运用，增强了学生的实践能力和测评能力。而且，如果学生在实习期间表现优异，也可以在毕业后选择签约实习基地。

第四学年，学生需要进行为期至少1个月的毕业实习，实习方式主要由学生自主选择，并结合学校推荐。实习结束，学生要提交实习周记和实习总结。通过这种实习，学生进一步为就业打下了基础，并且锻炼了各个方面的能力。

应用型专业转型的一个重要目的是培养应用型人才，而应用型人才应该具有较好的解决实际问题的能力和运用知识的能力，具体包括心理测评能力、市场调研能力、心理统计与心理咨询的技能等。这些能力的培养，主要得益于各类的实践课程，离不开实践教学环节。通过实习实训，使学生有更多的机会在模拟或真实的工作环境和现实场景中进行训练，培养了实际工作技能，从而实现毕业生和工作岗位的零距离对接。

4. 创建校内大学生创新创业园，鼓励学生创业

目前，学校在校内建立了大学生创业园区。学校提供给一些具有创业意向的大学生专门的场地和技术支持，令其自主创业。另外，创业园区也可以从校外吸引优秀的企业入驻，这些企业能够为学生提供很多实习实践的机会。这样，创业园区不仅丰富了学生的第二课堂实践创新活动，而且提高了学生的专业技术技能、综合素质和就业竞争力。

三、结语

心理学作为一门研究人、关注人的学科，进行应用型专业转型建设，对于一所以教学为主的地方性大学而言势在必行。进行专业转型建设，其本质也是进行特色专业建设。通过专业转型建设，能够优化专业课程设置，培养应用型人才。转型发展专业的建设，首先应该根据地方经济和社会发展需要，与地方实际情况密切联系在一起，同时也要符合学校的整体办学特色和人才培养目标，符合社会对人才的需求现状。通过强化“地方性、应用型”的人才培养模式、打造应用型的师资队伍、建设具有应用特色的课程体系以及增加各类实践实训课程，实现应用型专业的转型建设，促进地方高等教育良性发展。

从实践教学环节谈如何促进心理学的应用转型

王春梅*

2017 年，我校的心理学专业申请成为应用型转型专业，这是由应用心理学专业的特点所决定的，也更加符合当今社会对心理学专业的需求，更加能够满足学生就业的需求。这对专业的发展目标、发展方向和发展模式提出了新的要求，既是对学校学院的挑战，同时也带来了新的发展机遇。

一、以实践教学促进心理学专业应用型转型的必要性

（一）专业特点决定

目前，心理学专业划分为三个大的学科方向，即基础心理学、发展与教育心理学、应用心理学。无论哪个方向，心理学专业最终的发展目标是探索人类的心理发展特点和规律，服务社会，服务大众。尤其是对于应用心理学专业来说，其对社会的应用性更加突出。这在教育部所颁布的《高等学校本科专业目录》中所指出的本科应用心理学专业的培养目标中得到充分体现，即应用心理学要培养具备扎实心理学基础理论和基本技能，并能够在教育部门、工商企业、医疗机构、司法部门、行政管理部门、工程设计部门等从事教学、管理、咨询、技术开发等工作的高级专门人才。〔1〕

应用心理学要服务于社会，尤其强调实践作用，这就决定了应用心理学专业的人才培养方案要注重对学生实践能力的培养和提升。所以，对高校来说，构建更加完善的实践教学体系就至关重要，这

* 博士，天津商业大学法学院心理学系讲师，研究方向：情绪与情绪调节。

〔1〕 姜媛媛：“高校应用心理学专业实践教学体系建构探讨”，载《情感读本》2015 年第 8 期，第 19 页。

将有利于促进应用心理学真正地实现其培养目标，实现专业转型。[2]

（二）社会发展的需要

当今社会的发展进入了全新的时期，不仅要求快，更要求稳，而且对各行各业的分工格外细致化和标准化，社会所需要的人才也是多方位、多层次的。这就要求各行业的从业人员要具备高水平的专业技能和实践能力。

社会发展对应用心理学专业的需求也是如此，无论是哪个分支，如临床心理学、咨询心理学、工业心理学、组织心理学、环境与设计心理学、消费心理学、运动心理学、犯罪心理学等，对实践技能都提出了更高的要求。因此，对于高校来说，在制定应用心理学专业的人才培养方案时，要对专业方向做更加细致的应用分支的划分，制定更加明确的培养目标，制定更加规范化的专业技能的训练内容及方法，全面提升学生的实践能力，并有针对性地提高专业实践水平，这样才能满足社会对应用心理学的需求。[3]

（三）学生就业所需

如今社会的就业形式日益严峻，对从业者的专业技能要求越来越高，谁有更高的专业实践能力谁就能赢得更大的机会。据有关研究显示，在2015年的专业就业率排名中，应用心理学专业被列为最没有用的十大专业之一，其就业的严峻性可见一斑，而造成这种结果并不是因为社会不需要应用心理学专业，而是因为从校园象牙塔中走出的学子们虽满腹经纶，但却严重缺乏实践技能和经验，无法很好地满足社会对该专业人才的需求。

所以，对开设应用心理学专业的高校来说，要想使学生在走出校门后能够较快较好地就业，改变当前的尴尬就业形势，就必须有针对性地大力培养学生的专业实践能力，是学生真正符合用人单位

---

〔2〕 公勋："浅析如何提高应用型本科的实践教学"，载《科技信息》2011年第18期，第516页。

〔3〕 王卓、于月、董成文："高校应用心理学专业实践教学现状及对策探讨"，载《社会心理科学》2016年第Z2期，第50页。

的需求，这样才能在激烈的就业竞争中赢得机会，为学生的就业提供保障。

二、应用心理学专业传统实践教学的不足

在全国范围内的本科院校中，无论是有着悠久历史的老校名校，还是新晋本科院校，本科阶段所开设的心理学专业都是以应用心理学专业为主，要远远超过基础心理学专业和发展与教育心理学专业。一方面应用心理学专业得到了迅速发展，但与此同时另一方面应用心理学专业在发展过程中也凸显出很多不足，尤其是在实践教学环节。天津商业大学的应用心理学专业的人才培养方案在专业建立之初就已经制定并实施，而且也在逐渐完善。2017 年 9 月份，法学院心理学教师团队对 2012 版本科应用心理学专业人才培养方案进行了修订，课程设置模块更加清晰，既重视基础理论的掌握和专业技能的培养，也强调实践操作，突出了应用心理学的专业特点。但是在实践教学环节也还存在一些不足，主要体现在以下几个方面：

（一）实践课时不足

在我校新修订的 2017 版本科应用心理学专业人才培养方案中，学科基础与专业类的课程主要是对专业知识和理论的学习，有以下几个模块：首先是学科基础课，包括普通心理学、生理心理学、心理统计学、发展心理学、心理测量学等，共 17 学分，272 学时。其次是专业核心课程，包括实验心理学、教育心理学、心理学史、认知心理学、社会心理学等，共 18 学分，288 学时。再次是其他专业必修课，包括人格心理学、心理学研究方法、变态心理学、咨询心理学等，共 10 学分，160 学时。最后是专业选修课，在管理心理学方向，如社会学概论、管理学原理、经济心理学、管理心理学、人力资源管理论与方法、人事心理测评与管理实务等，共 15 学分，240 学时；消费心理学方向，如经济心理学、消费心理学、市场心理调查方法、广告心理学、SPSS 数据分析实务、旅游心理学等，共 14 学分，224 学时；法制心理学方向，如犯罪心理学、法学导论、刑法总论、民法总论、心理矫治技能与实务、司法心理学等，共 15 学

分，240学时。集中实践类的课程则注重对专业技能和实践能力的培养，包括三个模块：其一是课程设计，实施形式为社会调查，学生要针对某种社会现象展开与专业相关的调研，学时为1周；其二是实习环节，要求学生走向社会，将专业知识学以致用，共15周，又分为认识实习、专业实习和综合实习；其三是毕业论文，是集中实践类的重要环节，要求学生综合应用所学的专业知识和技能进行毕业设计，共12周。

可以看出，在应用心理学专业的培养方案中，专业教育理论的课程种类和课时量都要明显多于实践教学。这可能不符合应用心理学的专业特点和培养目标，可能会导致学生在掌握专业理论知识上表现优秀，但因为缺乏实践而难以将所学专业知识灵活应用，进而导致就业时难以满足用人单位的需求，难以满足社会对应用心理学专业的需求。

（二）实践教学与专业脱离

我校应用心理学专业的实践主要为集中实践类，有课程设计（社会调查）、实习（认识实习、专业实习和综合实习）和毕业设计（毕业论文）。针对不同的实践类型，培养方案都有相应的大纲对其进行指导，包括实践目标、实践内容、成绩评定等。例如，学生要在大一的暑期进行为期2周的认识实习，旨在引导学生探索和了解社会，了解心理学专业在社会中的应用情况，提高对本专业的认识，培养和提高专业学习兴趣。通过接触心理学各学科方向的实际工作情况，了解社会，巩固课堂所学的理论知识，切身体会心理学在现实生活中的应用情况以及社会和企业对心理学专业学生的期望和要求，以便为今后的专业学习做好准备。实习方式则为学生自行联系实习单位，只要与心理学相关即可。对实习单位的选择在实习计划中也提出了建议，如企业或公司各部门、广告和市场研究服务机构、教育机构、心理咨询和医疗服务机构、司法机构、科研机构以及其他相关的社会部门或机构等。

虽然有实习计划作为指导，学生在实际实习过程中却有很大一部分没有进行与专业相关的实践，这可能是因为实习方案对学生实习目标的要求的针对性还不够，要求最好与心理学相关即可，没有针对不同专业方向的学生提出区分性的实习任务。这导致学生只有一部分自觉根据自己的专业需求进行针对性的实习，也有很多学生随意找一家单位把实习任务草草了事，与心理学相关不大，与自己的专业方向（如消费心理方向、管理心理方向、法制心理方向等）更是相差很远。在学生的实习报告中也发现，很多学生反映自己在学校所学的专业理论知识在实践中派不上用场，一方面理论知识向实践转换确实需要不断锻炼，另一方面学生在实习时没有根据自身专业选择合适的实习单位。

实践内容与专业脱离，可能会导致学生所学的专业知识仅停留在理论层面，仅仅是头脑中的知识，不能转化为经验性的积累，这很可能造成学生对专业的就业前景产生怀疑，专业学习兴趣下降。学生的学习积极性降低就会反过来影响教学效果，阻碍人才培养方案中培养目标的实现。

（三）实践教学的指导教师团队力量薄弱

目前，在课程设计、实习、毕业设计等三类集中实践类的教学中，指导教师都是学科专业课的任课教师，还没有专职的实践教学团队。专业课授课教师来指导学生实践凸显出一些弊端，他们一般都是刚刚走出一个校门就进入另一个校门，虽然专业理论基础深厚，也具备较强的科研能力，但社会经验一般也就局限在院校，其他社会经验如医院类、企业类、政法类等往往都不具备。没有专职实践教学团队，也会导致难以建立长期的实习基地，不利于实践教学的发展。

专业课授课教师在指导学生进行实践时也往往偏向于学校类的实习，这就使得学生的实习范围变得很窄，去非学校类单位实习的学生也往往因为指导教师缺乏相关经验而得不到专业的指导，实习的效果大打折扣。所以，实践教学的师资力量还有待进一步加强。

（四）实践教学的审核与评估不严格

各高校对专业理论课的管理都是比较成熟的，每门课程都会有详细的教学大纲、授课计划、课程质量评估方法，也有标准的客观的课程考核与评估方法，但在实践教学环节的规范化程度却大大下降。

首先，是对实践内容和实践过程的要求不够具体细致，过于宽泛。虽然各类实践课程在目标、内容和过程上都有文件上的要求，但规范化程度远不如各类专业理论课程。例如，实践教学的重要环节——实习，要求学生先通过网络、书店、图书馆等途径，查阅有关资料，了解心理学的研究进展和社会应用状况，再自行联系实习单位进行相关实习。实习前先由各班班主任或学生的毕业论文指导教师组织学生开会，进行实习动员，介绍实习的目的、内容、意义和要求，并回答学生的提问，保证学生正确了解实习的各项工作安排，明确实习目的和要求。学生在规定时间内进行实习，自行选择和联系实习单位。实习过程中要求学生要做到遵守实习单位的制度和纪律，态度认真，工作负责，待人礼貌，虚心听取工作指导，勤于思考，积极总结。整个实习过程对学生的要求一般就是在态度上，而对专业知识的应用则难以进行细致化的要求和跟踪，这就导致学生实习太过松散，有些学生把打工当作完成实习任务。

其次，实践教学规范化程度不够的另一个原因是对实践的审核与评估不标准。学生联系好实习单位完成实习后，需要填写实习鉴定表，并由实习单位盖章，再对整个实习过程撰写实习报告，总结实习中的所得所想，并结合本专业进行反思，计划如何在未来的学习生活中更好地掌握专业知识，学有所成，学以致用。

学生上交实习材料后，指导教师根据学生实习报告内容、实习鉴定表中单位予以的评价来评定实习成绩，给予学生实习评语，并按照优、良、中、及格和不及格的等级进行打分。学生的实践过程是自行进行的，最终的实习成绩是由并未参与实践过程的教师来评定，而且只是质性的等级评价，没有量化的考核形式。

对实习过程和实习成绩的审核与评估不规范、不标准，很容易使得实习这一重要的实践环节形同虚设，有些学生会随意找个单位盖章，虚构一份实习报告就算完成了实习任务。学生的实践能力和技能得不到锻炼和提升，学校的实践教学方案也很难从学生那里得到真实的反馈而进行改进。

三、以实践教学促进心理学专业应用型转型的建议

针对以上实践教学中存在的一些问题，结合应用心理学专业的学科特点和社会对心理学人才需求的情况，从实践教学环节提出以下几点促进心理学专业应用型转型的建议。

（一）增加实践种类和课时量

应用心理学专业的最大特点就是学科对学生的实践性要求高，学校要通过大量的各种不同形式的实践教学来检验学生对所学专业知识的综合运用能力，提高其实践能力，为将来的就业打好基础。目前，我校的实践课程主要是集中实践类，如社会调查、实习和毕业设计。这些实践项目一般都是在课堂之外进行的，课时量计算也不太严格，以周计算。将来修订培养方案时可以考虑增加实践种类，如将实验与上机课程也纳入到实践教学中，通过划分更小单元的小组使每个学生的专业技能得到充分的锻炼，例如，使用 SPSS 处理数据，使用在线软件进行心理测评并解读结果、个案及团体心理咨询模拟演练等。实践教学的课时量也应适当增加，而且要保证课时得到充分使用，使学生有足够多的机会将理论知识向实践经验转换。

（二）将实践与专业紧密结合

对学生开展专业意识教育，使学生认识到专业技能在未来职业发展中的重要作用。[4]鼓励学生在实习时主动寻找与心理学专业相关的单位，必要时向学生推荐相关单位与部门。要求学生在实习中时刻注意将理论与实际结合，通过专业理论来指导实践，通过实践来加深对理论的理解。

此外，学院可以根据实际情况与其他专业结合，运用专业交叉形成自己的特色和优势，将有助于学生在今后的就业中提高竞争力。[5]我校的应用心理学专业就借助学校与学院的优势资源，在培养方案

---

〔4〕 张斌等："应用心理学专业学生实践能力培养及实践教学体系构建"，载《教育教学论坛》2015 年第 31 期，第 178 页。

〔5〕 张艳："基于应用心理学专业实践教学体系的建构的若干思考"，载《课程教育研究》2014 年第 35 期，第 34 页。

中开设了管理心理方向、消费心理方向和法制心理方向的专业选修课。但是只有法制心理方向的几门课程有总共20个实践学时，其他两个方向则没有实践学时。未来在修订培养方案时可以将这种专业交叉优势发挥得更加充分。

（三）提高实践指导教师团队水平

实践教学的指导教师缺乏实践经验，力量薄弱，将不利于学生实践能力的培养，有悖于人才培养方案中的培养目标。为提高指导教师团队的水平，可以组织现有教学型教师进行多领域多方面的培训，使教师不仅具有深厚的理论知识，也具备过硬的实践能力，打造一支“双师型”师资队伍。院系也可以考虑聘请专职的实践教师负责实践教学环节，他们丰富的实践经验、突出的组织管理能力可以帮助学院建立长期的专业实习基地，给学生提供更多与专业紧密相关的实习机会，从而使学生在实践中得到更多指导，真正提高实践能力。

（四）规范实践的审核与评估

实习达不到预期效果在很大程度上与实践管理不规范有关，可以在以下几个环节来进行改善。〔6〕首先，规范实习文件的管理，实习计划的目标与内容要与人才培养方案一致，并且更重要的是要在最大程度上做到具体化、细化，使学生知道如何去做；其次，对学生的实践过程要进行跟踪和审查，不能在下达实习任务后，听之任之，要切实保证学生按照要求保质保量地进行了实习；最后，改善实习的考核机制，如质性和量化评估相结合，结果评定与过程考核相结合。

---

〔6〕 庞楠、王成刚、张秀军：“应用心理学专业本科人才‘应用’能力的培养与探讨”，载《教育教学论坛》2016年第32期，第42页。

课程建设

法理学是法学教育中的初阶课程吗?

马 驰*

在我国法学本科教育（以下简称“法学教育”）中，作为基础学科的法理学，一直承担着较为重要的功能。这不仅表现在，法理学包含了法律的本体论、方法论和价值论，是一个在较为深刻和抽象的意义上对法律现象的认识；还表现在，法理学在目前我国法学教育中有意无意地被视为或部分被视为法科学生须在低年级就要完成的“初阶课程”。法理学课程要么包含有学生进入其他高阶法学课程的“法学导论”，要么包含有学生学习“法理学本体”或“高阶法理学”的“法理学导论”。本文将力图证明，法理学并非法学教育中的初阶课程，将法理学视为法学教育初阶课程的看法和相关课程设置既是对法理学的误解，也不利于法科学生的培养和成长。当然，面对法理学目前在法学教育中的现状和人们的常识，在一篇短文中想要彻底证立上述观点或许并不容易，因此本文立足于“断想”，只是对相关问题的片段性或阶段性反思。

一、法理学课程的内容与设置

可以肯定的是，法理学课程的内容和设置必定受制于法理学的学科性质和范围。但遗憾的是，和法学其他学科不同，有关法理学是什么的争议从未在国内外停歇，甚至可以说，法理学是什么的问题本身就是一个有待法理学解决的问题。〔1〕因此，从理论上来说，法理学教学方面的争议必定无法在学科争议解决之前而先行解决。

---

* 法学博士，天津商业大学法学院副教授，主要研究方向：法理论与法哲学。

〔1〕 马驰：“法理学的界限”，载《甘肃政法学院学报》2015 年第 6 期，第 109 页。

这似乎意味着，脱离法理学的学科争议而讨论法理学课程是否属于法学教育中的初阶课程是徒劳的。但在我看来，即便法理学学科争议暂时搁置，在现有法理学教学内容的范围内，我依然可以证明，这些内容并非法学教育中的初阶课程，并不适宜在本科低年级开设。

目前我国法理学课程的内容经过三十多年的演变，已经趋于成熟和稳定。全国法理学本科教材的内容大同小异，主要包括：[2]

——导论。主要介绍法学和法理学的基本情况。

——法律概念论。主要介绍法律的概念、法律渊源、法律的分类、法律的效力、法律规则、法律原则、法律体系、权利义务、法律行为、法律关系、法律责任、法律程序等。

——法律的起源与发展。主要介绍历史唯物主义对法律的起源和发展的认识，介绍法律移植、法律继承等概念。

——法律的运行理论。主要介绍立法、守法、执法、司法、法律方法（包括法律推理、法律解释和法律论证）等方面的内容。

——法律的价值论。主要介绍秩序、自由、争议、效率、人权等法律的主要价值。

——法律与社会论。主要介绍法律与政治、法律与经济、法律与文化、法治概念等内容。

鉴于不同学者对法理学性质和范围理解的差异，上述内容必定会遭遇大量的异议。让我们先将这些可能的争议放在一遍，仅就法理学的课程来说，上述教学内容在理论和教学实践中存在“一次教学法”和“两次教学法”的差异。

一次教学法是我国高校法学院法理学课程传统的开设方式。进入新世纪之前，几乎所有的法学院均采取此种开设方式，而目前仍然有部分高校坚持此种做法。我曾以中国政法大学、西南政法大学、华东政法大学、西北政法大学、中南财经政法大学五所学生人数最多的国内政法大学的法理学教学为调查对象，发现其中中南财经政法大学仍然坚持一次教学法。一次教学法将法理学课程仅设于一年

〔2〕 张文显主编：《法理学》，高等教育出版社2011年版。

级第一学期，使得学生在一个学期内将法理学的上述内容学习完毕。无法排除的是，如此设置的理由包含一些历史习惯因素。我们知道，目前国内高校的法理学课程脱胎于苏联《国家与法的一般理论》课程，这门课程旨在向学生传达马克思主义有关法律和国家的意识形态，将这样一门带有较强意识形态色彩的课程设置于低年级，要求学生进入具体的部门法之前来掌握，显然是有道理的。不过，除去上述因素，一个更为实际的理由是，法理学被认为是有关法律的基础理论和一般理论，基础的意思似乎包含了以下内容：法理学中的很多内容是学习其他内容的前提，这些内容的学习将为学生学习其他部门法学提供“基础”，进而便于整个法学教育的开展。

将法理学理解为法学的基础学科，就学科性质而言，这一点应当没有太大争议。但基础学科是否意味着，就课程设置而言，应当将其所有的教学内容均放置于低年级？物理学是整个自然科学的基础学科之一，中学课程内容中也包含有大量自然科学的内容，但这并不表明，所有物理学知识都必须在初中一年级讲授，以便学生学习其他自然科学知识。显然，课程的设置还必须考虑教学内容的难易度，尽量让低年级学生学习容易的内容，让高年级学生学习困难的内容。这样看来，一次教学法的缺陷在于，它忽视了法理学教学内容中包含有某些低年级学生不易掌握的较难内容的事实。例如，法律方法、自由、正义、公平等法律的价值、法律的起源与发展、法治概念等内容，均属于较为抽象的理论探讨，对于低年级学生来说，理解和掌握起来难度颇大。

有鉴于此，二次教学法主张将法理学课程一分二，将上述较为困难的内容在高年级（如第四学期或第五学期）讲授。在学生经过几年的成长，初步掌握其他部门法学的知识之后，学习诸如法律方法、法的价值等内容将会相对容易一些。从目前的实践来说，二次教学法似乎代表着我国高校法理学教学的发展方向，五大政法大学中的中国政法大学、西北政法大学、西南政法大学均明确采取了这种课程方式。

二、法理学与法学导论

本文的主张并非是说，一次教学法是错误的，而二次教学法是正确的。我认为，无论是一次教学法还是二次教学法均包含了一个错误的观点：法理学中的某些内容（比较明显的是所谓法律概念论）均应当在低年级讲授，法理学课程（至少包括法律概念论）因此处于法学教育中的初阶课程。

就“初阶论”的教学实践来看，至少可以存在两个不同的版本。第一个版本的主张是，法理学包含了对于学习整个法学来说的某些预备性或导论性质的内容，因此要作为某种初阶理论在低年级开设。第二个版本的主张是，法理学的内容可以区分导论和本论，“零基础”的学生也可以学习法理学导论，因此法理学导论适合也应该在低年级开设。在我看来，两个版本的初阶论均是错误。本部分将首先批判第一个版本的初阶论。

传统一次教学法和大部分二次教学法均支持第一个版本的初阶论，它也是最为典型的初阶论。这种观点认为，无论法理学的内容是否应当分高低年级两次进行，在低年级开设法理学课程均是必要的。原因在于，上文提到的法理学课程内容明显包含了某些类似“法学导论”的内容，学习这些内容，将有益于学生学习其他部门法。

就上文罗列的法理学的教学内容来看，主张其中包含有法学导论的内容无疑是正确的。例如，在现有法学教育中，也只有法理学教科书会专门讨论法学是什么，同为法学子学科的民法学只关心民法学是什么，并不会专门讨论法学是什么。又如，现有法理学教科书内容包含有法学中的常识和法律领域中出现频率最高的某些“术语”。例如，法律渊源的范围、法律部门、法系、法律的基本分类，包括公法和私法、实体法和程序法、制定法和判例法，有关司法、立法方面的常识等。

那么，这是否证明法理学中包含有法学导论的内容，以至于它可以作为法学教育中的初阶课程呢？我认为不能。原因在于，从法学教育的角度来说，学生对某种法学导论课程的需求尽管是真实的，但这并不表明这些内容的确属于法理学学科，因此需要在法理学的课程中由法理学教师来教授。当然，这一立场涉及我个人对法理学的特定理解——例如，我认同法理学就是法哲学，[3]那么认定法理学中包含法学导论的看法自然不能成立。但是，即便在一个偏中性的立场上，认定法理学包含法学导论的看法也是值得商榷的。就某个学科的体系而言，很难说该学科的导论必定属于其中的某个二级学科，而与其他二级学科无关。法律渊源、法律部门、法系、法律的基本分类，这些内容的确是法学中的常识，但为什么对常识普遍一定要由法理学来完成呢?更何况，某些被视为法学导论的内容明显与个别部门法学而不是法理学之间存在更紧密的联系。例如，有关我国法律渊源的范围问题、我国立法和司法的基本情况，似乎已经进入宪法学的教学范围之中。

其实，初阶论认定法理学中包含有法学导论更为直接的依据在于，法理学中某些可以引导学生学习其他部门法从而具有“导论”性质的内容，只能由法理学而不是其他部门法学科来向学生介绍——这里最为典型的内容是所谓法律概念论。按照这种观点，类似权利和义务、法律行为、法律关系、法律责任的内容均属于超越部门法的普遍性法律知识，这些内容显然不可能是部门法的处理对象，传播这类知识对法理学教学来说当然是责无旁贷的。

在我看来，上述看法是初级论的支持者对法理学的最大误解，而这种误解的本质在于混同了法学导论和法学通论。法学通论与法学导论之间存在明显差别。作为导论，法理学要教授法学中的常识和高频词汇，应当说，这样的工作在大多数情况下仅仅是对法学领域中人们语言习惯的发现和描述，因此并不具有太大的难度和理论深度。法学通论的主张是，法学中存在某些具有普遍性（至少能够跨越主要的部门法学）的概念或理论，据说，这些内容将为法科学生进入部门法学的学习打下基础。这样，作为通论的法理学就可以

[3] 舒国滢:“走出概念的泥淖——‘法理学’与‘法哲学’之辨”，载《学术界》2001年第1期，第101页。

与导论法理学一样发挥其在法学教育中的基础作用。在我看来，法学导论和法学通论的混淆是错误的。法学通论是一个非常激进的立场，它已经假定法学中的确存在着某些普遍性理论，这并不是要去发现和描述已经在部门法学中广泛运用的名词术语，而是要去创设一些看似平常但实际上并不完全符合部门法学习惯的概念，因此具有较强的建构性。

以“法律关系”为例，目前法理学教材中的法律关系理论属于典型的法学通论而非法学导论，它认定所有法律状态都可以用法律关系概念来表达，这是一个非常强的理论假设。民法学的法律关系并不与之相同，刑法学或诉讼法学也几乎不会使用法律关系概念。又如权利理论，“权利”一词看似在多个法律领域出现，但其仍然并非法学导论，而是属于法学通论，而对于权利更为深刻的思考还将涉及法哲学。从普遍性的角度来说，“权利”一词并非通行于所有部门法学——至少在刑法中，权利的说法并不流行。而民法领域虽然主张权利，但其使用的是民事权利而非普遍意义上的权利。当法理学提出一般意义上的权利理论之后，仍然要面对来自民法学的保留意见和质疑。

在这个意义上，如果能够成功地区分法学导论和法学通论，进而将我国法理学教科书中那些被误认为是法学导论的内容恢复其法学通论的本来面目，法理学作为法学教育低阶课程的角色将难以维系。

其实，在低年级开设一门法学的预备课或导引课，简要介绍法学中的基本常识，对于法学教育来说无疑是必要的。但这并不等于一定要将这些内容冠之以法理学的名称，更不能把这些内容与法理学中的法学通论相混淆。因此，应当将目前法理学所包含的法律常识内容，乃至包含在宪法学、民法学、刑法学、诉讼法学等主要部门法学中的相关内容重新整合，形成《法学导论》课程，在低年级开设。〔4〕重点讲授法学的特点、法学课程设置、法学教育、法律职

〔4〕 五大政法大学中的西北政法大学已经在法学一年级开设《法学导论》课程替代传统的法理学课程，但至少就其使用的教科书来看，其中许多依然包含了某些法学通论的内容。参见朱继萍主编：《法学导论》，中国政法大学出版社 2015 年版。

业、法系、我国基本的司法制度、立法制度、我国法律体系的结构和内容、几大部门法的基本特点等。

三、法理学课程与部门法课程的关系

初阶论的第二个版本并没有将法理学与法学导论混同，而是认为，即便某些法理学课程中有关法律常识的内容的确不属于法理学，而法学通论也的确不同于法学导论，也依然认定法理学应当作为初阶课程在低年级开设。

在目前国内的法理学教学实践中，一些实施二次教学法的高校将法理学课程区分为“法理学导论”和“法理学原理”（中国政法大学）或“法理学初阶”和“法理学进阶”（西南政法大学），便是此种版本的初阶论支持者。依据“法理学导论”或“法理学初阶”课程的名称，在低年级开设的这类课程的确是法理学，而不是法学导论，它们是比较简单的法理学，以至于可以对零基础的一年级法科学生开设。而且，既然只是法理学导论或法理学初阶，那么显然这些课程的内容并没有涵盖法理学学科的全部内容，在高年级还可以开设法理学原理或法理学进阶之类的课程予以加强。

毫无疑问，此种版本的初阶论依然受到了“法理学应当在低年级开设”这一传统做法的影响。但除此之外，支持此种做法的理由还可能有两个：①法理学导论有利于学生学习法学，因此应当在低年级开设；②法理学导论有利于学生学习法理学原理或法理学本论，因此要在低年级开设。理由②明显不成立。因为，没有迹象表明，法理学具有某种特殊性，需要区分导论和本论，正如从未听说过民法学教学需要区分“民法学导论”和“民法学本论”。退一步说，即便法理学课程中存在两类在性质上具有较大差异的内容（类似民法总论和民法分论），以至于应当分别开设课程，也没有理由认为，必须要将法理学导论和法理学本论分别在两个相距较远的时间点（如第一学期和第五学期）开设。

如此看来，第二个版本的初阶论的主张更接近于，法理学就其内容而言虽然不是有关法律常识的法学导论，但学生对法理学中某些内容的学习，依然在客观上有利于其他部门法学的学习。正所谓法理学是法学的基础，首先学好基础，自然会促进法学其他内容的学习。

对于这样一个更为精致而成熟的初阶论，我仍然持反对意见，主要有以下三个理由：

第一个理由是，即便就目前法理学课程的内容而言，对于刚刚走出高中校园的学生来说学习难度依然较大。这里所提到的难度主要体现在法理学的内容理论性较强，比较抽象，缺乏部门法学那样的法典或具体的法律实践来帮助学生理解。以法律的价值理论为例，这些内容属于法哲学乃至政治哲学的范围。对于正义、自由等较为抽象的概念，学生在适应大学教育整体的难度之前，很难适应对这些问题的讨论方式。因此，在具体的教学活动中，教师常常降低难度，让学生简单识记，或是照本宣科，让学生掌握教材中某些似是而非的说法。例如，中国法理学教科书普遍主张“权利与义务是对应的”。这是一个明显的谬误，民法中撤销权等形成权作为权利，并没有义务与之对应。就类似“权利与义务的关系”这样的议题来说，维斯利·纽科姆·霍菲尔德（Wesley Newcomb Hohfeld）的经典理论是无法绕开的，但国内目前几乎没有法理学教科书提到霍菲尔德的理论。教师应该如何处理这样的问题？如果真的在课堂上介绍霍菲尔德所提出的四对八种的权利类型理论，其难度一定超过了低年级学生的领悟力。

当然，仅仅凭借指出法理学课程的难度，并不能证明法理学课程就并非是应当在低年级开设的初阶课程。先易后难的安排虽然符合教育的规律，但这并不能排除在某些情况下，基于课程体系安排和课程之间的逻辑关系，不得不先进行较难内容的课程，再进行简单内容的课程。例如，对于理工科学习来说，高等数学往往被视为学习其他课程的前提，尽管学生往往抱怨高等数学的难度，但这并不能改变高等教育作为基础课程在大学低年级开设的事实。

因此，要批评初阶论，我还要提出第二个理由：法理学并非类似高等数学意义上的基础课；从法学教育的角度来说，学生对目前法理教学内容的掌握对学习其他部门法学的益处是有限的。前文已经证明，那些看上去能够帮助学生进入法学知识殿堂的内容并非法理学，而是应该为另一门改称“法学导论”的课程所承担。在剩下诸如法律概念理论、法律方法、法律的价值、法律与其他社会现象等目前法理学教学的内容中，我看不出来为什么在学习部门法之前必须学习这些内容。一个不了解法律是统治阶级意志体现的人或不理解什么是自然法的人，为什么就不可以学习民法学？一个没有在法理学中区分法律的主观解释和客观解释的学生，为什么不能就刑法中的条文去理解主观解释和客观解释？更何况，法理学中某些属于法学通论的内容原本就是不符合部门法学研究和法律实践的理论建构，将这种理论建构说成是部门法学习的前提，是一件很奇怪的事情。仍然以法律关系理论为例，目前国内法理学教科书中的法律关系概念是要力图建构一套通行于所有部门法的普遍性理论，纵然它不能得到部门法研究的认可。抛弃该理论本身是否成立不谈，其内容与民法中的法律关系理论大相径庭，除了一些看似相同的法律词汇，掌握法理学法律关系理论对理解民法法律关系理论并没有任何帮助。毋宁是，当学生好不容易掌握法理学中的法律关系理论后，他却在民法学中又被教授了一种与法理学法律关系理论并不完全相同的理论，以至于区分两种理论又成为教学的“难点”——这样的难点完全不必要出现。

批评初阶论的第三个理由是，法理学不是学习部门法学的前提，正好相反，掌握部门法学的内容是学习法理学的前提，以至于法理学一定不是法学教育中的低阶课程，而是法学教育中的高阶课程。

在抛开法学导论的内容之后，法理学剩下的内容中有很多接近于欧陆国家中的一般法教义学，也与英美国家中的一般法理学或法律理论比较相似。而无论是一般法教义学还是一般法理学或法律理论，均属于法学中的高阶课程，需要在学生初步掌握法学其他内容后才好学习。

按照德国法学的术语（这一点也正在得到国内法学界的认可），法学研究的主体是所谓法律教义学（legal dogmatics），之所以称之为“教义”的原因是，部门法学的研究必须以特定的实在法秩序为前提，追求法律问题的答案。在民法教义学、刑法教义学等特殊教义学之外，可以就整个实在法秩序进行提炼，形成一种普遍性理论，称为一般法教义学（general legal dogmatics）。在目前的法理学教科书中，致力于为法学提供普遍概念的法律概念论，乃至法律解释、法律论证等带有浓厚德国法学方法论的内容均属于一般法教义学。[5]以法学方法论（国内法理学教科书多称之为法律方法）为例，国内外的专门的法学方法论[6]教材无不大量引述部门法的条文和相关案例。在学生系统学习部门法之前，如何可能理解这种力图在所有部门法方法中寻找普遍性的一般教义学呢？又如霍菲尔德的权利类型理论，这种理论依然力图建构一套普遍的法律术语，其自身的论述中都充斥着对已有法律材料（主要是法官的判决意见）的归纳和分析，如果学生缺乏对这些法律材料的起码认识，必定无法掌握霍菲尔德的更抽象的分析。

一般法理学[7]或一般法学（general jurisprudence）是约翰·奥斯丁（John Austin）提出的一个概念。按照奥斯丁的理解，有关特定国家法律制度的法学是特殊法理学（particular jurisprudence），超越特定法律制度的法学是一般法理学。奥斯丁之后的英美学界将法理学与一般法理学视为同义词，同时也没有迹象表明，这种学问在法学教育过程中起到前提和引导的作用，以至于是法学教育中的初阶课程。相反，法学在整体上具有实践性和职业性，一般法理学的理论性反而与之形成了鲜明的对比。格雷就此转引戴雪的论述表达了对所谓一般法理学角色的担忧："法理学（jurisprudence）是一个让出庭律师的鼻腔感到酸臭的词汇。律师们常常发现，法学教授总是教条地提出有关法律的一般见解，实际上却对实践中任何一个法律体系毫无所知；同时，他还自满于那些阐释种种陈词滥调的科学，并且坚持这些陈词滥调应该适用至所有的法律，但实际上却无法在

---

〔5〕［瑞典］亚历山大·佩岑尼克：《法律科学：作为法律知识和法律渊源的法律学说》，桂晓伟译，武汉大学出版社 2009 年版，第 19 页。

〔6〕［德］卡尔·拉伦茨：《法学方法论》，陈爱娥译，商务印书馆 2003 年版。

〔7〕［英］约翰·奥斯丁：《法理学的范围》，刘星译，中国法制出版社 2002 年版，第 3 页。

任何法律中行得通。"[8] 抛开这段文字中的反讽不论，戴雪的论述似乎也表达了这样一种看法；只有对法律体系具备足够的知识，才有可能建构更为成功的法理学。

在当代英美学界，奥斯丁以来的法理学与法律理论（Legal Theory）乃至法哲学之间的差别变得十分模糊。[9]但有一点毋庸置疑，法理学是有关法律抽象理论的学科，这种抽象的理论与部门法学所关心的议题和司法实践存在相当的距离。无法想象，如此理论化和哲学化的内容竟然属于法学教育中的初阶课程。不仅如此，现代英美法理学最为重视的是所谓概念分析（concept analysis）的方法。概念分析可能是对人们语言习惯的总结和归纳，也有可能是基于某种价值取向的规定，更有可能是符合人们的直觉决断。无论是其中哪一种，均不可能证明法理学是法学教育中的初阶课程。相反，只有在对法学其他学科已经比较熟悉或已经具备了相当的法学知识时，才可能适应这种具有高度普遍性和抽象性的研究方法。

四、结语

总的来看，无论是主张仅在低年级开设法理学的所谓一次教学法，还是认为法理学可以分为两个部分分别在低年级和高年级两次开设的二次教学法，均有意无意地假定法理学为基础学科，至少包含有法学教育中的初阶内容。本文则证明这种看法是错误的。法理学不是法学教育中的初阶课程，它不具备引导学生学习其他部门法学的功能。相反，作为法学中较为深刻和抽象的课程，它最多只能在高年级开设。就此，一种更为理论化和精致化的形象，更适合法理学教学的定位。

---

〔8〕［美］格雷：《法律的性质与渊源》，马驰译，中国政法大学出版社 2012 年版，第 4 页。

〔9〕［美］劳伦斯·索伦：《法理词汇》，王凌皞译，中国政法大学出版社 2010 年版，第 225 页。

论物证技术实验在诉讼法教学中的应用

娄　超*

物证技术学经徐立根先生倡导与努力，经过了近半个世纪以来众学者之共同发展，成了独立于侦查学的法庭科学中的另一重要分支。因其本身社会科学和自然科学交叉之属性，也因其理论讲述与实验教学相融合的授课特点，故现实中存在着教授难度较大、教学内容设计不一、某些实验流于形式、无法与司法鉴定和审判实际有效结合、难以真正发挥该门课程在法学本科教育中的应有作用等暗伤。在新时代大力发展中国特色社会主义法治理论之大背景下，在司法责任制、“以审判为中心”等一系列司法改革的浪潮中，物证技术学中实验教学与诉讼法学传统授课教学应当有效、紧密融合，以期回应社会主义法治建设对专业性、实践性法科人才之需求。

一、物证技术实验融入诉讼法教学符合新时代司法改革之要求

法学教育是社会主义法治建设的重要途径。中国特色社会主义进入新时代，根据十九大报告的要求，我国将坚定不移地走中国特色社会主义法治道路，完善以宪法为核心的法律体系、法治体系、法治国家，发展中国特色社会主义法治理论。这就要求我们的高校法学本科教育要时刻牢记中国国情，立足于中国实践和发展需要，不能脱离中国社会主义法治建设的实际。我们要培养的毕业生应当不仅仅是具备着完整法学知识体系的熟读书本知识的学生，更应当是对中国特色的法治土壤有着深切理解、对未来法律职业要求有着

* 法学博士，天津商业大学法学院讲师，研究方向：诉讼法学、证据法学、刑事侦查学。

较充分认识和准备的“接地气儿”的职场新人。

党的十八届三中、四中全会之后，全国各级人民法院以司法责任制为核心的四项基础性改革试点正式拉开帷幕，直指“审者不断、断者无责”之现实弊端，自此起至相当长的一段时间，改革大潮中作为法律共同体的你我概莫能外，均要迎接与适应司法改革时代的新问题和新要求。例如，以往人民法院由于一线审判人员的不足和院庭长审理案件数量相对不均等，法学专业的毕业生在进入法院后，经过一定年限后自然就会从事案件审理工作并进入法官序列，成为法官就成了进入法院后的必然和当然效果。而在司法责任制改革后，法学毕业生通过法律职业资格考试及公务员考试之后，来到人民法院工作，他们将要面对这样的新问题：如何能够从法官助理之岗位顺利进入员额，[1]怎样快速成为一名法官序列内的合格的审判工作者，享受到专业性审判工作所带来的相对丰厚的职业回报和相对稳定的职业保障。

另外，2012 年，我国的《民事诉讼法》和《刑事诉讼法》均进行了全面修订，电子数据作为新的法定证据形式得到立法确认，同时强调了鉴定人的出庭义务，并增加了专家辅助人制度，以往可以直接抛给鉴定机构的专业性问题，将更多呈现在法庭中进行交叉询问与辩论。从“互联网+”到“大数据”再到“人工智能”，我们所处的信息时代正以我们不可预知的速度向前发展，使传统的诉讼案件处理、法律事务办理更多地涉及计算机、手机、移动硬盘等电子数据存储介质，也使得新型电子数据的司法鉴定工作面临着机遇和挑战。还有我们不可忽视的是，“以审判为中心”的诉讼制度改革正如火如荼地推进，而审判之中心地位，在很大程度上要通过证据审核认定之核心地位来保障。

在前述时代背景下，掌握物证技术实验的相关知识之必要性即

---

〔1〕 根据最高人民法院公布的数据，全国地方各级法院已全面完成员额法官选任工作，共产生入额法官近 12 万名，约占中央政法专项编制总数的 32.8%，引自罗书臻：“从严选任高素质法官，落实司法责任制改革——最高人民法院推进司法责任制等综合改革试点工作综述”，载最高人民法院网，http://www.court.gov.cn/zixun-xiangqing-49612.html，最后访问日期：2017 年 10 月 26 日。

格外凸显出来。其一，物证技术实验中的许多方法、规律要与中国国情紧密结合，无法通过照搬别国经验而直接掌握。例如，汉语或粤语的声纹分析，笔迹识别中汉字的运笔特点、运力特征等，与其他国家的语言、文字之鉴识规律显然是不同的，因此，物证技术知识的研究发展会促进中国特色社会主义法治理论的丰富完善，同时可推动该方向的研究型人才的培养。其二，诉讼案件中的法律从业者均会更多比例地面对物证的审核认定问题，因此，物证技术知识需要在法律本科教学中得到普及。这是因为专门性问题通常对于案件的胜负有着关键和决断性的作用，在有明确法律依据的指引下，申请鉴定人出庭并聘请专家辅助人用以质疑鉴定方法、鉴定过程、鉴定结论的案件必将会增加，结合电子数据（犯罪过程涉及电子数据或利用信息技术手段实施犯罪）在举证程序中的大量涌现和“以审判为中心”的改革趋势，法律从业者想要避开物证技术相关专门问题而只专注法律的美好愿望将越发难以实现。

二、物证技术实验融入诉讼法教学可回应法科之内在实践品格

法律是一门实践的技术。我国的法官员额制度施行后，法官将在具备一定法院工作经验的法官助理中选拔，上级法院的法官将大多数经由下级法院法官遴选产生，因此法官之任命条件增加了实践工作经验的要求；另外，律师的执业条件虽仅是通过法考外加一年的实习期，但市场经济的选择作用，必然会使实践能力强、业务素质高的律师脱颖而出，也会迫使新晋律师努力在法律事务和案件中增长才干，以免被边缘化或淘汰。

那么在本科教育过程中，高校法学教育能够在大纲规定的实践学时内，带给学生怎样的实践教学内容，是否切合我国法律执业实际，是否对未来职业生涯有所裨益，直接会影响着该校教育效果的评价和口碑。在传统诉讼法学教授过程中，创新加入物证技术实验内容，将会在以下方面有所收益：

第一，有助于提高学生对证据鉴别和认识的能力。无论是处理法律事务、拟定法律文件、撰写文书，还是办理具体案件，都需要

建立在对人、事、物有准确和综合判断的基础上方可达到好的效果。但我们都知道，在诉讼法的学习过程中，即便熟记了法庭审理阶段和法言法语话述，距离真正会审理案件、把案件审清楚、审透彻还是会有很大差距。因此，学生掌握了书本上的证据学理论仍是停留于纸面，记忆不深刻且应用不自如，如果能够有针对性地安排加入物证实验内容，让学生可以亲自动手操作，亲自分析案情，亲自查找痕迹、文书、声像、计算机数据中的有益信息，不仅在此过程中传达了证据鉴识的思维方式和基本原理，还加强了判断与审核证据的实践能力。

第二，有助于完善教学结构体系。目前各大高校的法学教学计划中，尤其是诉讼法学的教学计划中，已进一步增加了实践学时的安排，但通常进行的是模拟法庭、法律诊所、案例教学等方式，物证技术实验内容仍游离于传统诉讼法课教学内容之外，使学生可能掌握了案件的审理流程，但对其中微观的证据审核认定问题关注不足。

第三，有助于减轻授课教师的实践教学压力。根据教育部的要求，诉讼法学作为实操性极强的部门法学，授课大纲中均安排了一定数量的实践学时。如果能够将讲授内容划归授课教师，实践内容划归实验室教师（包括模拟法庭实验室、物证技术实验室等），那么，一方面可以使教师的专业性更强、注意力不会分散，减轻教师分散备课的工作压力，另一方面也能够使实践教学质量由于专职实验教师的跟进而得到保障。

三、物证技术实验课程在诉讼法教学中的应用路径

（一）物证技术实验课程的完善与创新

物证技术学是一门自然科学、社会科学与思维科学相结合的综合性应用科学技术。[2]而我们想要培养的学生应当是拥有感性（凭

---

〔2〕 傅晓海："物证技术学的学科属性"，载《中国公共安全》2009 年第 Z1 期，第 144 页。

借常识和内心良好确信来判断）和理性（即解决同一识别与种属识别问题）思维能力的综合性人才，物证技术实验训练正是带给我们一种与自然科学相交叉的理性分析判断的思维方式。但也正是因为该学科的交叉属性，需要授课者有着复合学科背景，同时也需要实践经验的支撑，因此，目前高校本科法学教育中的物证技术实验课程存在着良莠不齐的状况，笔者建议应当在以下方面完善和创新物证技术实验课程内容，只有该课程与本土法治环境有较高契合，才能够实实在在地为法科毕业生的职场发展带来实益，该门课程才能够具备长久的生命力和吸引力。

1. 从内容上

实验课程应精中选优，避免走形式、走过场。物证技术课程作为高校法学本科教育中的选修课程，课时安排较为紧张，通常是36课时或48课时，而物证技术学的内容又相对庞杂，[3]除去理论讲授的时间，留给实验的课时其实十分有限，因此，在实验课程的优化问题上，如何挑选好的实验主题，也就是说如何设计科学的教学大纲是首先要解决的问题。在允许教师充分发挥自身特长的基础上，应当以实践价值与操作实益为导向来选择实验内容。

第一，从实践价值角度来看，应当选取实践中具有普遍意义的、较常出现且具有代表性的实验主题。诸如电话录音、照片比对、笔迹或印章鉴识、手印与指纹核对、现场勘查及微量物证取得、即时通信工具聊天记录获取与恢复等内容，都是在案件证据或破案线索中出现频率很高、与日常生活联系紧密、很具代表意义的内容，而诸如毒物鉴定、变造有价证券、人像画像、血迹喷溅形态、枪弹痕迹等内容，则是实践中发生频次相对较低的内容。

---

〔3〕 关于物证技术学包含的内容，徐立根先生总结为两方面：第一方面是关于物证技术和物证技术学一般理论和方法的论述，包括：关于物证、物证技术和物证技术学的概念、作用、任务、体系和发展历史问题；关于物证技术中的同一认定和种属认定的理论问题；关于物证鉴定制度问题；关于各类物证检验中运用的一般科学方法问题，包括理化生物方法、仪器分析方法、显微镜方法和摄影方法。第二方面是关于不同类型物证技术的论述，包括：痕迹、文书物证技术、微量物证技术、毒物毒品物证技术、生物物证技术等。参见徐立根：“加强物证技术学学科建设”，载《法学杂志》1992年第2期，第9页。

第二，从操作实益角度看，实验操作应当具有必要性，也就是说通过实验操作，我们要印证、记忆并升华相关的理论知识，而不应为了实验而实验，不只是为了把实验学时用实验的方式消耗完，更不能将物证技术实验课程沦为若干实验器材的使用说明书学习课程。

2. 从方法上

物证技术实验课程内容应结合具体案件或具体待解决问题而设计。处理过具体案件的实务人员都有体会，一个内容规定在法条中，并不会引起太深的印象，但当你手头接触到了一个待解决的事务或案件时，再查找到相关法律规定和适用情形，印象就会十分深刻。这是顺应人类记忆规律、实践出真知的例证。所以，物证技术实验课程，不应抛给同学十个签名、十部手机，让大家分组进行一个机械比对或提取，而是应培养学生实验中的问题意识，让学生明白，通过怎样的实验操作，可以解决怎样的实际案件问题。有许多学者在这一方面进行了有益的探讨，如“案例-任务驱动教学法”、“情景模拟教学方法”等，值得参考与借鉴。〔4〕

要实现以上两个方面的完善，就需要我们不能关起门来坐而论道，而是要效仿高校法学实践教育的重要路径，即建设对点的实践教学基地，走出校门，与专业的一线物证司法鉴定中心交流，获取最前沿的教学案例资源，并可以邀请相关专家进课堂交流讲授经验，带动学生学习的积极性。更有多家高校已成立了自己的司法鉴定中心，如同高校建设的法律援助中心一样，可产生“以实践带教学，教学中促实践”的效应，这也是高校法学本科教育中实验室教学发展的理想方向。

（二）物证技术实验课程与诉讼法教学之融合

如前所述，传统诉讼法学的授课过程中，可以且应当加入物证技术实验内容，那么在具体应用过程中如何使二者有机融合，笔者

---

〔4〕 参见陈志明等：“情景模拟教学方法在法医学医疗纠纷司法鉴定授课的应用研究”，载《中国实验诊断学》2016 年第 7 期，第 1231~1232 页；高洪涛：“案例-任务驱动教学法在电子物证检验中的应用”，载《网络安全技术与应用》2011 年第 2 期，第 35~38 页。

建议从以下几个方面的衔接入手，即可使物证技术实验课程与传统诉讼法教学无缝对接：

1. 课程的定位与课时的衔接

物证技术实验课程作为诉讼法教学的组成部分，应确认诉讼法学课程的主导地位，因此，融入诉讼法学教学中的物证技术实验内容，不应以独立学科门类自居，也不宜在实验课程过程中去强调、分化物证技术学与诉讼法学的不同学科属性，而是以辅助诉讼法学中的“证据与证明”章节教学为目的，来设计实验内容和实验方法。

课时上，应至少安排6~8个实践课时来讲授物证技术实验内容。为了达到较好的授课效果，可以将实验课程与证据、证明的讲授课程时间安排在相邻的周次，避免时间相隔过长，相关知识点遗忘，就无法起到实践反哺理论的效果了。

2. 教师的衔接与配合

虽然在同一门诉讼法学的授课过程中，加入物证技术实验教师的授课内容，似乎分散了诉讼法学教师对该门课程的主导权，但如果事先设计了科学的教学计划，授课教师与实验教师均按照教学计划有序安排相应工作，实质上因分工明确、资源优配，必然会引起效率和质量的双提升。诉讼法学教师可以专注于法律，物证技术学教师则应当注重复合学科背景。〔5〕高校也可以对两个序列的教师分别配置不同方向的培训方案，提升教师的专业化水平。

另外，物证技术学教师应与诉讼法学教师加强沟通与配合，在具体的实验安排上，可以在诉讼法学教师的主导下进行细节设计，无论如何，始终应是诉讼法学教授重点决定物证技术实验教学内容，而不是相反。

3. 课程内容的衔接与安排

具有实践价值和操作实益的物证技术实验内容，都可以加入到

〔5〕 享誉全球的刑事鉴识专家李昌钰先生即是积累了警察、法律、刑事以及生物化学等复合专业知识背景，司法鉴定实务部门也有许多鉴定人员有着医学、化学、计算机技术等学科背景。

诉讼法教学中来，而物证技术学中理论讲述部分内容则不宜在诉讼法学实践学时中展开。需要注意的是，实验内容一方面要结合特定学院培养人才方向和侧重点，另一方面要突出诉讼法学中证据认证、质证的程序要求内容。以电子数据提取实验为例，实验内容涉及电子数据的提取、分析、恢复等内容，在实验操作之前，实验教师就应结合《关于办理刑事案件收集提取和审查判断电子数据若干问题的规定》讲述电子数据的提取、分析的程序要求，例如，需要两个侦查人员共同到场、保护数据的完整性、在原始数据生成的镜像文件上进行分析、如何制作提取数据笔录等内容，使整个实验过程严格规范，更使诉讼法中想要学生掌握的电子数据审核认定之要点得到了有效传达。

总之，如同我们不能再无视人工智能对我们生活的“侵蚀”一样（无论主观上是否情愿），我们也不能再无视欠缺物证技术相关知识将导致毕业后法律职业发展存在不可回避的短板。期待物证技术实验纳入诉讼法传统教学内容之中，使物证技术实验的基本知识得以普及至每一位法科毕业生。

谈谈本科国际私法课程的序言教学

邹淑环*

序言是学习每一门课程的纲领，是大学本科法学各门专业课不可逾越的开头语。一般在序言教学中要对本课程的教学安排、教学要求等内容进行介绍。当然由于每门课程的特点不同，教师对序言教学的重视程度、所要呈现给学生的内容等也有所差异。国际私法是法学专业高年级开设的课程，在长期的国际私法课程教学中，本人越发意识到该课程的序言教学十分重要。在序言教学中，不仅要通过介绍学习中应注意什么等给学生以提示之外，更为关键的是要十分明确地让学生意识到国际私法课程与其他法学课程的区别，打破高年级法学本科学生学习专业课程形成的固有思路，为顺利开展后续教学做准备；同时要尽量消除学生的畏难心理，解决学习国际私法入门难、学透难的问题，激发学生学习国际私法课程的热情。“教”与“学”共同努力，以完成本课程的教学任务。

一、国际私法课程序言教学要解决什么问题

（一）开门见山地指出国际私法的“特”

每门学科都有自己的独特之处。学习法学各部门法时，学生们习惯于从实体法和程序法两大法学类别入手，按照二者各自的规律去思考问题，这对于学习像刑法、民法、行政法这样的实体法或像刑事诉讼法、民事诉讼法这样的程序法无疑会有指导作用，但如果同样以学习实体法或程序法的思路学习国际私法就会遇到问题，因为国际私法课程与其他法学课程在解决问题的思路上有很大的区别。

* 天津商业大学法学院副教授，主要从事国际私法教学。

国际私法的最主要的组成部分是法律适用规范，理论上也称之为冲突规范。我国《涉外民事关系法律适用法》是我国冲突规范的集中表现形式，对该法是实体法还是程序法的问题，最高人民法院民四庭负责人在《关于适用〈中华人民共和国涉外民事关系法律适用法〉若干问题的解释（一）》答记者问中明确指出：涉外民事关系法律适用法不是实体法，也不是程序法。[1]该法不像民法那样直接规定当事人的权利和义务，而是对涉外民商事关系进行间接调整，即通过其本身确定各种不同性质的涉外民商事关系应适用何国法律，从而解决民商事法律冲突。涉外民事关系法律适用规范是既不同于实体规范也不同于程序规范的一种特殊规范，它对涉外民商事关系的间接调整是其不同于其他法律部门的特色之处，绝无仅有。因此，国际私法课程序言教学的一项重要任务就是要开门见山地告诉学生：法学部门除了有一系列实体法和几个程序法之外，还有一个既不是实体法也不是程序法的法律适用法，突出一个“特”字，使学生初步将国际私法与其他法学课程区分开来。

（二）摘掉国际私法“玄学”的帽子

在几十门法学课程之中，国际私法素有“玄学”之说。[2]这既是国际私法课程教学者要努力打破的“咒语”，也是国际私法课程学习者要克服的障碍。“玄学”之名的缘由主要是因为学习国际私法的人觉得其间接调整方法很别扭、复杂、难以适应，间接调整时要选出所要适用的法律，而选择哪国法律解决问题的过程是在头脑的思考中完成的，加上在法律选择过程中要运用一些国际私法的制度，这就使法律选择过程复杂、多变，使学生觉得国际私法深不可测。例如，有许多国家接受反致制度（我国不接受），按照原来最早适用的冲突规范指向适用的实体法，由于适用反致的原因而发生了改变，这在反对反致的人眼中是不符合冲突规范产生的宗旨的，无法理解；

---

〔1〕 载法律图书馆网，http://www.law-lib.com/fzdt/newshtml/21/20130107084901.htm，最后访问日期：2017 年 8 月 16 日。

〔2〕 丁伟：“当代中国国际私法理论研究的倾向性问题”，载《华东政法大学学报》2010 年第 3 期，第 8 页。

但在赞成者看来，这是合情合理的，是实际存在的。[3]要想摆脱“玄学”之名，在序言教学中，要告诉学生：国际私法中的诸多问题是在解决法律冲突的实践中自然产生的，是正常存在的，不要将其“妖魔化”，提示学生要逐渐习惯国际私法的间接调整方法。如果不掌握国际私法这一固有的调整方法，其结果是学生学完国际私法课程之后，只可能是靠机械记忆记住一些知识点，在考试中死记硬背，敷衍过关，但没有掌握国际私法的精髓。

（三）强调比较研究方法在国际私法学中的地位

在研究方法上，大陆法系学者趋向于从法理学出发，通过演绎法，从一般基本原理试图推导出法律适用规则；英美法系学者注重案例资料，通过归纳法，从对成案的研究寻求法律适用的各种共同规则。[4]我国基本上继承了大陆法系的传统，同时由于案例是国际私法一些规则、制度的源泉，因而也十分重视判例分析方法。但在国际私法序言教学中，对研究方法的介绍，更应凸显比较研究方法。

比较研究方法被一些法学家称为“国际私法之母”，以德国法学家拉贝尔为代表的比较法学派是国际私法进入20世纪后的一个重要学派。该学派对各国冲突法进行比较研究，试图寻找出统一各国冲突法的路径。[5]实际上，比较研究方法对国际私法的意义是与生俱来的。因为国际私法之所以能够产生，是为了解决各国民商法之间的冲突，只有对相关国家的民商事立法进行比较分析，才能发现其差异和冲突，进而寻找出适宜的解决规则。再进一步讲，通过比较研究，发现自己之短、他人之长，取长补短，为我所用。这样做既可以促使本国法律进步，又可以促进国际私法统一化运动。因而，在国际私法课程序言教学中，要强调比较研究方法的地位，并提示学生注意应用这一方法。

（四）提醒学生学习国际私法课程的注意事项

明确提醒学生学习国际私法课程的注意事项是序言教学的一项

---

〔3〕 冯霞：《国际私法原理与案例》，北京大学出版社2017年版，第39~40页。

〔4〕 参见［日］大木雅夫：《比较法》，范愉译，法律出版社2006年版，第119~120页。

〔5〕 李双元、欧福永主编：《国际私法》，北京大学出版社2015年版，第35页。

重要内容。作为预想告知，所要提醒的应该是以后学习中要遇到的基本事项。本文认为，应该提醒学生：

第一，转变观念和学习“惯式”。这里要提醒学生的是两个“转变”：一是要转变观念。国际私法是以解决各国民商事法律冲突为己任的法律部门，这就注定先要了解法律冲突。虽然对同一事项不同国家的法律规定不同这一点学生知晓，但是一些离奇的规定，特别是落后于人类发展趋势的规定，可能出乎学生的想象，甚至会发出“怎么还会有这样的规定存在”之类的感叹，如有的国家婚龄过低。面对这种情况，需要在序言教学中提醒学生要转变观念，拓宽视野，见怪不惊，进而思考我们应该如何防止这种法律对我国的不良影响。

二是要转变学习“惯式”。如前所述，部门法基本分为实体法和程序法两大类，这是法理学所公认的一点基本认识，法律适用法既非实体法又非程序法只是个例。两大类的法律部门有各自的学习“套路”：实体法是以实体权利与义务为内容，告诉当事人能做什么、该做什么、该做不做会有什么后果等；程序法是为保障实体权利的实现或出现未尽实体义务情形时，寻求司法救济设定的程序规则。国际私法课程的教学要以先修民法、商法、民事诉讼法等课程为前提条件，往往在本科高年级开设。对已经学习了一些实体法和程序法的学生而言，很容易按照已经形成的思路学习新课程。因此，在国际私法课程序言教学中要呼吁学生注意学习“惯式”的转变，围绕着管辖权的确定、准据法的选择、外国法院判决的承认与执行等思考国际私法的问题。转变学习“惯式”，是学好国际私法的一个关键。

第二，国际私法在诸多基本问题上均有分歧。每门法学课程都可能在一些问题上存在分歧，但似乎没有哪一门课程能与国际私法相比，在诸多很基本的问题上存在分歧。例如，“国际私法”这一名称，虽然在不同时期叫法不同这点并不稀奇，但在同一时期不同国家叫法不同就要引起注意了，而在同一时期同一个国家叫法也不同就少见了。目前在我国高校教学中绝大多数将其称为“国际私法”，我国现行立法上称之为“涉外民事关系法律适用法”，有的学者称之为“冲突法”。[6]名称不同带来的是对这门学科的体系、范围等基本问题的认识也不同；而且在许多国际私法规则、制度上，不同国家差异可能很大。在序言教学中，要开宗明义地提醒学生注意这种情况，包括提示学生在准备研究生入学考试涉及国际私法这门课程复习时，也要注意复习范围。

第三，注意国际私法各部分知识之间的联系。在法学界，特别是在我国司法考试各大机构的培训中，习惯将国际私法、国际公法和国际经济法统称为“三国法”，将三者归为一类有其学术意义，但也在一定程度上影响了学生对它们的认识。实际上这三门课在体系上差别很大：国际公法和国际经济法是由总论以及一些各自的部门法组成。国际公法除总论之外包括国际条约法、国际组织法、使领法、海洋法、空间法等，国际经济法除总论之外包括国际投资法、国际金融法、国际税收法等。这两门课程各部分的联系是总论与部门法的关系，其各部门法之间联系并不十分紧密。在这点上国际私法与二者有区别。以现在影响较大的李双元教授、欧福永教授主编的《国际私法》(第四版）为例，书中分总论、财产权、债权、婚姻家庭与继承和国际民事争议的解决五编，总论中介绍国际私法的基础理论和制度，中间三编介绍主要的民商事关系的法律适用规则，最后一编为国际民事诉讼与国际商事仲裁程序规则。[7]五编围绕外国人民事法律地位、管辖权、法律适用和外国法院判决或仲裁裁决的承认与执行这四个国际私法要主要解决的问题展开，各部分之间内在联系强。在教学中，具体内容分块讲授；在课程结束时，要求学生能将块状知识按照涉外民事关系解决的过程应用到不同阶段。这其中最重要的一段是法律选择的过程，既然是“过程”，所学知识的运用就有先后顺序。因而，在序言中要提醒学生注意国际私法各部分知识之间的联系，不仅知晓相关知识内容，而且能将其恰当应用。

第四，灵活运用知识。要求学生灵活运用所学知识，是一些法

---

〔6〕 韩德培主编：《国际私法》，高等教育出版社、北京大学出版社 2014 年版，第 11~12 页。

〔7〕 李双元、欧福永主编：《国际私法》，北京大学出版社 2015 年版，目录页。

学专业课的要求，国际私法就是其中的代表。但与其他法律专业课程相比，国际私法更强调学生要注意开动脑筋思考问题。其原因是：国际私法所调整的涉外民商事关系至少与两个国家有联系，涉及的相关国家的民商实体法、法律适用法均可能有所不同；而且在涉外民商事案件中，当事人有很大的自治权，如可以选择诉讼法院、争议中所适用的法律等。这种差异和当事人自治使得了国际私法有很大的灵活性。在序言教学中，要提示学生能充分利用这种灵活性，争取做到：如果他是当事人或当事人的诉讼代理人，能充分运用这种灵活带来的好处，合法地“钻法律的空子”，达到预期目的；如果他是法官，能在坚持原则的基础上，灵活运用国际私法知识，在头脑中预先做出各种假设，从中选择理想的方案，合理地解决案件，更好地维护我国当事人的合法利益。

此外，在国际私法课程序言教学中，还要给学生介绍国际私法课程的教学安排等，在此不赘述。

二、如何进行国际私法课程序言的教学

（一）联系学过的课程，从熟悉的知识入手

从学生熟悉的知识入手讲解新的知识，有助于消除学生对新知识的陌生感。特别是序言教学，作为一门课程的开头语，学生对所要学的课程没有了解。为了消除这种隔阂，国际私法课程序言教学可以从熟悉的事情入手。例如，先请学生浏览一下教材的目录，特别是涉外民事关系法律适用部分，一般教材的目录在这部分均列出一些学生已经学过的、熟悉的民商事关系的名称。例如，在李双元、欧福永主编的“面向21世纪教材”《国际私法》第四编的目录中，学生们会发现这一编共两章，一个是婚姻家庭，一个是遗嘱与继承。其中婚姻家庭分为结婚、离婚、婚姻效力、父母子女关系、扶养和监护六节。[8]这些民事关系的实体法规则学生已经学过，掌握了一些术语的内涵。看到这些熟悉的专业名词，学生们会有亲切感，这

〔8〕 李双元、欧福永主编：《国际私法》，北京大学出版社2015年版，目录页。

样开展教学就方便了。

（二）直接发问

抛出问题、直接发问极易使听者受到刺激，进而精神紧张、引起兴趣、积极思考。在学习国际私法之前，学生对解决民商事法律冲突中适用外国法现象不了解，甚至也没想到有适用外国法的可能，只是从单纯的属地优越权出发，认为一切案件的解决均应适用本国的法律，并坚信这是国家主权的要求。在序言教学中，可以抓住这一现象，引导学生发现各国民商事法律冲突的实际情形，进而直接发问如何处理？只适用法院地的法律而不适用外国法是不是合理、可行等？需要注意的是采用直接发问方法时，要做好预案，对出现的可能性做出预判，并据此设定好提问的问题。所提问题要有连贯性，且设定的问题是自然而然产生的。直接发问时教师不必呆板地站在讲台上，可以随意地走到学生中间，一是拉近与学生们的心理距离，二是密切关注听者的反应，据此随时调整问题。

（三）运用案例

运用案例是部门法课程序言教学中所普遍采用的方法，主要目的是比较直观地让学生感受所要学习的课程、吸引学生的注意力、激发学生的学习兴趣等。在国际私法课程序言教学中，运用案例的关键是选取恰当的案例。

本文认为，选取案例要注意：一是当事人中最好有中方。这一点与国内法不一样。国际私法案例中的当事人可以是有一方或双方是中国人，也可是一方或双方都是外国人。为了减少国际私法因为冠以“国际”二字而给学生带来的距离感，案件选取时注意突出“中国元素”。二是选取学生熟悉的民商事领域。国际私法调整涉外民商事关系，而涉外民商事关系种类很多，本文建议选取较为熟悉的方面，如结婚、离婚、继承、一般侵权等，尽量避免日常生活较为陌生的领域，如共同海损等。这样在案例分析时遇到的一些专业术语，教师便于讲授，学生也易于听懂、理解，在有限的时间里讲清楚要讲的内容，不必再解释生僻的概念。三是尽量选取目前我国涉外民事关系中纠纷较多的领域，易于举一反三。四是案情既要简单又要“复杂”。简单是指案件中涉及的关系较为清晰，事实尽量一目了然，不要让学生有案情太“绕”之感；“复杂”这里带引号是指涉及的国际私法中的问题不能太单一，除了适用恰当的冲突规则之外，还可以掺杂外国法查明、公共秩序保留等制度的应用，这有助于开拓学生思路，引起学习兴趣。

（四）结合实际生活

结合实际生活、用事实说话可以增强说服力，有助于拉近学生与国际私法之间的心理距离，激发学生学习的热情。在如何进行国际私法课程序言教学中强调这一点有一个重要的原因，即：国际私法要解决的问题在我们日常生活中不十分普遍地存在，这是国际私法无法和国内的法律部门相比之处；即使是婚姻家庭关系，如果没有“涉外因素”，也归不到国际私法调整的范围之中。据此有的学生可能会认为：凡是带“国”字头的课程与他切身利益关系不紧密，以后工作也很难用到相关的知识，进而学习劲头不足。这就要求我们在序言中，尽量贴近学生的实际生活。例如，可以联系学生自己或亲人学习、生活中可能会遇到的事情等，以减少学生对国际私法课程的陌生感、无用感。

三、国际私法课程序言教学应该注意什么

（一）不要让学生产生畏难情绪

由于国际私法的非实体、非程序等特点，使得在学生的口口相传中，它是一门比较难学的课程。诚然，国际私法中一些规则、制度不好理解和操作，如反致。因而在序言教学之中，要在减少这一不良影响上下功夫，不论是案例材料的选取还是课程内容安排的介绍，都要注意听者的反应，让他们觉得这门学科所解决的问题只不过是由于涉及适用外国法等原因而特殊些，给学生鼓气，而不要吓退学生。为此，可以显示已经学过国际私法课程学生的成绩统计，特别是一些较好的成绩；选样范围尽量限定在上面一个或两个年级，学生之间较为熟悉，说服力强。要注意：不吓退但适当的压力还是应该传递给学生，不可以一味地“唱喜歌”。把握好二者之间的“度”有一定困难，且因人而异。

（二）点到为止，留下“悬念”

序言教学是“开场白”，不可能占用较多课时。就内容而言，有的需要讲透，如学习要求等；而有的东西实际上只是点到，不可能也不必深入，如涉及的一些国际私法规则、制度。再如案例，在分析时建议留下伏笔，有的东西在以后的教学中再揭示。这样既可以前后呼应，又可以激发学生主动学习的积极性。需要特别指出的是：在序言教学中，不要一下子将过多的生僻的国际私法中的术语、规则、制度抛给学生。序言不是用来讲授具体课程内容的，而是用来让学生较为简单地、直接地感知该课程的，对这门课程的深入了解是以后的教学任务。在序言教学中，完全不涉及课程的一些术语、规则和制度是不可能的，但不可过多。生僻的知识不解释不行，解释多了就不是讲序言了。

（三）以学习者的身份讲授

以学习者的身份讲授，有助于提高感染力、可信度。序言教学是要简介一门即将讲授的课程，教师对所讲的课程也曾经历过从陌生到熟知的过程，在学习、探究所教课程的实践中，走过弯路，也曾为解决疑惑而多方求证过，对本门课程的认识较为全面，也积累了学好这门课程的经验、教训。在序言教学中，教师可以一名普通学习者的身份出现，和学生交谈自己的学习心得、学习方法。特别是在介绍诸如学习国际私法课程应注意的事项、国际私法课程的特点等问题时，将自己的真实认识讲出来，与学生交心，增加说服力。这些自己的切身之感，不是从书本上可以看到的，但对初学者更为有益。

国际私法课程序言教学是这门课程的开篇。通过它要让学生初步了解本门课程的基本特点，明确学习方法和注意事项，使学生们对本课程的教学安排做到心中有数，预先做好学习计划。更为重要的是，通过序言教学，学生们应意识到需要转变学习中的“惯式”，以新的思维接受新知识，这是学好这门课程所必需的。

《法理学》课程教学改革效果研究

邹晓玫*

一、调研的目的及实施过程

依据《法理学》教学团队对教学改革目标的设计，法学理论教学应进一步转变教育教学观念，加大教改力度。在创新性改革措施方面，团队进一步大胆尝试，进行了教学方法的改革，进一步完善过程性考核，培养学生的自主学习能力，让学生在实践教学中检验、校正自己所学的法理学理论知识，强化法理学学习效果。

为了进一步了解《法理学》课程设置的合理性及教学改革的实际效果，帮助学生更好地掌握这门法学基础课程，使其更能适应学习需要和当今社会的就业形势发展。《法理学》教学团队设计了此份问卷，在刚刚完成《法理学》课程学习的2015级全体法学学生中开展了调研，对课程定位、教学效果、课程满意度及课程改革的进一步完善路径等问题进行了全面研究。

调研采用问卷调查的形式开展。在为期一年计80学时的《法理学》课程接近尾声时，由任课教师在课堂上面向全体学生发放问卷，并说明问卷的调研目的和填写方式。问卷由客观性和主观性问题共同构成（问卷具体内容见附录）；问卷均为匿名填写，但电子问卷设定了每份问卷只能由唯一IP地址提交以避免他人代填，确保反映受访人真实意愿；问卷回收后经由人工排除无效问卷后，进行数据统计分析，得出结论。

* 法学博士，天津商业大学法学院副教授，研究方向：法律社会学、网络法学。

二、调查样本的基本构成

本次调研针对 2015 级法学 6 个自然班的 240 位同学进行全样本调查，共计发出问卷 256 份，共回收有效样本 176 份，占全样本量的 69%。样本总量达到了能够对受访群体总体倾向做出定性化描述的要求。

（一）班级构成

从受访群体的班级构成来看，6 个自然班受访人的反馈程度不同，人数最少的班仅有 14 人提交了有效问卷，占该自然班学生总数的 33%；而反馈人数最多的自然班提交了 40 份有效问卷，占该自然班总人数的 93%；其他 4 个自然班的问卷回收情况大体均衡，大约占各班人数的 74%左右，各自然班的平均有效问卷回收率为 69%。上述数据说明不同自然班对本次调研的相应积极程度不同，但大体上能够全面反映各自然班学生对课程的态度和看法，数据分析的结论不致以偏概全。

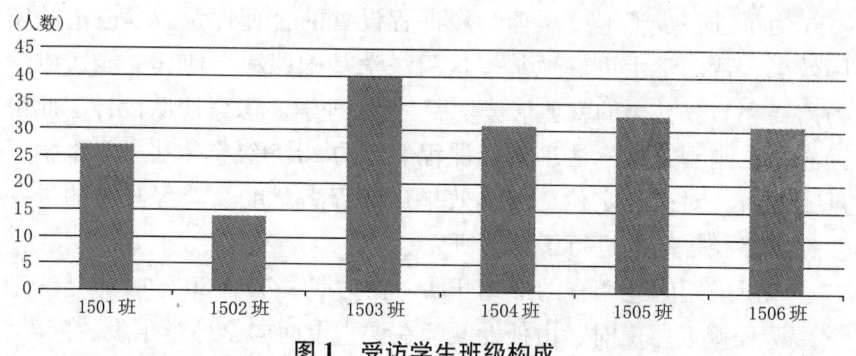

图 1　受访学生班级构成

（二）性别构成

在受访的 176 名学生中，女生共 125 人，占受访学生总数的 71%；男生 51 人，占受访学生总数的 29%。在 2015 级各自然班中男女生的原始比例为：女生占 56%，男生占 44%。两者相比较，说明此次调研的受访学生性别比例差异一方面受到了自然班中男生少于女生的原始性别结构影响，另一方面确实反映了男生的拒访比例远远高于女生，这符合一般问卷调研的普遍规律。上述样本的性别构成，虽然足以支持本次调研目的的达成，但也提示管理者，男生对此次课程改进活动的积极性不如女生，在日常的教学管理和授课中，应更多地关注男生的特殊思维方式和需求。

表1　受访学生性别构成

选　项	被访者	
男	28.98%	51人
女	71.02%	125人
合　计	100%	176人

（三）专业志愿构成

在受访的176名学生当中，有99人明确表示法学专业是自己高考选择的第一志愿，占受访者的56%；另有77人表示法学专业并非自己的第一志愿，占受访学生总数的44%。上述数据说明受访的大部分学生是抱有对法学的初始兴趣的，具有学习的原始主动性；但也有相当一部分学生对法学并非最为青睐，其专业兴趣和认知需要任课教师的进一步引导方能确立。

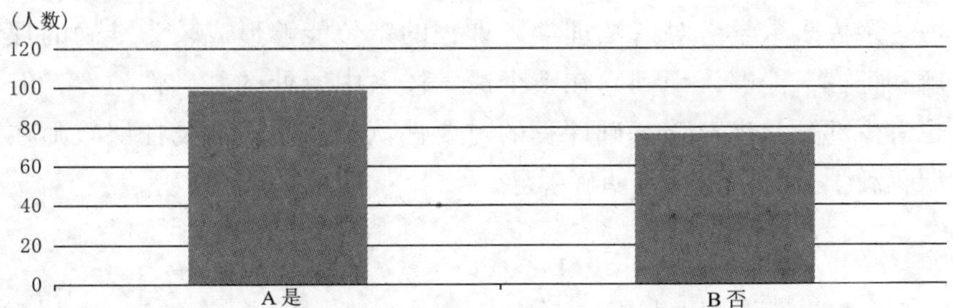

图2　受访学生专业选择意愿构成

（四）课程成绩分布

在受访的176名学生中，《法理学》学期总评成绩90分以上者占9%，80~89分者占35.23%，70~79分者占40%，60~69分者占14.20%，不及格者占2.27%，成绩结构总体上呈自然正态分布，以70~89分的受访人为绝大多数。上述成绩分布结构能够确保本次调研囊括了学习能力和实际效果处于不同层次的学生，使样本具有较强的代表性和说服力。

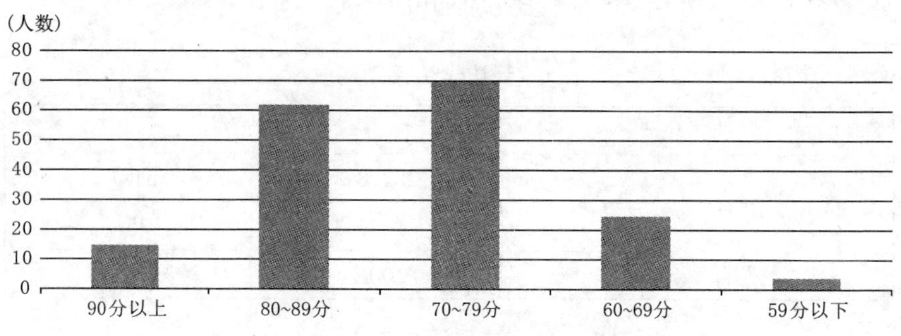

图3　受访学生学业成绩分布

三、学生对《法理学》课程的认知

当被问及“你认为《法理学》在法学专业课程中处于什么位置”时，受访的176名学生中有138人认为它是“重要的基础课程”，另有25人认为它是基础但不太重要，极少数学生认为其重要但不需占太多课时或是根本不重要。上述情况表明，经过一年的学习，绝大多数学生对《法理学》课程的定位能够形成较为准确的理解和把握，能够认识到它在整个法学体系中所处的基础性位置，但也有少部分学生对该基础课程的重要性认识不足，需要任课教师在课程教学过程中进一步明确引导。

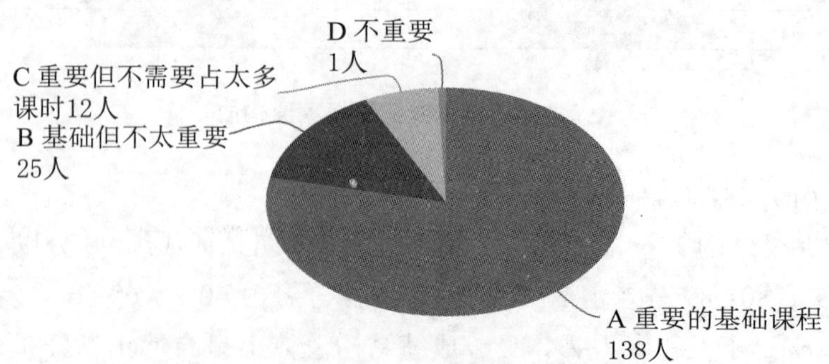

图4　受访学生对课程基本定位的认识

在受访的176名学生中，有35.80%的受访者认为《法理学》课程必须完成的任务是建立法学的基本概念和基本理论（A），有40.34%的受访者认为其根本任务在于帮助学生形成法学的思维方式（C），另有接近15%的受访者认为确立法学的基本价值和精神追求是《法理学》课程需要完成的重要任务（D）。此外，还有个别学生认为《法理学》课程应当明确法律与法律之间的关系，或者认为问卷所列各项均为课程应当完成的任务（B）、（E）。

由上述数据分析可见，75%以上的受访者认为《法理学》课程的任务在于确立基本概念和基本理论，并完成法学思维方式的转化，在此基础上应当重视法律价值体系的构建和确立。问卷反映出，学生经过一年的学习，基本能够理解和认识到《法理学》课程的具体教学任务方向，同时也从一个侧面反映出学生在思维方式确立和法学价值体系建设方面，对本门课程寄予更高的要求。

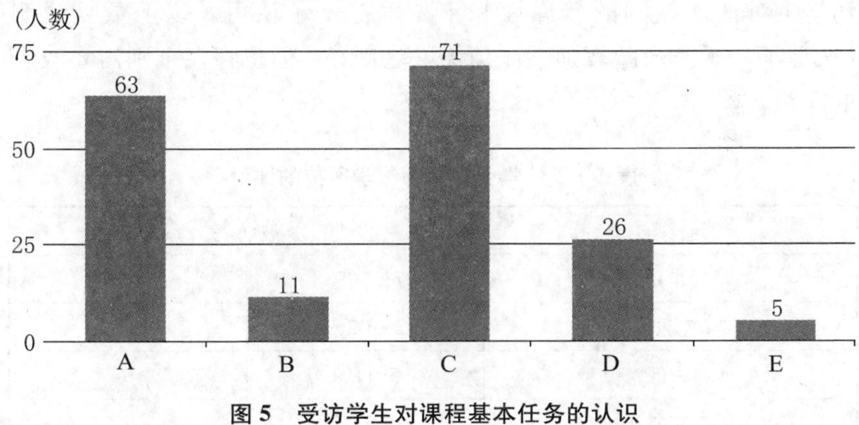

图5　受访学生对课程基本任务的认识

四、学生对任课教师及基本教学过程的评价

本学年共有4位课程组教师担任了《法理学》的课堂教学工作。对于法理学教师在教学过程中的基本教风、教态，79%的受访者认为非常好，另有15%的受访者认为较好，5%左右的受访者给出了不满意的评价。综合来看，95%左右的受访者对任课教师的基本教风、

教态给予了肯定。

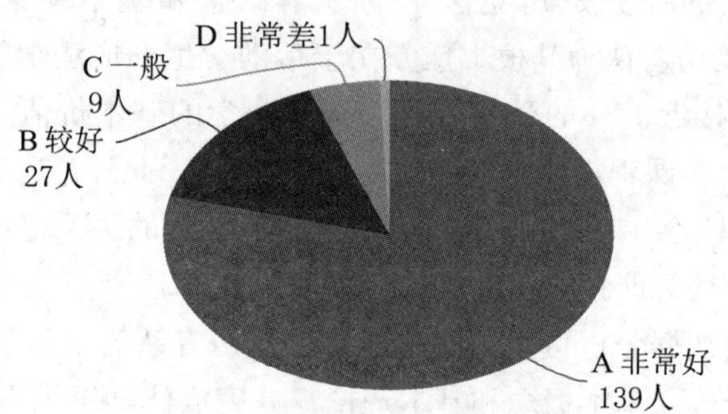

图 6　受访学生对教师基本教风、教态的评价

受访学生中有 129 人认为自己的《法理学》任课教师能够非常好地做到治学严谨、言传身教，占全体受访学生的 73%；另有 21% 的受访学生认为自己的任课教师在此方面做得比较好；有近 6%的受访学生对任课教师的严谨性和率先垂范不予认可。以上数据说明《法理学》教学团队教师整体师德风范良好，但也存在个别需要改进的问题。

表 2　受访学生对教师教学风范的评价

选　项	被访者	
A. 非常好	73. 30%	129
B. 较好	21. 02%	37
C. 一般	5. 11%	9
D. 非常差	0. 57%	1
合　计	100%	176

受访学生对任课教师的专业知识水平给予了很高的评价，83% 的受访学生认为自己的老师博学，另有 13%左右的学生认为老师的专业知识水平较高，只有不足 5%的学生认为教师的专业水平一般。综合来看，超过 95%的学生对《法理学》教师的专业知识水平给予了肯定，对教师的专业性认可度极高，远远超出对其他因

素的认可程度。

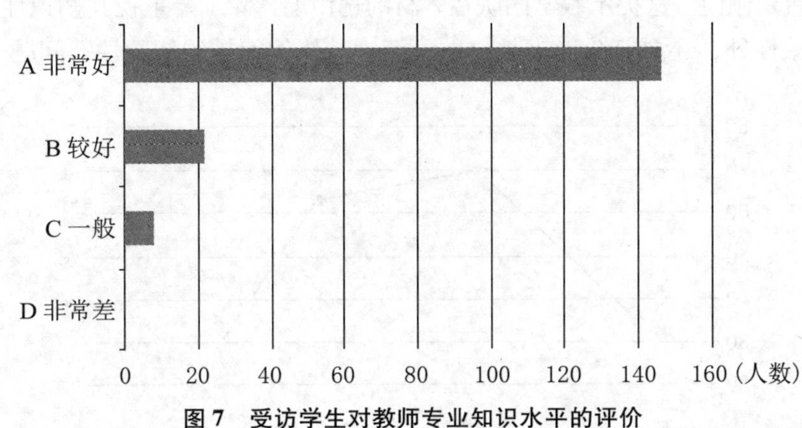

图 7　受访学生对教师专业知识水平的评价

在专业知识储备基础上，良好的课堂组织是实现有效知识传递的重要条件。受访者中有 70%的学生认为任课教师的课堂组织能力很好，另有 23%的受访学生认为课堂组织比较好，7%左右的受访学生对课堂组织的有序性持否定态度。综合来看，90%以上的受访者认可任课教师的课堂组织能力，认可度相对较高。

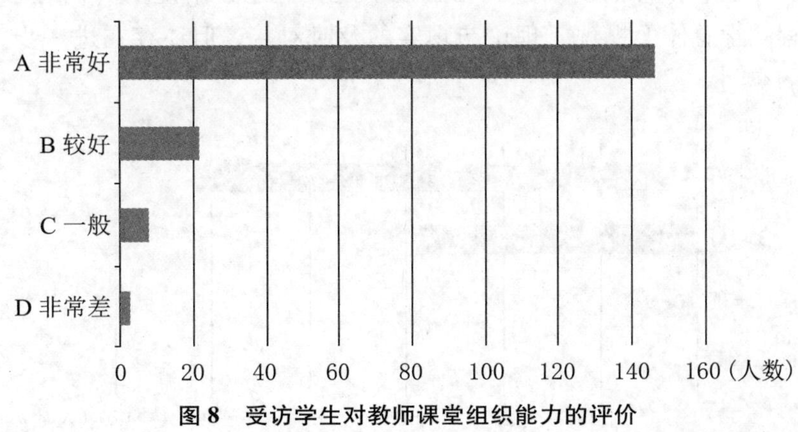

图 8　受访学生对教师课堂组织能力的评价

在受访的 176 名学生中，有 20%左右的学生认为课程教材非常好，40%左右的学生认为教材比较好，但同时有 36%的学生认为教材一般，另有 5%左右的学生明确表示对教材不满意。综合来看，有

60%左右的学生对课程教材持肯定态度，但也有相当多的学生对教材持否定倾向。这提示教学团队在教材的选用上，除了要重视其知识性、权威性外，还要充分考虑教材的可读性、体例编排的新颖性等问题。

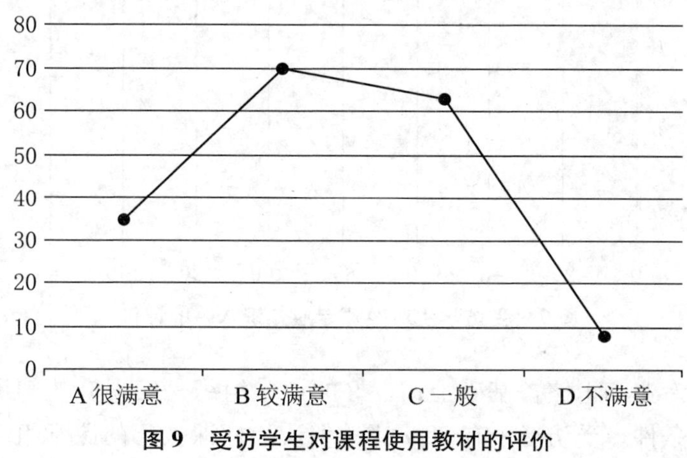

图 9　受访学生对课程使用教材的评价

受访学生中有近 60%认为教师授课内容的前沿性、动态性很好，另有 32%的学生认为教师在此方面做得比较好，有 9%左右的受访学生认为老师授课的前沿性、动态性不足。上述数据说明《法理学》课程教学总体上提现了理论与现实的及时对接，但还存在进一步完善的空间。

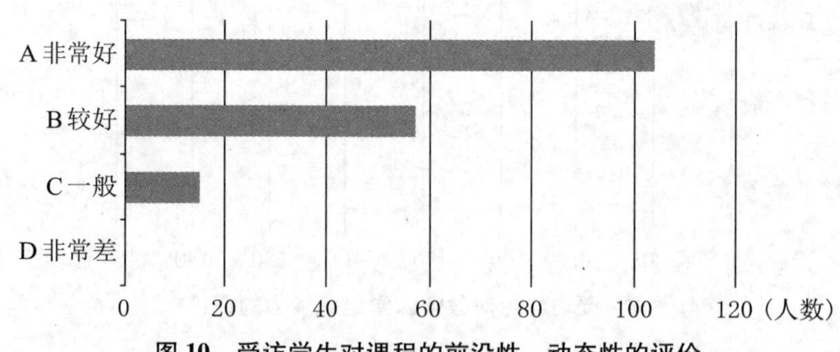

图 10　受访学生对课程的前沿性、动态性的评价

在受访的 176 名学生中，有 70%的受访者认为教师授课过程中的逻辑严整性非常好，另有 22%的受访学生认为比较好，有 7%左右的受访学生对老师授课的逻辑性做出了具有否定性倾向的评价。93%的学生做出肯定性评价的事实说明，课程组教师在教学过程中总体上能够按照严谨的逻辑呈现课程的主要内容，仅在个别情况下会出现逻辑问题。

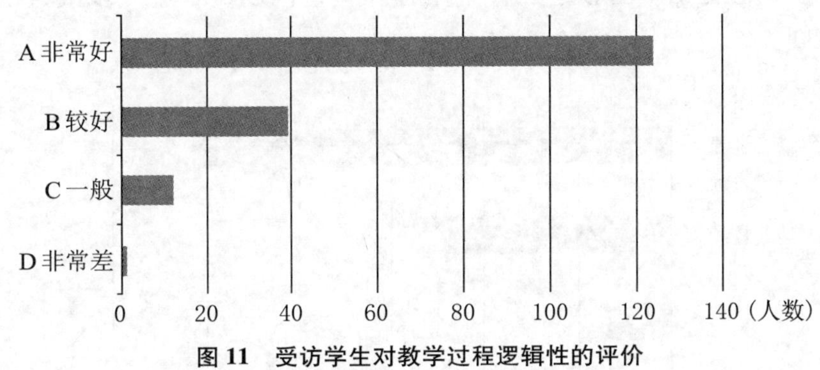

图 11　受访学生对教学过程逻辑性的评价

受访学生中有 110 人认为，教师在授课过程中能够非常好地把握重点难点，另有 27% 的学生认为教师对重点难点的把握比较好，但有 10%左右的学生认为教师对重点难点的把握不够好。综合数据可以看出，大部分学生（90%左右）认为课堂教学过程中的重点明确，难点被给予了足够的重视，并予以清晰呈现；但也有相当一部分学生在重点难点的把握上存在困难，提示课程组在今后的教学中，应当进一步强化对重点难点的讲解。

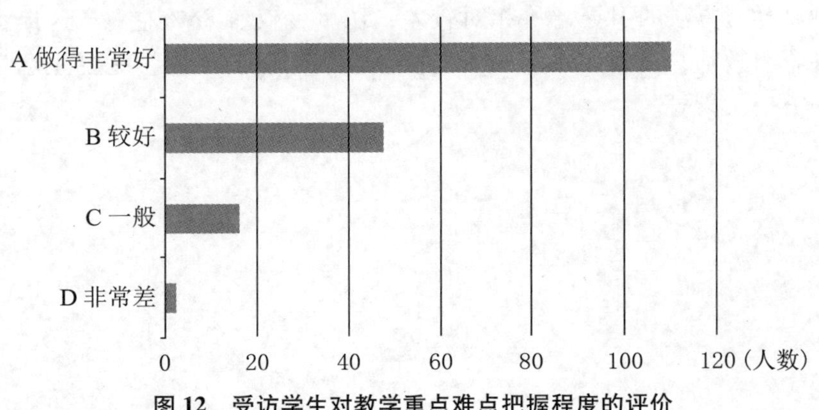

图 12　受访学生对教学重点难点把握程度的评价

在受访的176位学生中，有59%的受访学生认为任课教师的课件制作得非常精美，另外有32%的受访学生认为课件制作效果较好，但也有10%左右的受访学生认为教师的课件制作效果不好。综合来看，绝大多数（90%）受访学生对教师的授课课件持肯定态度，但也暴露出教学课件确实存在一些问题，有进一步改进的空间。

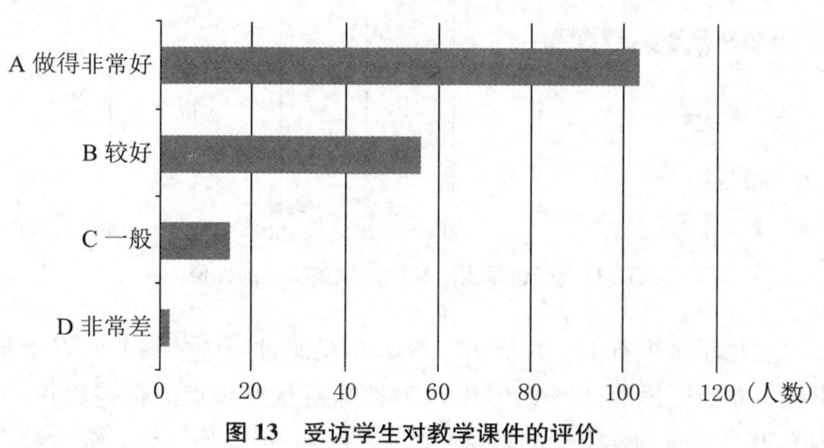

图13　受访学生对教学课件的评价

在受访的176名学生中，有62%的受访学生反映教师在授课过程中经常会对学生进行学习方法的引导，有21%的受访学生反映教师偶尔会传授学习方法，另有17%左右的受访学生认为教师很少进行学习方法的引导。相较于对教学其他各环节的高认可度，学生对教师学习方法的引导评价相对较差，认可度仅有83%左右。这提示课程组教师，在授课过程中不能仅仅重视知识的传授，更要注意学习方法的指导。

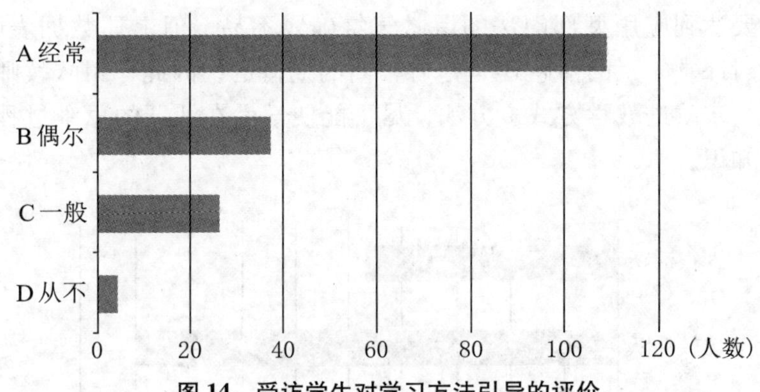

图 14　受访学生对学习方法引导的评价

受访学生中有 35%认为教师在教学过程中课堂互动很多，另有 43%的受访学生认为课堂互动较多，但有 22%的受访学生认为课堂互动不令人满意。以上数据与课堂教学的其他评价因素相比，认可程度较低，提示团队教师，学生对课堂互动的总体满意度不高（仅有 78%的学生表示满意），应当在今后的教学中着力增加有效的课堂互动环节。

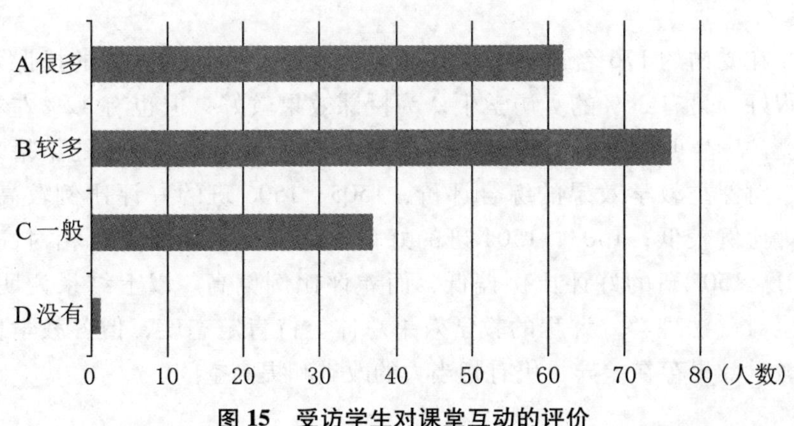

图 15　受访学生对课堂互动的评价

在 176 名受访学生中，仅有 27%的受访学生认为课堂教学气氛非常活跃，有 51%的受访学生认为课堂气氛尚可，同时有 22%左右的受访学生明确表示对课堂沉闷气氛不满意，在所有评价因素中，认可度最低。《法理学》课程的性质决定了教学内容具有一定的抽象性，要达到应用型部门法的课堂气氛确属不易，但上述数据表明，学生对课堂气氛的活跃还是抱有很高的期待的，因此，团队教师应当进一步改进教学方式、方法，尽可能使学生在活跃的思维过程中接受知识。

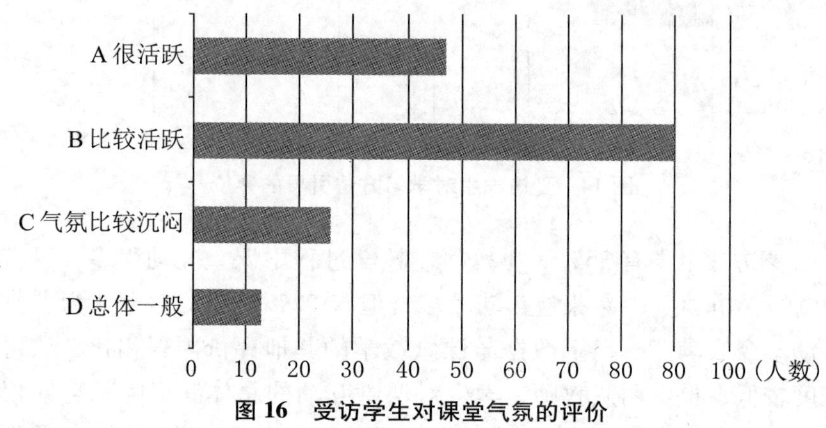

图16　受访学生对课堂气氛的评价

五、学生对课程总体效果的评价

在受访的176名学生中，有51%的受访学生认为教师的授课效果很好，另有36%的受访学生认为授课效果较好，但也有12%左右的受访学生明确表示对课堂教学效果不满意。从交叉分析的结果来看，对课堂教学效果的综合评价，1505、1506班的好评比例较高，差评比例较低；1503、1504班的好评比例高，差评比例也相对高；1501、1502班的好评比例偏低，而差评比例偏高。以上结果说明，学生对《法理学》课程的教学效果总体上持肯定态度，但各教学班的教学效果存在差异，仍有相当大的改进和提高空间。

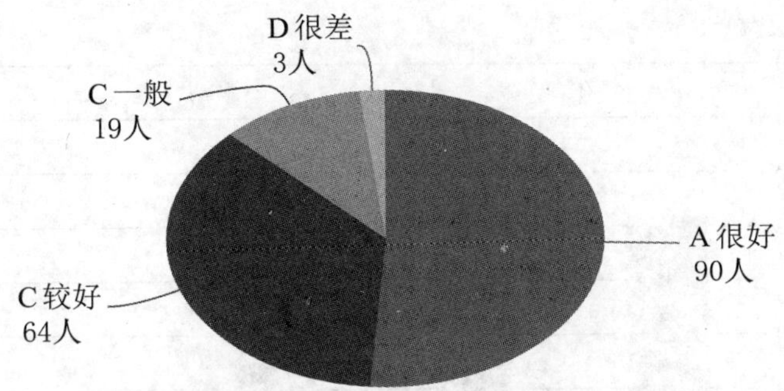

图 17　受访学生对授课效果的评价

表 3　受访学生对授课效果的评价的交叉分析

班级	总　计	你认为《法理学》任课老师的课堂授课效果如何?			
		A. 很好	B. 较好	C. 一般	D. 很差
	176 人	90 人	64 人	19 人	3 人
1501 班	15.3%	6.7%	18.8%	42.1%	33.3%
1502 班	8.0%	0.0%	10.9%	26.3%	66.7%
1503 班	22.7%	27.8%	21.9%	5.3%	0.0%
1504 班	17.6%	22.2%	10.9%	21.1%	0.0%
1505 班	18.8%	23.3%	17.2%	5.3%	0.0%
1506 班	17.6%	20.0%	20.3%	0.0%	0.0%

当被问及在《法理学》课程中的收获如何时，有 30%左右的受访学生认为自己收获很大，另有 41%的受访学生认为自己收获较大，但同时有接近 30%的受访学生认为自己的收获一般或者很少。这组数据所反映出的受访学生对课程的总体满意度，大体上与前一组数据一致，可以互为印证，以确定学生意思表示的基本真实。同时，近三分之一学生认为收获不大的事实，也提示课程组在课堂讲授的信息量和知识传递的有效性方面还需进一步努力。

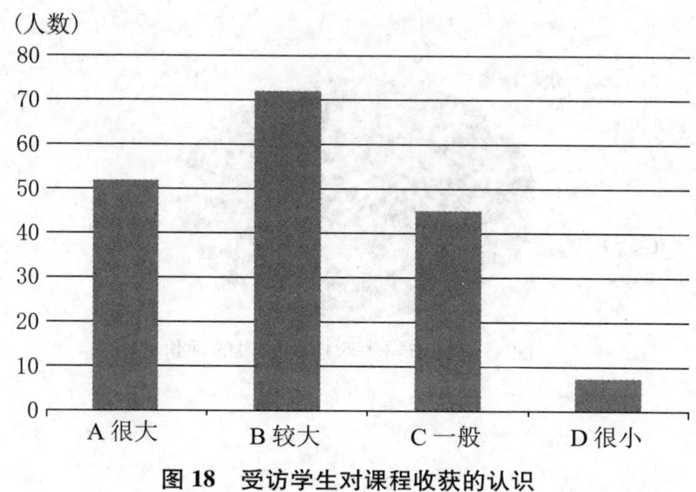

图18　受访学生对课程收获的认识

当进一步问及对《法理学》课程的满意度来源于哪些因素时，有30%以上的受访学生认为课程组的师资力量和教学水平很令人满意，有10%以上的受访学生认为教学水平和教学方式是最值得肯定之处，也有少部分（9%左右）受访学生认为过程性考核、读书笔记和课堂纪律督查等制度是自己最满意的因素。上述事实说明，课程组教师在基本素养方面很过硬，教学方式和教学效果也令学生印象深刻；近年来对课堂考核方式、管理制度等进行的一系列改革取得了一定成效，引起了学生的注意，但尚不足以形成非常明显的优势和特色。

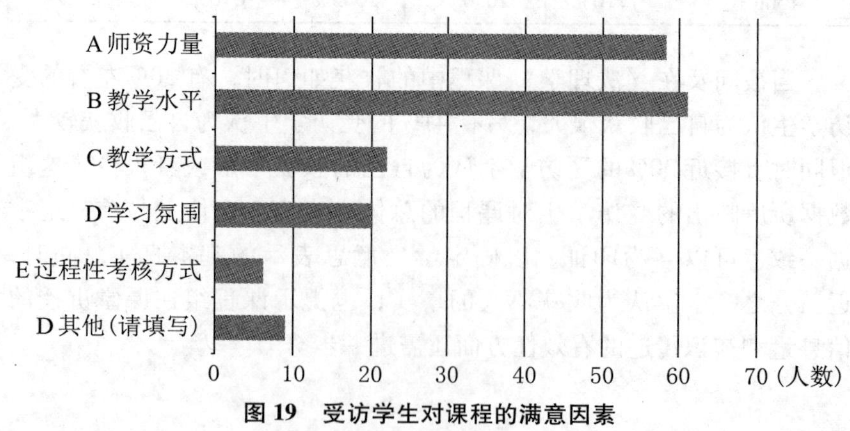

图19　受访学生对课程的满意因素

针对本课程组近年来开展的教学过程性考核及尝试的多种考核方式，本次调研专门设计了问题以了解不同的考核方式对学生的影响，从受访学生的主观评价来看，学生对案例教学方法的认可度最高，达到77%；理论教学、扩展阅读和模拟法庭教学的受欢迎程度基本持平，在35%左右；另有相当一部分同学支持自由探索模式，比例在31%左右；论文（或报告）撰写和小组教学的受欢迎程度大体相当，大约在22%左右；口试的受欢迎程度最低，仅有12%左右。以上数据说明，法学学生更青睐具有一定实践性的案例分析教学、模拟法庭教学等模式，能够锻炼合作能力的小组教学和扩展阅读等也比较受欢迎，单纯改变考试形式并不是最好的选择，将口试、小组教学等与案例教学相结合，可能是进一步完善过程性考核的改革思路。

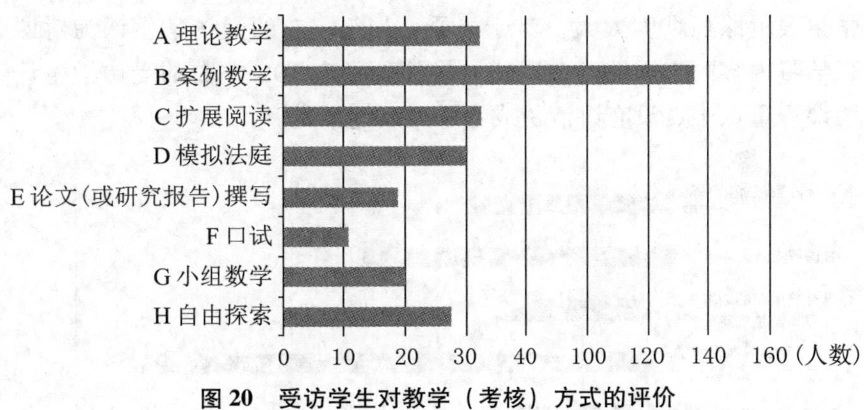

图 20　受访学生对教学（考核）方式的评价

六、学生对教学改革的要求和期待

在受访的176名学生中，有71%的受访学生认为《法理学》课程的难度在能够完全接受的范围之内，但也有28%左右的受访学生表示课程难度令他们感到接受起来存在困难。

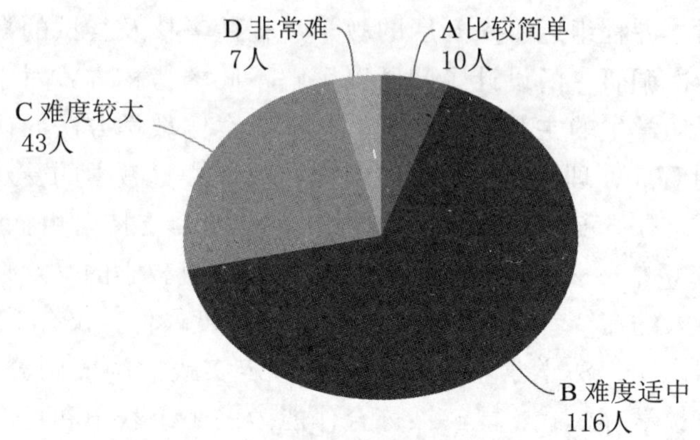

图 21　受访学生对课程难度的评价

当进一步追问造成学习困难的具体原因何在时，40%的受访学生认为核心问题在于理论教学和实践结合得不够紧密，23%的受访学生表示课程难度太大，难于接受；14%左右的受访学生认为对课程学习内容的实用性存在疑惑；另外分别有 10%左右的受访学生认为课程重点难点没有讲清楚或者学习兴趣不足。

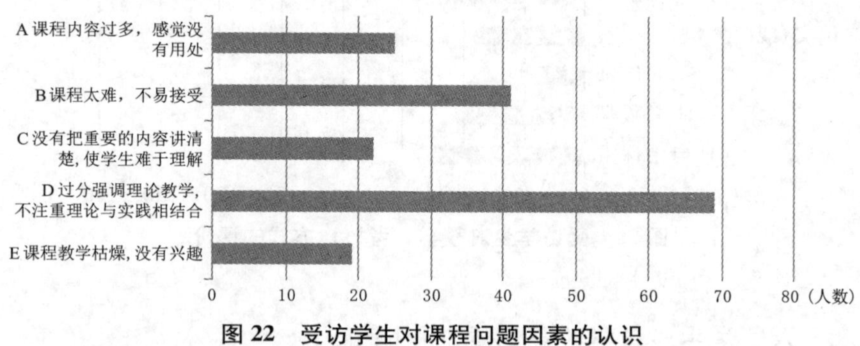

图 22　受访学生对课程问题因素的认识

调研的最后部分采用开放性问题的方式，试图了解学生对《法理学》课程的改革建议，这些建议按照宏观类型，可以分为下图所示的四个方面。从调查数据来看，学生最为看重《法理学》对基本法律思维方式的培养，其次希望课程能够传授法学学习方法和研究能力，理论素养被置于上述两者之后，而实践技能期待最低。这再次印证了前文所述：通过一年的学习，受访学生能够较为清晰地定位《法理学》的课程性质，并没有过多地期待在此理论基础学科中获得过多的实践性知识，而是希望课程能够更多地传授其法学独有的思维方式和特有的学习和研究方法，而这正是课程组进一步教学改革所应当明确的方向。

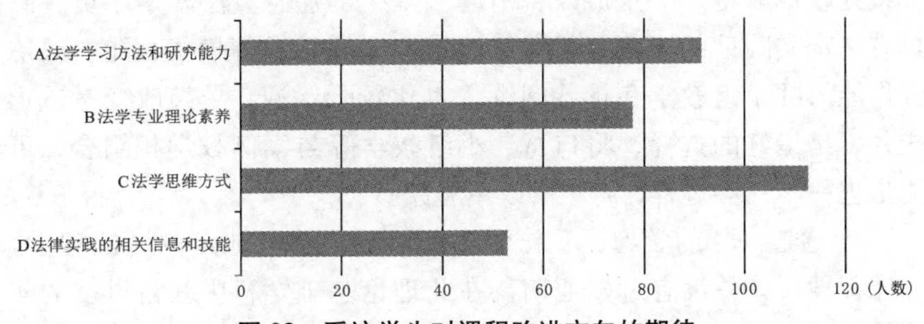

图 23　受访学生对课程改进方向的期待

七、调研的基本结论

通过对 2015 级法学专业的 176 名学生的全面调研，可以对《法理学》课程的教学效果及教学改革过程做出以下各项基本评价：

1. 受访学生通过一年的学习，基本上形成了对《法理学》课程定位及教学任务的理性认识，但较之于基础理论和知识的传授，学生对法律思维的养成和法律价值体系的培养有更高的期待。

2. 学生对《法理学》课程组教师的知识水平、教风、教态以及师德风范的认可度很高，95%以上的受访学生表示满意和肯定；90%左右的受访学生对任课教师的课堂组织能力和教学逻辑严整性表示认可，且强烈肯定的比例较大；同样有 90%左右的受访学生对教师教学过程的前沿性、课件的制作水平和重点难点的把握表示认可，但其中持强烈认可态度（很好）的受访者比例较少，而持弱肯定态度（较好）的受访者较多，说明学生对此三项教学要素总体认可，但可改进之处仍相对较多；有 78%左右的受访学生对课堂互动和课堂气氛表示认可，相对其他环节而言认可程度较低，有待进一步改进；受访学生对使用教材和课堂方法的引导满意度最低，仅有 60%左右，改进空间很大。

3. 学生对《法理学》课程的教学效果总体上持肯定态度，认为课堂教学能够使其有所收获，但也有相当一部分同学认为在课程中的收获不大。课程组教师在基本素养方面很过硬，教学方式和教学效果令学生印象深刻；近年来对课堂考核方式、管理制度等进行的一系列改革取得了一定成效，引起了学生的注意。法学学生更青睐具有一定实践性的案例分析教学、模拟法庭教学等模式，能够锻炼合作能力的小组教学和扩展阅读等也比较受欢迎，单纯改变考试形式并不是最好的选择，将口试、小组教学等与案例教学相结合，可能是进一步完善过程性考核的改革思路。

4. 通过一年的学习，受访学生能够较为清晰地定位《法理学》的课程性质，并没有过多地期待在此理论基础学科中获得过多的实践性知识，而是希望课程能够更多地传授其法学独有的思维方式和特有的学习及研究方法，而这正是课程组进一步教学改革所应当明确的方向。

商科院校涉外法律双语课程建设研究

孙佳颖*

一、商科院校法学专业的定位

据相关数据统计，2017 年我国共有 620 余所高校设有法学本科专业，2017 年法学专业本科毕业生规模约为 7.5 万~8 万人，法学专业学生在全国毕业生中属于就业压力比较大、就业相对比较困难的专业。在这样的背景下，商科院校所开设的法学专业更需要找准自己的定位，使自己培养出的毕业生能成为社会需要的、具有较强竞争力的人才。21 世纪是“法商结合”的时代，商科专业和法学专业都属于应用型专业，而二者在社会生活中密切相关、难以分割，市场经济的有序运行，离不开健全的法律制度的保障，而法律制度的健全与否又同样会对市场经济的运行产生重大的影响。商科院校应结合自身的优势，将其法学专业的人才培养定位为“复合型”、“应用型”的法商结合的人才。应培养学生的复合型知识结构，除了培养学生具备良好的法学专业知识基础之外，还应该具备相关的商事、贸易等专业方面的知识，了解商务活动的基本运行规则，能在毕业后从事实务工作尤其是与经贸相关的商事活动时，可以很快将自己所学的理论应用到社会经济生活的实践中去，达到“应用型”人才的要求。

随着经济全球化的发展，各国经济互相依存，跨国商事活动已经越来越普遍，国际的贸易和投资日益频繁，伴随而来的跨国法律诉讼以及仲裁活动越来越多，这种背景对于法学“复合型”、“应用

* 博士研究生，天津商业大学讲师，主要研究方向：国际法。

型”人才的需求已经不仅仅是具备法律专业知识以及商事、贸易等方面的专业知识，最重要的是要求法律人才必须具有良好的英文基础，能够用英语熟练地进行沟通，能将英语作为工作语言，提供法律咨询，起草法律文书，解决法律纠纷。2017 年 1 月，司法部、外交部、商务部、国务院法制办联合印发了《关于发展涉外法律服务业的意见》，对发展涉外法律服务业作出全面部署，明确提出要发展壮大涉外法律服务队伍。〔1〕

因此，商科院校法学专业除了应利用商科方面的优势为法学专业的学生开设商事贸易方面的课程之外，还应当注意跨国经济活动发展的需求，考虑到复合型人才的需求，提高学生的英语能力，而最直接的办法就是通过双语教学活动来培养人才。其实早在 2001 年教育部就颁发了《关于加强高等学校本科教学工作提高教学质量的若干意见》，其中第 8 条明确规定：按照“教育面向现代化、面向世界、面向未来”的要求，为适应经济全球化和科技革命的挑战，本科教育要创造条件使用英语等外语进行公共课和专业课教学。对高新技术领域的生物技术、信息技术等专业，以及为适应我国加入 WTO 后需要的金融、法律等专业，更要先行一步，力争三年内，外语教学课程达到所开课程的 5%～10%。暂不具备直接用外语讲授条件的学校、专业，可以对部分课程先实行外语教材、中文授课，分步到位。本科教育要创造条件积极推动使用英语进行教学，高新技术领域的生物技术、信息技术等专业，以及为适应我国加入 WTO 所需要的金融、法律等专业，更要先行一步。

教育部印发在《关于进一步加强高等学校本科教学工作的若干意见》中指出：要提高双语教学课程的质量，继续扩大双语教学课程的数量。2004 年 8 月《普通高等学校本科教学工作水平评估方案》也说明：“适宜的专业特别是生物技术、信息技术、金融、法律等双语课程课程比例≥10%”才能评为 A 等。教育部所印发的这些文件当中清楚地指明了针对法学专业的学生应该开展双语教学工作

〔1〕 转引自刘万啸：“‘一带一路’背景下国际经济法双语教学探索”，载《法制与社会》2017 年第 7 期，第 209 页。

以适应我国对于法律人才的需求。

二、商科院校法学专业涉外法律双语课程设置的基本原则与基本构想

（一）商科院校法学专业涉外法律双语课程设置的基本原则

首先，区分学生的不同情况，因材施教，切忌盲目一刀切式的安排。开展双语教学会对学生的英语基础有一定的要求，尤其是法学专业的双语教学更是如此，因为法律英语本身的难度就高于普通的英语，法律英语会涉及很多不同于普通英语的专业词汇，包括很多在现代生活中已经不再使用的古语以及拉丁文，而且法律英语的句式表达通常也比较复杂，都需要学生具有一定的英语基础以及英语阅读理解能力才可以。因此，不能盲目地开展双语教学工作，而是应当将学生区别对待，真正做到因材施教。〔2〕

其次，要建立有特色的课程体系。教学目的要围绕着学科定位以及教学目标来设定，商科院校涉外法律双语课程的设置是为了满足商科院校复合型、应用型人才培养的目标的。因此，在课程设置上应该围绕着这个目标来进行，学科的设置要体现法学专业内在的逻辑性以及系统性，对于具体开设哪些课程、在哪个学期开设、授课学时及其他方面等都要进行充分的论证和系统的安排。

再次，要立足现有的实际，循序渐进。要充分考虑现有的资源状况，主要是现有的师资状况，因为课程的实施最关键的还是在师资，涉及具体课程的开设、授课的模式都要根据老师的状况来进行调整，可以循序渐进地进行，学校制定相应的人才引进以及人才培养的规划，采取措施鼓励教师在双语教学方面的投入，设定具体的实施目标，可规定在一定时期内完成课程体系的建设。

最后，要突出学生实际应用能力的培养。法学是一门典型的应用型学科，而双语教学开设的目的也是为了培养出能在涉外经济活动中提供法律服务的应用型人才，因此，在课程设置的过程中，应

〔2〕罗宗奎：“法学专业双语教学课程设置研究”，载《北京大学学报》（哲学社会科学版）2007 年第 S2 期，第 213 页。

注意对学生实际应用能力的培养，提高培养学生实际应用能力的课程的比例，切实保障人才培养目标的实现。

（二）商科院校法学专业涉外法律双语课程设置的基本构想

涉外双语课程的设置应该构成一个独立的体系，考虑到现有师资状况和学生水平，并不是说所有的课程都可以进行双语教学，结合教学目标的要求，部分课程可以设置成双语的，总体来讲可以按照基础课、专业课以及实践课程的分类进行安排。

基础课的目的是使学生能够了解法律英语及外国法律文化的基本知识，并提高学生的外语能力，如法律英语、法学概论、英美法导论、法律英语写作、法律英语听说、法律经典选读等课程。这部分课程适合在大一和大二阶段开设，通过这些课程的学习，可以奠定学生学习法律双语课程的英语基础以及专业基础。

专业课的设置是完成双语教学复合型、应用型国际化人才培养目标的重要体现，我国教育部规定的14门法学核心课程并不都符合开设双语教学的条件，其中国际经济法、国际公法和国际私法比较具备开设双语课程的基础，除此之外，为了满足教学目标的要求，还可以开设一些和国际商事活动密切相关的课程，如国际商法、国际贸易法领域的WTO法律制度、国际货物买卖法，以及国际投资法、英美合同法、英美侵权法、英美国家经典案例选读等，这些课程应该在高年级学生中开设，在完成基础课程的基础上，一部分设为必修课，如国际经济法、英美合同法、英美侵权法等，其他课程可以设置为选修课，由学生根据自身兴趣与需求来进行选修。

实践课程应该是实现教学目标的重要环节，实践课程可包括模拟法庭、法律诊所、法律辩论等形式，但双语教学下的实践课程应注意双语实施的条件，例如，可开展双语的模拟法庭进行辩论，或者用模拟仲裁的方式，或者选择一些国外的案例，利用法律诊所的方式来进行锻炼。〔3〕

〔3〕张慧霞："法学专业双语教学课堂建设的若干启示"，载《北京大学学报》（哲学社会科学版）2007年第S2期，第165页。

三、商科院校涉外法律双语课程教学实施安排构想

（一）教学模式

目前，国内双语教学可采用的模式主要有以下几种：

1. 全英式双语教学模式

这种教学模式完全使用英文教材，老师全程使用英文授课。这种教学模式无论对于学生还是对于老师来讲都有极高的要求，实施起来难度较大。因为法律本身专业性比较强，每个国家法律制度有着较大的差异以及各自的特征，这种现象的背后是法学理念上的差异，而要完全使用英语把这些东西解释清楚难度确实比较大，而且双语教学的目的决定了其评价指标并不仅仅是在于课堂教学中使用英语的比例，而是在于通过这样的教学模式使得学生能够在涉外法律实务中可以灵活运用英语作为工作的语言。因此，考虑到学生实际水平、整体师资状况以及法学课程本身的难度，这种教学模式在实践中并不是最优的选择。如果过于强调英语在课程中的使用比例，往往可能达不到最理想的教学效果，学生因为课程的难度也会逐渐失去对课程的兴趣。当然一些基础类的课程可以采用全英文授课，如法律英语。

2. 渗透式双语教学模式

这种教学模式使用英文教材辅之以中文教材，也有的老师仍然以中文教材为主、以英文资料为辅，老师在课堂上的讲述也仍然以中文为主，只是涉及一些重点的词汇、一些法律法规或者国际公约的名称、一些专门的术语，才使用英文来介绍。这种方式对于老师和学生都没有较高的要求，对于英语基础比较薄弱的学生来讲是更为容易接受的一种教学模式。但是这种模式并不能真正地实现双语教学的目标，学生仅能掌握一些零散的法学专业术语，英语信息量不足，对于学生整体专业英语能力的提高以及在实践中使用英语解决现实法律问题并无太大的帮助。因此，这种教学模式严格来讲也并不真正属于双语教学的模式，在现实中开展双语教学活动时应该放弃这样一种模式。

3. 交叉式双语教学模式

这种教学模式主要使用英文教材，老师授课也主要以英文为主，但是在遇到重点难点的地方时加以中文的解释说明，也可以适当参考一些中文资料作为辅助。这种模式的优点在于其本身还是以英语为主导的教学模式，英语的信息量较高，学生不仅能够掌握在具体学科中的英语词汇、英语表达，而且可以逐渐地以英语思维模式代替传统的中文思维模式，对于学生整体英文能力的培养与提高具有较好的帮助，是一种相对比较理想的教学模式。当然这种教学模式对于教师与学生也都有相对比较高的要求，虽然并无严格的中英文使用比例要求，但是笔者认为，英文使用比例应该至少占到60%或者更高才可以称为是以英文讲授为主。这种教学模式也是实现双语教学目标的一个较为理想的选择。

（二）双语教学的课堂模式

双语教学"复合型"、"应用型"人才培养目标的要求，使传统的以老师课堂讲授为主的填鸭式的课堂教学模式受到挑战，涉外法律双语课程的课堂模式应该摒弃单纯的以老师课堂教授为主的模式，应该让学生更多地参与到教学活动中，丰富传统的授课方式，让学生以案例分析、分组讨论、小组汇报等方式参与到课堂中来，采用启发式教学法，调动学生学习的积极性与主动性，更好地实现人才培养目标。在教学手段上，可以采取多媒体、影像资料等现代教学手段，更好地提高教学效果，实现教学目标。

（三）教材及教学资料的选取

教材及教学资料应该尽量使用原版的教材以及原版的资料，辅之以一些中文的参考资料，教学中应以英文的原版资料为主，以中文的资料作为补充。除了教材之外，还应当搜集多种教学资料给学生使用，而涉外法律课程涉及的许多资料在国外一些政府部门的官方网站或者国际组织的官方网站上都可以找到，前者如美国司法部的官方网站，后者如WTO的官方网站。这些网站的资料翔实、信息准确，而且随着互联网技术的发展也非常便于收集。老师可以根据教学的需要在这些资料的基础上自编教材，选取与教学需要联系最为密切的资料，这些资料往往实用型针对性更强，还可以随着资料的发展变化而不断地进行更新。

四、实施涉外法律双语课程建设现实中所存在的问题及解决建议

（一）师资力量的不足

师资力量的不足是开展涉外法律双语课程建设的最大障碍。教师是教学活动的主要引领者，是教学的灵魂。涉外法律双语课程的建设必须依靠一支高水平的既有着深厚的法律专业功底又有着极高的英语水平的师资队伍，而我国传统英语教学的特征导致了很多人即便有着较强的英语阅读和写作功底，但在口语表达方面却存在着很大的障碍，也就是所谓的“哑巴英语”。高校教师大多都有着良好的教育背景，英语的整体水平也并不低，但大多数非英语专业出身的老师口语表达能力都不是很强，这成了开设涉外法律双语课程的阻碍。而纯英语专业的老师又不可能具有深厚的法律功底，也无法完成涉外法律双语课程的教学工作。因此，必须是复合型的教师人才才可以胜任这个工作，师资力量的不足成了双语教学的最大障碍。

面对这种情况，应该注意对于承担双语教学工作的教师的双语教学能力的培训，可以包括在国内的高校进行专门的学习或者交流，也可以将这些教师送到国外去进行培训。高校还可以聘请国外的专家或者学者到国内来为本校的教师进行专业英语水平的培训，或者聘请国外的专家学者来本校承担双语教学工作。培训应当有计划、循序渐进，以便培养出一批能承担双语教学工作的师资队伍。

（二）学生英语水平和能力的不足

开展涉外法律双语教学工作，对于教学对象也就是学生也会有较高的要求，学生的英语听力、阅读理解、口语以及写作都应该达到一定的水平之上（一般应达到大学英语测试六级的水平），才可以跟得上课程的要求。而我国高校的学生尤其是一般高等院校的学生的英语水平相对较为薄弱，尤其在口语表达方面，很多学生要到大三课程结束才能通过六级水平测试，甚至还有很多学生根本无法通过六级水平测试，对于这样的学生实施双语教学也是比较困难的。

再加上法律英语本身的特性，里面有很多专业术语，句式也一般较长，这就导致学生无论是在课堂听课方面，还是在课上回答问题与老师互动方面，以及在课后的阅读方面，都存在一定的困难。这样会间接打消学生的积极性，降低学生的学习热情。

涉外法律双语课程体系的设计必须合理以及系统化，要循序渐进地提高学生的专业英语能力，而且可以不要求所有的同学都去选择双语课程，对于英语基础实在差又没有兴趣在这方面提升自己的学生，可以不要求他们选择双语课程，而是直接去参加对应的中文课程就可以了。

（三）高质量的双语教材的缺失

目前我国缺少高质量的双语教学教材，虽然可以引进原版教材，但原版教材一是成本高，二是有一些原版教材并不一定能满足我们的具体课程要求。以国际经济法课程为例，对于国际经济法的学科体系，不同国家的学者存在着较大的分歧，我国是采纳广义说的，也就是所有调整跨国经济活动的法律规范，不论其主体是个人、法人还是国家，这就决定了我国国际经济法的研究对象既包括国内法规范也包括国际法规范，既包括公法规范也包括私法规范。而国外的很多学者尤其是英美国家的学者的主流观点是采纳狭义说，也就是将国际经济法视为是国际公法的一个特殊分支，仅仅调整国家与国家之间的关系，那么国外的《国际经济法》的教材体例就和我们国内对于国际经济法学科体系的要求存在不同。

而我国学者出版的双语教学教材本就不多，有些教材又囿于编写者英语水平的局限性质量并不高。因此，亟待我国的相关法律学者出版一些适合于教学需要的高质量的英文教材；高校也应该在这方面加大投入的力量，鼓励教师编写双语教材。

总之，在商科院校开展涉外法律双语课程建设是适应商科院校法学专业定位的一种举措，其目的是培养复合型、应用型的法律人才。涉外法律双语课程的建设应该有系统的、合理的规划，避免盲目冒进、避免一刀切，应采用循序渐进的方式，无论是课程设计、师资队伍培训还是教学模式、教学资料的选择，都应当有长远的规划和具体的实施方案，以切实实现教学目标。

《中国法制史》教学改革再探

郑全红*

中国法制史是法学专业核心课之一，从2000年开始笔者执教于天津商业大学法学院主讲中国法制史，十多年来笔者基本上延续着传统的教学模式。从2009年开始，笔者在前些年小规模教学改革积累的基础上，对中国法制史课程进行精品课建设，着手进行大规模教学改革，初步探讨出一些行之有效的教学方法，提高了教学质量。为进一步提高教学质量，构筑学科特色，2011年笔者在自己的中国法制史课堂上，又大胆进行特色教学课改实验，实施“523”工程，希望通过考试改革培养创新型精品人才。〔1〕相关经验笔者已写成《中国法制史》教学改革初探和大家分享，但近三年来，随着“互联网+”时代的日新月异，加之全新马工程教材的采纳和使用，天商中国法制史课程教学又出现了一些新的情况，针对新的情况和特色教学改革出现的新问题，有必要对中国法制史课程改革进行新的反思和总结。下面我就近三年中国法制史教学改革相关问题与各位专家学者分享，恳请批评指正！

一、目前中国法制史课程中所普遍存在的问题

（一）教材问题

无论是传统教材还是高等教育出版社2017年刚刚出版的发行量

---

* 历史学博士，天津商业大学法学院教授，主要研究方向：法制史、社会史。

〔1〕 中国法制史的教学历来都以授课教师课堂讲授为主，考核也是七三开，期末考试占总成绩的70%，平时成绩占总成绩的30%。2011年天商中国法制史课程进行了特色教学课改实验，实行考试改革，为顺利推进考试改革，还专门制订了“523工程”。详见郑全红：“《中国法制史》教学改革初探”，载齐恩平主编：《法学教育改革与探索——天商法学教育改革研究》，中国政法大学出版社2015年版，第15~27页。

巨大的“马工程”教材（马克思主义理论研究和建设工程重点教材《中国法制史》），其编写体例均采用断代编写体例。以“马工程”教材为例，其编写目录如下：绪论；第一章中国法律的起源与特点；第二章夏商法制；第三章西周法制；第四章春秋战国法制；第五章秦朝法制；第六章汉朝法制；第七章魏晋南北朝法制；第八章隋唐法制；第九章宋朝法制；第十章辽夏金元法制；第十一章明朝法制；第十二章清朝法制；第十三章清末法制改革；第十四章民国前期的法制；第十五章民国后期的法制；第十六章新民主主义革命时期民主政权法制；第十七章中华人民共和国法制的发展与挫折；第十八章中国特色社会主义法律体系的完成；第十九章香港、澳门特别行政区法制。除十七、十八、十九三章内容首次添加以外，其余各章的编写内容秉承了传统教材体例。这种传统的断代编写教材优点不言而喻，简单明了，方便同学掌握。然而，断代编写教材的缺点也是一目了然，断代版教材教学内容容易出现重复，导致学生厌烦。目前还有另一种专题版教材，目前市面上专题版教材数量不多，但总体感觉比较适合法律硕士和法学研究生使用，对于本科生，教材难度偏难。因此，编写一部适合本科实际授课需要的《中国法制史》断代版和专题版综合的校本教材成为当务之急。

（二）导论课问题

任何一门课程，第一堂课都是导论课。无非就是讲讲是什么、为什么、怎么学的问题。老生常谈，没有新意。关于这一点，我在《〈中国法制史〉教学改革初探》一文中已经谈到。

关于传统的导论课教学，特别是学习意义的教学，徐祖澜曾一针见血地指出：“翻阅市面上发行的《中国法制史》教科书，无一例外地会在绪论（导论）中列出学习的意义，其措辞、篇幅略有差异，但中心思想无外乎两点：其一，继承和发扬中国优秀的法律文化；其二，充实学生的专业知识，完善其知识结构。以上这两大意义皆会遭遇实用主义风行的中国法学院学生甚至是部门法学教师的质疑。前者无疑具有宏大意义，强调的是一种民族情感，也就是说，作为中国人，对于自己老祖先的东西是不可以丢弃的。但这种通识性的历史教育是否一定要上升为专业核心课程？后者强调了专业性，但现今法学的专业知识早已是‘舶来品’，而作为传统知识资源的中国法制史显然与之缺乏知识上的整体同构性。对于这一难以回避的现实，有一本教材干脆提出了一个适用于一切基础学科的解释，即‘风物长宜放眼量’，很难讲有什么学了能够‘立竿见影’、即学即用的东西。对此，我们或许可以理解为：不要问为什么学，学了以后一定有帮助，即使这些帮助是难以发觉的。这无疑是对这门法律史类唯一的本科必修课程放弃了意义的追问。”〔2〕的确，中国法制史课程属于法学专业基础课之一，但同时与历史知识联系紧密。因此，中学时学理科的同学对这门课的学习有畏难情绪。另外，中国法制史属于理论法学，同学们有时认为学习法制史不如学习刑法、经济法、民法、公司法等部门法有用。所有这些都影响同学们学习这门课程的积极性。因此，讲授中国法制史的第一课就要为同学们解疑释惑，解开同学们心中的所有心结，把五千年中国法制文明的精华用最简洁的语言、最短的时间介绍给大家。〔3〕可见，传统导论课教学在中国法制史课程教学中是非常重要的，是调动学生学习这门课程积极性的关键一课，必须高度重视哦！

（三）课时问题

最早在天商上中国法制史课程是一学期72学时，后来调整教学计划改为51学时，现在是一学期16周上完，每周2课时，仅32学时。72学时的时候，想把五千年法律文化讲得面面俱到都很吃力，32学时的时候，这种讲不完的问题就更加突出了，16次课讲完教材十九章的内容，上下五千年的法律传统让学生全盘知晓，成为讲授中国法制史课程的最大难题。针对课时压缩的问题，在不能申请将中国法制史分成中国古代法制史和中国近现代法制史两门课程两个学期上完的情况下，如何精简内容、课上内容如何选择、授课方法如何改进便成为重要的问题。

---

〔2〕 徐祖澜：“定位与创新：中国法制史教学改革刍议”，载《江苏警官学院学报》2009年第2期，第109页。

〔3〕 郑全红：“《中国法制史》教学改革初探”，载齐恩平主编：《法学教育改革与探索——天商法学教育改革研究》，中国政法大学出版社2015年版，第15~27页。

（四）考核问题

传统中国法制史课程是期末闭卷考试，由于中国法制史课程需要记忆背诵的东西多，造成一个客观后果就是有些同学平时不努力，考前突击背，也能取得一定效果，考一个让人满意的分数。但有些同学平时很努力认真地学习，也大量阅读了相关法史著作，但由于不擅长背诵，导致期末成绩不理想的情况出现，为了避免出现这种情况，天商中国法制史课程组进行了课程考核改革，注重过程化管理，推出“532 工程”，取得了一定效果，需要进一步保持并总结完善。

二、针对问题，突破困境，全面探索中国法制史课程进一步深化改革

针对中国法制史授课过程中出现的上述问题，全面探索中国法制史课程进一步深化改革就显得十分迫切了，现把近三年的主要探索总结如下：

（一）继续探索校本教材编写可行性

针对课时大大压缩的实际情况，编写适合中国法制史课程实际授课需要的《中国法制史》教材是解决教材问题的有效方法。目前关于中国法制史教材，体例主要有两大类：其一是按朝代编写章节内容，其二是专题版。如何将两者有效结合统一是值得探索的。〔4〕早在《〈中国法制史〉教学改革初探》一文中笔者就进行了探索，总结了学界专家学者的观点，强调了新教材编写注重的几个问题：一是注意纵向梳理中华法系的基本传统，采用专题讲座形式介绍如立法传统、司法传统、法律监督传统、刑罚执行传统、法律宣教传统等，纠正过去只注意按朝代横向讲述法制史、内容零散而不得要领的弊端。二是把中国法制文明作为一个进化的整体对待，将其生命历程划分为礼治时期的中国法、第一次礼法之争、弃礼任法、礼

〔4〕郑全红：“《中国法制史》教学改革初探”，载齐恩平主编：《法学教育改革与探索——天商法学教育改革研究》，中国政法大学出版社 2015 年版，第 15~27 页。

法合流、第二次礼法之争、法制现代化等六个历史阶段，使学生更能把握其进化发展的规律性。三是注意多学科知识的融通性。注意将各部门法学科甚至法学之外某些学科的知识融进课堂，借助部门法知识和政治学、史学、经济学等学科知识增进学生对法制史的理解，同时强化学生的法学知识基础。四是注重引导学生理性对待中国法律传统，洞察其在当代的遗存和正负面影响。

秉承上述编写原则，新教材拟采用断代与专题结合体例编排，主要内容包括：

导 论

第一章 礼治时期的中国法：夏商周时期的法制；

第二章 第一次礼法之争：春秋战国时期的法制；

第三章 弃礼任法：秦朝的法制；

第四章 礼法合流：汉——明清的法制；

第五章 第二次礼法之争：清末变法；

第六章 法制现代化：民国时期的法制与革命根据地的法制。

每一章开篇第一节都是本章内容的层次剖析，每一章均有附录：附录一，本章经典案例；附录二，本章史料译注；附录三，司考、法硕、法学研究生名校真题；附录四，参考书目拓展阅读。

采取这种方法编写的教材，既解决了教材与课时的现实矛盾，又提高了教学质量。而这里更重要的是激发了学生自己钻研教材的积极性，为学生自主学习创造条件。这是上篇初探文章的设想，如今经过三年的努力，新的教材编写已经初步完成。

（二）进一步突出导论课在中国法制史教学中的重要性

我在天商从教20年，说起来一直是比较重视导论课教学的。通过导论课能够克服中国法制史断代讲解的断裂，连贯而简明地勾勒出从法律起源到今天中国法制的变迁过程，以便使同学们理解我们中华文明的法律传统。通过中华法系特点的讲述，把中国法律的起源、形成和特质及其变迁贯穿起来，使学生对中国法制史有一个宏观的认识，方便学生学以致用，以古鉴今，做到察今知古、述往思来。这样处理导论课，易于激发同学们学习法制史的兴趣，排除认识上的误区，坚定学习这门课的决心。

（三）翻转课堂解决课时少的困境，探索中国法制史全新授课模式

中国法制史教学内容丰富翔实，而我们的教学时间有限，老师不可能对全部的教学内容做充分而细致的讲解，只能讲解重点内容，这样就导致学生对教学内容掌握得不够全面和深刻。“翻转课堂”将课堂教学变成课下自学，课下讨论变成课堂讨论，这种将传统教学方式翻转的方式，更能激发学生的积极性，培养学生的自学能力，并且能够强化学习效果和提升学习深度。

（四）继续坚持“532 工程”，改进中国法制史教学考核方式

为提高教学质量，天商法史教学改革期末考试方式。传统期末考试都是闭卷，几种常规题型如选择题、填空题、简答题、名词解释和论述题。通常期末考试成绩占学期总成绩的 70%。实行教学课改后，注重对平时成绩的考查，期末考试成绩改革为占学期总成绩的 50%。同时，由闭卷改为向开卷和口试的方向过渡。深入开展百书研读活动，读书笔记占学期总成绩的 20%。中国法制史课程的内容贯穿上下几千年，历史事件丰富，史料极为浩繁，它既是法学的基础理论学科，同时又是历史学的一门专史。因此，要想细致地掌握中国法制史课程的内容，除了正常教学内容的学习外，阅读书籍和史料对理解中国古代法律文化是十分必要的。为进一步拓展学生的知识面和学术视野，提高广大学生博览群书的积极性，培养复合创新型精品人才，中国法制史课程应积极开展百书研读活动。所谓百书研读活动，简单说就是任课教师要求学生一学期广泛涉猎泛读一百本和中国传统法律文化相关的书籍，至少精读其中一本自己感兴趣的书籍，并写出不少于一万五千字的读书笔记。鼓励同学独立思考，提出自己的观点，并适当予以引导，作为课堂之延伸，以加强对学生读书的指导。重视日常表现，积极参与主题活动占学期总成绩的 30%。

在以往的中国法制史教学过程中，学生认为学习中国法制史，特别是中国古代法制史，除了死记硬背，没有别的好办法。因此，上课不注意听讲，下课不看书，考试搞突击。考试结束，死记硬背的内容也忘得差不多了。即便如此，在传统考试制度下，有的同学

即使是临阵抱佛脚，搞突击背诵也能获得个说得过去的“理想”成绩，而个别同学平时学习很认真，但成绩却未必十分理想。针对这种客观情况，为使考试成绩更公平合理，中国法制史课程改变了以往一次期末考试定乾坤的传统做法，更加关注同学们的日常表现。为给同学们提供施展才华的舞台，任课教师精心策划了主题活动，并鼓励同学们积极参与主题活动，以参与活动获得的平时成绩占本课程学期总成绩的 30%。通过开展讨论课、辩论课、古案今评、今案古审等主题活动，任课教师突破了传统教学模式，在课堂教学中及时吸收和反映了本学科的最新研究成果，这些授课方式极大地调动了学生学习的主动性，激发了学生学习的兴趣，自然取得了良好的教学效果。

经济法的实施在经济法教学中的重要性

景富生*

依照新版马克思主义理论研究和建设工程重点教材《经济法学》的教学指导要求，强调对经济法学基本理论的教学强化，由于经济法的实施具有明显的综合性、独特的行政性、高度的专业性、严格的程序性等特点，也由于迄今为止，我国还没有与经济法的实体法相对应的程序法，经济法案件仍然参照民事诉讼法、行政诉讼法等进行审理。[1]而在经济法学的教学过程中，其难点之一，就是经济法学基本理论中的经济法的实施问题。经济法的实施表现为经济法主体依照法定权限和程序，将经济法规范贯彻落实到现实的过程，经济法的独立部门法特性应当体现在经济法的实施过程中，如何理解这一过程所能够表现出来的经济法与相邻部门法特别是与行政法的关系，上述问题都应当也可以在经济法学基本理论中的经济法实施问题的教学过程予以解决。

一、通过对具体社会经济现象的阐述和分析来揭示经济法实施的特殊性

当代经济法既产生于“市场失灵”的社会经济背景之下，同时，经济法的实施可能带来“政府失灵”的后果同样引人反思。经济法实施的特殊性主要依靠经济法的守法、执法和司法共同完成。在经济法教学体系中，基于宏观调控法内容的实施与日常社会生活的联系不是十分密切，是课程学习的难点，但宏观调控对社会经济的影

* 天津商业大学法学院副教授，主要研究方向：经济法。

〔1〕 参见张守文主编：《经济法学》，高等教育出版社 2016 年版，第 129~131 页。

响在现代市场经济的发展中发挥着其他部门法所无法替代的作用，以伴随我国市场经济体系的建立和发展的房地产宏观调控特点及调控政策为例，阐述我国住房制度自1998年市场化改革以来，期间经历了爆炸式增长的过程，为遏制盲目投资、无序扩张和房价过快上涨，保障居民合理住房需求以实现房地产市场健康有序发展的宏观调控目标，分析政府曾多次采取的金融、土地供给、信贷、税收等多方面进行调控这一经济法体系中最为典型的宏观调控现象，来揭示宏观调控的作用机制。然而，回顾十余年来的调控过程不难发现，相当一部分调控政策并未真正达到目的。〔2〕分析其中的原因，尽管存在经济法作用机制复杂等多种原因，但其中宏观调控的实施，以经济管理职能主体体现，这一主体的利益诉求的实现机制，存在其自我封闭的客观属性，在土地财政成为地方财政收入的重要来源的利益格局下，地方政府既是市场的管理者，又是房地产市场的利益相关者。在房地产调控中，必然会存在地方政府不断与中央政府基于利益（政绩）而进行博弈的情形，造成政策扭曲、偏离和阻滞。2016年实施的“房子是用来住的”新一轮调控政策，特别是2017年提出的新一轮住房制度的改革，将会使房地产业的发展与我国整体的产业发展政策相协调，进入到新的调控阶段。针对上述经济法中的宏观调控现象，试图在经济法教学中归纳出经济法实施的如下特点。

（一）经济法的实施具有明显的综合性

1. 经济法宏观调控主体的多样性

还是以房地产宏观调控政策和措施的主体来分析，具有相应法定职能的主要有发改委、财政部、国土资源管理部门以及中国人民银行等政府部门和相关机构，不同的部门依照行政法规范中确定的法定职能，制定内容和运行机理不同的宏观调控政策。另外，如果按照学界宏观调控“二元论”的观点，我国房地产宏观调控权主体

---

〔2〕蒋晓立：“论我国房地产市场调控及法律对策”，载《知识经济》2013年第18期，第119页。

体系范畴中还包含各地方政府和各执行部门。[3]

2. 经济法宏观调控手段的多样性

与其他部门法调整社会关系的手段不同，经济法对社会关系的调整过程，充分体现社会关系运行中复杂多样的影响因素，进而采取多样的调控手段。例如，通过改变税率影响成本和收益进而影响房地产的供需关系，金融监管部门通过利率政策来影响房价成本构成，政府履行社会保障的基本职能出台住房福利性政策鼓励租房和兴建保障性住房以减少对商品房的需求，住建部等多部门联合出台土地供给政策增加房地产市场的供给。上述手段均体现为影响市场的相关因素的间接性行为。在极端情形下，当上述市场化手段尚不能实现调控目标时，经济法的调控手段还存在非市场化的方式，例如，各地政府采取了大量的限购、限贷的行政干预手段对房地产市场实施宏观调控。在 2016 年新一轮房地产调控手段中，对房地产销售中的价格违法行为的查处又成为新的重点。

比较夸张地讲，政府可以采取的手段在房地产宏观调控中几乎都已经用到。结合上述情形，对经济法的实施机制可以予以较为全面且具体的分析。

（二）经济法的实施具有独特的行政性

由房地产市场调控的分析可以看出，房地产市场调控主体在大多数情况下同时也是行政法主体，二者的主要交集在于经济管理主体和行政主体，而两者在职能上有根本分歧，职能的授权来源于不同的管理原理，即区别点在于政府经济管理与行政管理的关系。

经济管理与行政管理都是管理，都无法脱离其由政府授权执行的特点，也无法回避其所具有的管理内容。政府在房地产市场管理中，运用宏观调控政策调节和控制房地产市场运行，纠正宏观经济失灵，避免市场泡沫而引发的系统性风险，保持经济健康稳定发展。而政府行政管理，是政府基于国家权力实施计划、组织、协调、控制国家公共事务的组织活动，是系统性的活动。因此，行政管理注

〔3〕 彭雄：“我国宏观调控权之反思——以房地产宏观调控为例”，载《法制与社会》2017 年第 2 期，第 162 页。

重行政隶属关系。经济法中的政府职能和行政管理是一种相互交叉的关系，也有完全不同的部分。〔4〕例如，在房地产市场管理中，既可以使用没收、罚款等行政责任方式，也可以采用市场禁入、欺诈经营等的惩罚性责任方式和民事责任方式。更为特殊的是，由于房地产市场管理还包含着宏观调控，还可以通过货币政策、财政政策、土地供给政策等经济管理独有的手段进行调节，所以经济管理虽然包含了行政管理的部分内容但是却有其独立的内容及存在的意义。因此，在经济法的实施过程中，具有行政管理职能的实施机制，会受到行政行为规范性的约束，相对人的权利可以通过行政救济的途径和方式予以实现。经济管理性的经济法职能，应受到严格的程序规范的约束。

（三）经济法的实施具有高度的专业性

经济法作为国家干预经济的法，产生于现代市场经济条件下，国家对经济的干预以行政手段的方式显现，但其内容必须遵从和体现现代市场经济的运行规律，因而经济法的实施具有高度的专业性。还是以房地产调控政策及运行机理为例，房地产调控的主要手段为财政政策，该种政策“主要是指国家利用财政收支的各种工具，通过有规则地调节国民收入分配的方向和规模，以达到预定的社会经济目标的各种政策手段。”〔5〕国家一方面可以通过直接投资的方式对房地产的投资规模进行控制，另一方面也可以通过税率的调整来影响房地产的供需关系，例如，增加对房地产商的征税，或是增加税种可以增加其销售成本，从而间接影响房价或房屋的供应量，同理也可以增加购房者的购房成本从而影响对住房的需求。

除财政政策之外，房地产调控的另一种手段就是货币政策，执行货币政策的主体主要是央行。央行可以通过增减利率、存款准备金率以及货币的供应量等手段达到对房地产市场的调控目的。以央行提高存款准备金率为例，存款准备金率的提高意味着其他商业银

---

〔4〕 戎远心：“论经济法与行政法的关系”，载《法制与经济》2015 年第 19 期，第 83 页。

〔5〕 张守文主编：《经济法学》，高等教育出版社 2016 年版，第 236 页。

行可供应贷款量相应降低，社会银根偏紧。就目前公众的主流购房方式来说，央行的这些手段会直接影响部分购房者的购买欲，进而间接影响房地产市场。

上述体现现代市场经济运行规律的宏观调控政策的内容及其实现机制，具有极强的专业性，教学中也应当注意引导学生对相关经济学的基本知识的领会和理解。

（四）经济法的实施具有严格的程序性

宏观调控的措施应当是基于对市场进行充分分析和评估后制定的决策，如此方能保证其科学性，如果违背市场运行的基本规律而进行宏观调控，其结果必然会使宏观调控失效。宏观调控的程序制度和市场规制行为的法定原则是经济法实施的程序保障。

第一，宏观调控的程序制度。经济法中的任何一项宏观调控行为都是由一系列有先后次序的具体行为构成，由此形成了宏观调控行为的各个环节。[6]以房地产宏观调控中的信贷政策和利率调整措施为例，《中国人民银行法》对货币政策及货币政策委员会有相应规定，国务院制定有《货币政策委员会条例》确定其职责、机构和工作程序，中国人民银行制定有《货币政策委员会议事制度》，对具体职责发挥的工作程序作出具体要求。这一系列的程序制度，规范了宏观调控中货币政策职能发挥的程序化和法治化。再有，《预算法》对各级政府的财政预算，从预算的编制、审批、调整、监督以及决算等各个环节，均确定了明确的程序。在我国法治建设进程中，依法行政的战略措施自党的十五届五中全会提出，至今已有十余年的发展历程，十八届四中全会对全面推进依法治国提出新的目标和任务，宏观调控的程序制度是其中的组成部分，因此，经济法的实施具有严格的程序性。

第二，在市场规制关系中，自1993年开始推进市场化改革起，在垄断的禁止、反不正当竞争、消费者权益保护、产品质量的监督、价格监管、广告行为的规制以及特别市场的规制等相关方面，已经形成完整的基本法律规范体系。在这些法律规范中，确立有相应的

〔6〕 张守文主编：《经济法学》，高等教育出版社2016年版，第154页。

管理体制，并赋予国家经济管理机关对其进行规制或监管的权力，这类行为已经由法律的明确授权，同时相关法律明确规定了监管权力实现的程序，实现了国家介入市场、规范市场主体市场行为的行为法治化的要求。

随着法治政府建设的不断深入，政府宏观调控行为的合法性，包括程序的合法性，不仅在行政程序的基本法中得到完善和加强，各级政府决策的科学化、民主化、问责制等均已经通过《重大行政决策程序条例》等相关程序性规范加以制约，从中可以得出，经济法的实施是社会法治发展的必然结果。

二、从影响经济法实施的重要因素分析经济法和相关部门法之间的联系与区别

经济法和民商法都是调整社会经济关系的重要法律部门，但这两者在法律关系的主体、调整对象的内容、调整手段的种类和使用、权利（力）的范畴、构成要素等诸多方面存在差异，因而，在教学中较为容易将两者加以区分。该问题的重点是要解释清楚两者之间的联系，明确经济法的调整要服务于民商法的调整、民商法的调整要以经济法的调整为条件这一相互配合的关系。

经济法主体和行政法主体之间具有紧密的联系。一方面，在政府机构的设置上，大量行政主体和经济管理主体相互重合。另一方面，在经济法实施的司法领域，经济法的实施有很大一部分内容要通过行政诉讼的程序予以实现，这为理解经济法与行政法的关系带来了一些困惑。因此，教学中应当从影响经济法实施的重要因素来分析经济法和相关部门法之间的联系与区别。

（一）经济法的制定

经济法与行政法调整着不同的社会关系，行政法调整的是行政机关与行政管理相对人之间因行政管理活动而发生的关系，经济法调整的是国家从社会整体利益出发，对经济活动实行干预、管理或者调控所产生的社会经济关系。经济法的调整对象是宏观调控关系和市场规制关系，不属于行政管理关系，行政法的要害不是实体法，

而是程序法。行政法的宗旨是管理行政，经济法的宗旨是国家干预经济。经济法是国家对宏观经济的调控和市场行为的规制而制定的法律规范。

（二）经济法的实施机构

由于经济法实施内容的复杂性，可以将其分为宏观经济调控和微观经济规制，相应的经济管理主体所承担的职能也不同，微观经济调控职能较宏观经济调控职能更具体、更有实行力度，作为经济法主体的一个政府机构，在经济法实施的不同阶段担负不同的主体角色。例如，在国家工商行政管理总局的职能中，国家工商行政管理总局负责垄断协议、滥用市场支配地位、滥用行政权力排除限制竞争方面的反垄断执法工作（价格垄断行为除外），依法查处不正当竞争、商业贿赂、走私贩私等经济违法行为。我国《反垄断法》第10条和《反不正当竞争法》第3条也专门授权政府工商行政管理部门，对垄断行为和不正当竞争行为进行执法。商务部对《反垄断法》经营者集中予以审查和批准，而在实际执行中，在执法前根据经济学原理，通过市场调研，分析、研判、评估经营者集中的合理性与有效性，而一旦作出准予集中或不准予集中的决定，执行时会被界定为一个行政主体的行政行为，若该行为执行后存在争议，则由行政相对人采用行政诉讼的方法解决。宏观调控职能的实施，以法定职能中依照法定程序在职权范围内制定和实施相关经济政策为基本内容。

（三）经济法实施程序

要保证经济法实施程序在法律的框架中运行，在立法中建立健全科学的程序运行机制。在决策制定前根据市场相关指数制定明确的目标，唯有如此才能保证决策的正确性。听证制度、专家论证制度、合法性审查制度的确立，在程序中保证公众参与，拓宽公众参与的渠道，以确保宏观调控政策执行的科学性和民主性。同时，完善的执行程序是实现宏观调控政策的必要条件，执行程序与之衔接，经济法实施将会实现预期的效果。再有，经济法实施的监督机制是保证经济法合法运行的重要保障，经济立法中应明确监督主体和监督内容。

法治政府是经济法实施的目标，制定追责机制和权力救济制度是这一目标实现的重要保障。在现实社会经济生活中经常出现的经济法主体之间互相推诿责任或是滥用权力损害公众权利的情况，均与此相关。经济法实施不仅与经济法的目的在理论上相联系，更与公众的生活息息相关，一旦经济法实施过程出现失误，带来的经济损失将不可挽回。为此要明确经济法主体及相关部门所要承担的责任，权力和责任是一致的，其理应为自己的失职承担相应的责任，例如，在房地产宏观调控上，地方政府就应被纳入到归责范围之中。另外，由于调控主体多是政府相关部门，民众寻求救济的途径较为困难，因此，要保证宏观调控法的科学性，救济程序的欠缺是经济法教学所面临的一大难点。目前理论界认为经济法实施中的宏观调控是不具有可诉性的，但要建立有效的救济途径首先要解决宏观调控可诉性的问题，因此，在教学中可先尝试引导学生理解和分析在公众权力救济制度中引入其他较为灵活的途径，例如，对经济法实施中政府经济管理职能部门的不作为、慢作为、乱作为等予以纠正和问责的实现途径。

三、紧密结合经济法的现代性是阐述经济法实施的基本方法

在经济法的定义中，隐含着经济法与现代国家、现代市场经济的关系，它使经济法成为解决现代经济问题的具有突出现代性的法，并由此与传统部门法相区别。[7]在经济法实施过程中，其表现出现代化属性。

（一）经济法实施与快速变动发展的社会经济密切相连

快速变动发展的社会经济使得社会经济活动日新月异、经济关系纷繁复杂，社会发展中新的经济活动需要经济法予以规范，经济法的教学中应当充分注重新的经济关系需要经济法加以调整的内容。

经济法的实施因电子商务的兴起而介入，电子商务也因经济法的实施而健康发展。电子商务是依托互联网发展起来的新型交易模

〔7〕 张守文主编：《经济法学》，高等教育出版社 2016 年版，第 23 页。

式，颠覆了传统商业模式，其交易形式的合同电子化、信息获得和使用中面临的个人信息保护的新问题、虚假宣传在网络环境下的特殊性、交易平台对交易关系的责任承担、商品质量责任的承担和实现等，作为新出现的社会经济活动，使经济法实施中涉及市场规制的监督管理面临诸多新问题并进而采取一些新举措。这一社会现象充分反映出经济法紧跟社会经济发展的特殊属性。

汹涌而至的共享经济浪潮，在带来便利、绿色、经济的同时，也存在野蛮生长、发展无序甚至是欺诈经营的难题，无论是企业还是消费者，乃至政府监管部门，都没有任何可供借鉴的经验。在这种经济新形态下，传统的理念和手段显得捉襟见肘，甚至是无据可依。经济法的实施在新社会形态面前，在处理欺诈、侵权、危害公共安全等问题上也面临严峻考验，新经济条件下，更多的是颠覆了传统的经济关系，改变了既有的商业模式，因而就更加需要政府的社会经济管理职能的存在和发挥。其实，共享经济是创新的产物，经济法从其产生之时就是应社会经济的创新发展而出现的，经济法的实施也要实现从理念到方式、方法的全面创新。

（二）经济法实施中权益救济问题（争议的解决）不以司法审判为主

经济法实施过程中没有独立的司法诉讼程序，因而缺乏相应的司法救济程序，这使得权益双方的争议性质以民事争议的程序或行政争议的程序加以解决，对此也是经济法教学中的难点之一。然而，这也体现出经济法实施的特殊性，即经济法实施中问题（争议）的解决并不一定要以司法审判为主。

1. 经济法实施中经济管理部门的准司法权

准司法是指与行政或管理有关的裁判行为，其在实体或程序上具有与司法相类似的性质。经济法实施中经济管理部门的准司法权是诸如调查事实真相、确定事实是否存在、举行申诉或听证、衡量证据根据确定事实作出决定的行为。在所有市场规制法律规范所确定的市场监管部门的行政处罚程序中，均包含有上述内容。尤其是在反垄断行为的处理、土地流转的确认、缺陷产品的召回等具体制度中，经济法实施中经济管理部门的准司法权的作用更加显现。

2. 特别市场监管中的监管制度和行业自律

在金融、证券、房地产等这些要素市场中，在市场主体准入、市场行为的要式性规范、市场风险防控等方面，经济法的实施是通过具体而细致的监管制度和行业自律发挥作用。严格全面的监管对保证市场关系的正常化发挥积极作用；严谨、有效的自律，既为市场主体的市场行为提供范式，又为市场争议的解决提供高效、便捷的途径。

谈谈《经济法概论》教学中的作业设计与实施

陈燕玲*

提高教学质量是高等教育的永恒主题。近年来，为了提高教学质量，天津商业大学法学院从教学方法到教学手段，从课堂教学到课外实践，从学习环节到考试环节，都进行了一系列的改革和尝试，收到了良好的效果。然而，有一个带有普遍性的问题还没有得到应有的重视和很好的解决，这就是本科学生的作业问题。本人长期以来从事《经济法概论》课程的教学工作，这门课程的学时少、内容多、实践性强，面对的又是知识储备和学习能力参差不齐的不同专业的学生，仅靠教师的课堂讲授远不能完成教学计划、达到满意的教学效果。为此，有必要将作业作为《经济法概论》课堂教学的延伸，使其成为实现课程教学目的的一项重要手段。

一、作业及其在本科教学活动中的作用

所谓作业是指任课教师在已经完成或者准备完成一个阶段的授课工作之后，要求学生在规定的时间按照规定的形式加以完成的学习任务。从古今中外的各类教学实践来看，作业的布置和检查都是正规教学工作的一项必要内容，而且也是提高教学质量的一种手段，其在教学中的作用不可忽视。

（一）作业可以巩固课堂上所学的知识

《经济法概论》作为一门法律课程，有很多的基本概念、理论和法条知识，只有掌握了这些基本法律知识，才可能全面理解和领会我国现行的经济法律制度，懂得依法行事与违法行为的边界，进而

* 天津商业大学法学院副教授，研究方向：经济法。

依法解决社会经济活动中发生的经济纠纷。就一般而言，学生系统地掌握法律知识需要一个过程，这个过程意味着教师在课堂上讲授完基本概念、基础理论之后，还需要学生进一步地理解、消化和记忆，而作业的布置，正是学生消化这些内容的一个重要途径。通过作业环节，原本由教师主导的教学过程延伸为学生们自主学习的过程，学生巩固了所学的知识。

（二）作业可以激发学生的问题意识

教育学中的所谓“问题意识”，是指学生自由探讨，积极思考，敢于发现问题、提出问题、分析问题和解决问题等一系列的自觉的心理活动，它是实践型和创造型人才培养的关键因素之一。〔1〕

因此，努力激发学生的问题意识，是高校教师教学的方向。在教学活动中，一旦问题意识被激发起来，就能调动学生学习的积极性，提高学生学习的兴趣。大学生在做作业时，尤其是案例作业，会自发地提出问题、思考问题，最终解决问题。有些学生还会带着作业中的问题来请教老师，教师便能从学生所问的问题中了解学生对基本知识的掌握程度和独立思考的能力，从而有针对性地改进课堂教学。

（三）作业可以检验学生的学习效果

不言而喻，教学效果是需要通过一定方式进行检测的。同考试检验一样，作业也能够从客观上较全面地、真实地反映学生对课堂所学知识的掌握程度，是衡量学生学习成效的依据之一。目前，按照我校的一般性规定，学生的平时成绩占课程总成绩的30%，按照法学院的规定，平时成绩则占到总成绩的50%。而这个平时成绩很大一部分是作业成绩（考勤占小部分）。所以说，无论是从知识传授的主观实际需要，还是从学生成绩量化的客观形式需要，都应给予作业以足够重视，只有这样才能对学生知识的掌握与转化带来积极效果，最终实现提高教学质量这一终极目的。

（四）作业可以帮助教师改进课堂教学工作

授课教师在检查或批改学生作业时，可以了解到两种情况：其

---

〔1〕 刘红：“培养问题意识，强化技能训练——《写作》课技能培养方法初探”，载《文教资料》2006年第11期，第68页。

一，学生对课堂知识的接受能力。授课教师通过检查或批改学生的课外作业，可以发现学生在掌握基本概念和基本知识上所存在的问题，如哪类学生知识储备少、基础薄弱、理解问题困难等。其二，所布置作业的难易程度。有些作业的出错率比较低，基本知识、基本理论掌握得好；有的作业出错率比较高，基本知识、基本理论掌握得不好。授课教师在获得到以上两种情况的反馈信息后，可以据此总结经验、完善备课，调整课堂教学内容的安排，改变教学手段的应用，同时也能提示教师及时准确地发现学生存在的问题并给予弥补。

（五）作业可以提高学生的语言表达能力

对于将从事非技术型工作的大学生来说，语言的表达能力对于职业生涯是十分重要的，因为，一般来说，非技术型岗位的工作中时刻需要语言的表达，而且，语言的表达水平直接影响到工作的绩效。这些工作中的语言表达既有口头性的，如发言、沟通、谈判等，也有文字性的，如工作总结、情况介绍、单位文件等。大学生作业最普遍、最常用的形式是书面作业，有时也可以是口头作业，例如，对一些社会热点法律问题进行讨论。口头作业的反馈和评判，需要学生以口头的形式梳理思绪、选择恰当的语言作答，教师予以点评，在这个过程中提高了学生的语言表达能力。

二、《经济法概论》作业的一般性分类

（一）课堂作业、课外作业与结合作业

《经济法概论》依据完成作业的场所，把作业分为课堂作业、课外作业与课堂和课外相结合作业（简称“结合作业”）三种类型。

课堂作业是指在课堂上教师讲完一个重要问题或一个单元，为巩固所学的知识、检验学生掌握知识情况所布置的作业。这类作业主要考查学生对基本概念、基本知识是否理解和掌握，一般出一些主观题目、短小精悍的小案例等，不宜占用太多时间。

课外作业是指学生利用课外时间完成的作业。这类作业是为加深学生对课堂所学知识的理解、巩固课堂教学效果而设计的，学生

可以通过完成课外作业，巩固课堂上所学的知识，强化记忆和技能训练。课外作业不同于课堂作业，它是课堂教学活动的延伸。这类作业因为是在课外做，学生有比较充裕的时间，一般布置客观性的作业，例如，做课件、分析综合案例、写小论文、做调查报告、排演视频等形式的作业。

结合作业是指部分作业的内容比较多，受时间限制，学生在课堂上只能完成该作业的一部分，剩下的任务需要在课外继续完成。

（二）预习作业、复习作业与综合作业

《经济法概论》依据课程的进度，把作业分为预习作业、复习作业和综合作业三种类型。其中：

预习作业。是指教师在讲授课程新内容之前，提前布置给学生的作业。其主要目的是让学生初步感知教材，熟悉经济法概论的相关概念、基本理论或相关案例等，预习作业在学习经济法知识的整个过程中有着不可低估的作用，是经济法概论课程学习的一个重要环节，是提高学生自学能力、主动发现问题、分析问题、解决问题能力的必要途径。

复习作业。是指教师在讲授完一节内容或一章内容或一个专题内容后，为了巩固这一节、这一章或这一专题的知识，而有针对性的就这部分内容而布置的作业。其目的是复习、消化教师讲过的概念、理论等知识，加深对所学知识的理解和记忆。这类作业的布置，是衡量、检验学生是否掌握了课堂所教授的内容，是教师掌握学生学习状况的一个信息反馈来源。

综合作业。是指教师在讲授课程一段时间以后，学生已掌握了一些经济法的基本概念、基本知识，有了一定的经济法知识储备之后，教师可以布置一些书面综合性习题作业，例如为备考准备的模拟题，包括单项选择、多项选择、判断案例分析作业等；口头综合案例分析或视频表演作业等。这类作业的特点是，要有前期的基本知识做铺垫，作业题涉及的问题不会是一个问题，是经济法所学过的很多知识点的集合，甚至个别的知识点没有讲过，需要学生自己查找资料。这类作业对增强学生自主学习意识，提高分析问题、解决问题的能力很有帮助。

（三）口头作业、书面作业与行为作业

《经济法概论》根据作业实施的方式把作业分为口头作业、书面作业与行为作业三种类型。

口头作业是指学生不需要动笔来完成，通过思考用语言来表达的作业。这类作业一般是教师布置的社会热点问题的讨论或比较简单的案例分析，学生不需要花费太多的时间就可以完成，教师也可以通过这类作业提高学生的学习兴趣，增强学生的独立思考能力，培养学生的语言表达能力。例如，在 2014 年 5 月给学生讲到修改后的《消费者权益保护法》第 25 条关于网购后悔权的规定："……其他根据商品性质并经消费者在购买时确认不宜退货的商品，不适用无理由退货。消费者退货的商品应当完好……"时，给学生们布置了口头讨论的作业：《消费者权益保护法》第 25 条中的"根据商品性质"、"不宜退货"、"商品应当完好"具体指的是什么？具备怎样的商品性质可以退货？不宜退货的商品具体包括哪些？商品完好指的是什么？打开包装、减掉吊牌算商品完好吗？在"消费者自收到商品之日起七日内……"的规定中，如果是小区代收或消费者的亲戚代收算不算消费者收到商品？实践证明，对于这类作业，学生还是挺积极完成的。

书面作业是指用文字来表达的作业，这类作业是最常见、最主要的作业形式，无论是考查学生对基本理论的掌握、还是考查学生对综合问题的解决，都可以采取此种作业形式。与口头作业相比，书面作业比较固定，教师也能够看到每位学生的作业情况，对学生的了解要更准确、更全面。

行为作业也叫视频作业，是指学生根据所学的知识编成案例进行表演，几个人一组。通过编剧、排练、表演再到录视频，一方面复习了经济法的知识，另一方面也培养了学生的团队合作能力。这种作业形式花费的时间一般比较多，不是常见的形式。

（四）讨论作业、写作作业与调查作业

《经济法概论》根据作业的基本形式，把作业分为讨论作业、写作作业与调查作业三种类型。

讨论作业是指教师交给学生一个或几个问题讨论，或交给学生案例进行讨论。这种类型的作业可以在课堂内进行，也可以在课堂外完成。如果时间允许，可以在课堂上完成。讨论作业能激发学生的问题意识，培养学生独立思考的能力。通过对案例的解析，既可以提高学生分析问题、解决问题的能力，也能够缩短经济法课程与社会实际的距离。这类作业是本人在教学中最常用的，也是很受学生欢迎的一种作业形式，它对实现《经济法概论》这门课的教学目的效果显著。

写作作业是指由学生依据教师所讲授的有关法律知识、法律规定，模拟起草法律文书。这类作业属于专题性作业，专业性也较强。通过起草法律文书，了解法律规定，复习法律知识，对法律专题问题有了感性和深入的认识。例如，在讲到《公司法》内容时，给学生布置写作作业：起草公司章程，字数要求1000字以上。通过起草公司章程，加深了学生对公司章程的内容、公司法的相关规定的理解和记忆。有的学生以自己和同学为股东，以商业大学的地址为注册地，按照公司章程应包含的内容逐项起草，最后还为自己和同学（股东）设计了公章，盖在了公司章程的最后一页。再如，在讲到《合同法》的主要条款后，给学生布置了写作作业：起草合同。学生们的合同各种各样，有旅游合同、有买卖合同、有租赁合同等，其中有位学生以我校江海源超市为买方（买受人），起草了一份采购日用品的合同，内容详尽具体，格式符合要求。在起草的这些合同中，学生们除了把上课讲到的合同主要条款写进去外，还增加了很多没有讲到的条款和内容。通过写作作业的练习，学生拓展了知识面，增强了实践性学习，为理论知识和社会实际搭建了纽带。

调查作业是指学生依据课上所讲到的一些法律问题，到社会上走访调查，以增强对《经济法概论》这门课的感性认识，同时对一些法条作出正确的理解和解释。这类作业属于社会性实践活动的作业，能促进学生发展的社会化，为学生今后走出校门做准备。例如，在讲到《消费者权益保护法》第55条惩罚性赔偿时，给学生布置调查作业，让学生到超市、商场或其他营业场所去找欺诈销售，因为根据此条规定，欺诈销售是三倍赔偿。这类作业需要的时间比较长，不适合所有学生去做，可以交给有研究兴趣的学生去做。

从本人多年以来《经济法概论》的教学经验来看，不同类型的作业形式可根据不同的专业、不同的学习能力、学生人数以及教学进度等因素进行选择，以适应不同认知风格的学生，从而使学生都能顺利获取知识，提高对经济法律知识的掌握与应用能力。此外，对于作业的时间花费，也应当有一个合理的设计。对此，本人在《经济法概论》的作业布置中按照以下大致标准进行：

《经济法概论》不同类型作业的时间分配表

分类序号	时间／分类	所需时间	时间／分类	所需时间	时间／分类	所需时间
分类一	课堂作业	10分钟	课外作业	1-3小时	结合作业	3小时
分类二	预习作业	30分钟	复习作业	40分钟	综合作业	1小时
分类三	口头作业	30分钟	书面作业	1-2小时	行为作业	2小时
分类四	讨论作业	40分钟	写作作业	1小时	调查作业	3小时

资料来源：本人根据教学实践总结设计。

三、《经济法概论》作业的批改方式

学生完成作业并提交教师后，接下来就是授课教师的批改。作业的批改作为教学工作的一个不可或缺的重要环节，是教学评价系统中的一个子系统。同时，作业的批改也是教师检查教学效果和获得反馈信息的一个重要手段，教师通过批改作业，能及时准确地了解和检查学生的学习情况，是教师的教学任务之一。一般来说，《经济法概论》作业的批改方式有以下几种：

（一）教师上课统一口头作答

采取口头作答的作业一般是学生容易找到的、有固定答案的、好理解的作业，以口头作答就能解决。一般对于涉及基本概念和基本理论、教材上有明确答案的书面作业，教师可在课堂上统一口头作答；对于社会发生的热点问题这样的口头作业，教师也可以口头作答。相对而言，口头作答的优点是学生能及时得到作业答案的反馈，教师也节省了批改作业的时间，缺点是教师不容易了解到每位学生的学习情况。

（二）教师逐一批改或抽样批改

教师书面逐一批改作业是指教师对提交上来的作业逐一批改。这种批改方式是教师批改作业最传统、最普遍的方式，也是教师了解学生学习状况的最直接途径。教师在批改作业时，会对每位学生的水平和学习态度都有大致的了解：哪些学生对课程内容掌握得好；哪些学生对课程内容掌握得不是太好；哪些学生对待作业的态度认真；哪些学生对待作业的态度不认真；哪些学生爱抄袭作业；哪些同学没有交作业等。这种批改方式的优点就是教师对每一位学生都有所了解，对哪些问题没有掌握也很清楚，这便于教师及时修正教案，改进教学方式和教学进度。这种方式适合学生人数比较少的课程，缺点是批改时间较长。当学生人数比较多时，从布置作业到收作业的周期一般是在 2 周以上，学生不能及时从老师那里获得反馈信息，作业对学生学习效果所起的作用将大大减弱，同时也加大了教师的工作量。

抽样批改是指每个班选取一部分学生作业进行批改，并保证三次作业后每个学生作业被批改一次。这种方式避免了在学生比较多时逐一批改的弱点。这种方式适合学生比较多的情况，但弱点是教师对学生的学习情况不能全面准确地掌握。

为了兼顾两种批改方式的优点，作业批改过程中可以把这两种方式交替使用，不让学生摸到教师批改作业的规律，避免学生提前预测到下次作业不会被批改，出现不做作业或做作业不认真的现象。

（三）学生对照答案自判

这类作业是教师把参考答案发送到指定的公共邮箱，学生对照答案自己评判。例如，复习作业可以采取此种方式。学生做完作业后，教师把单选、多选、判断、案例分析等考试所涉题型的模拟题参考答案发给学生，由学生对照批改。由于这类题型与考试相关，学生自己通常还是比较认真仔细的。学生在自评中发现自己的错误，及时纠正自己的错误，真正掌握所学的知识。

（四）同学之间互判

同学之间互评是指同桌之间或自愿结合两位同学之间互评作业。这种批改方式调动了学生自主学习的积极性，加强了学生之间的协作关系，巩固了所学的知识。对于比较简单的作业或者能找到确切答案的作业，可采取此种方式批改。

四、本科生作业布置应注意的问题

（一）注意选择恰当的作业形式和内容

作业的设计与布置，是教师教学思想、教学方法和教学目标的综合体现。作业的内容、作业的形式、作业的难易程度、做作业花费的时间以及在什么时间段布置什么作业等都直接影响着学生的学习兴趣和学习效果。因此，作业的设计和布置要具有一定的科学性、计划性和可操作性。

（二）作业的选择应突出难点、重点和热点问题

作为实现教学目的的一种手段，作业布置的内容应紧扣教学大纲，把教学大纲中的重点和难点作为主要内容。通过做作业把教学中的重点、难点问题解决了，作业就起到了应有的功效，教学质量也会得到大幅提升。对于《经济法概论》而言，难点、重点大多是应用性的内容和社会热点问题，这些问题对学生而言有较多的思考空间，能有效地激发学生的求知欲、探索欲，提高学生的思维水平和能力。

（三）作业量的设定应当适中

作业虽然是课堂教学的延伸，是拓展课堂知识的有效手段，但由于目前本科学生要学习的科目比较多，各类资格考试也比较多，加之《经济法概论》课程不是专业课，甚至有的专业还不是必修课，教学课时也只有 32 课时，因此，布置的作业量应与 32 课时相对应，作业量不能太多，否则学生会因为无暇顾及而对付，如此就起不到作业应有的作用。举例来说，美国伊利诺伊大学香槟分校是一所国际知名的综合性公立大学，根据学生的自我评估，平均每个学生每周完成作业的时间接近 20 个小时，以致超过一半的学生认为作业量

大，文科学生因作业而熬夜是一种比较常见的现象。事实上，许多学生为了完成作业常常只睡五六个小时，有的学生为了减少熬夜，改为第二天早上四点半起床做作业，甚至有学生提到曾因作业压力过大而痛哭。[2]

（四）不同类型的学生布置不同的作业

《经济法概论》作业的布置不宜搞一刀切的简单方式，由于专业不同、知识结构不同、学习基础不同和学习能力不同等因素，在布置作业上应有所区别。例如，对于基础薄弱的学生可以先布置一些书上的客观题，然后再布置稍微简单的主观分析题；对于基础比较好的专业班级可以少布置客观题，多布置主观探究性类型的作业；对于个别对《经济法概论》有很高兴趣和积极性的学生，可以布置调查作业、写作作业等。著名教育家苏霍姆林斯基指出："对家庭作业的个别化应当予以特别的重视。如果教师不给某些学生布置一些个别性的作业，那就说明他没有研究过每一个学生的力量、可能性和能力。"当然这里他指的不是大学生，但我认为这段话对本科学生仍然适用。

（五）作业的布置要与教学进度相匹配

作为高校本科课程，任何一门课程都有计划要求，在教学内容与教学时间相对固定的前提下，课程作业的布置首先就要预定在上述内容与时间的框架之内，教师授课严格依照计划进行，因此，布置作业也应该有计划，例如，在哪一章布置，布置什么。教师在安排教学进度时就要考虑在什么时候安排作业合适，应做到有计划的统筹全面考虑。一般来讲，作业应在讲授三周课程后布置，课外作业每次作业间隔三到四周，当然具体应该考虑在进行完一个大的章节或者一个专题后布置，不同的班级也会有一定出入；当然课堂作业不受此所限。总之，作业在讲授课程之初就应该有计划性，避免随意性、盲目性。

（六）注意作业的讲评和反馈

作业反馈、讲评是批改作业的继续，是向学生反馈学习效果的

---

〔2〕 周庆："对一所美国知名大学作业情况的调查和分析"，载《教育教学论坛》2014年第7期，第160页。

一种形式。批改作业应遵循及时性、科学性、启发性、教育性原则。教师应该审视学生在处理问题中的思维过程，启发、诱导学生深入思考、发散思维能力。如果教师在课堂上对作业不评讲或没有足够的时间对作业进行详细评讲，学生对自己作业的正确性就不能准确把握，也就达不到通过作业来纠正错误的目的，也会造成下次作业得不到学生重视的后果。对作业好的学生应有激励措施，以激发学生学习的积极性，进而取得良好的学习效果。

总之，《经济法概论》课程中的作业设计与实施是授课教师需要长期探讨和实践改进的一项教学任务，在实施过程中还有很多需要解决的问题，例如，如何解决作业抄袭问题，如何解决有些学生不积极参与团队作业等问题。

双语教学在海商法课程教学中的运用

刘秋妹 *

以海上运输关系和船舶关系作为调整对象的海商法，在传统的法学学科划分中，多被作为商法的一个分支。在经济全球化的大背景下，海商法是服务于国际货物贸易的重要配套制度。掌握海商法是从事国际商事活动不可或缺的专业技能之一，正因如此，海商法已经成为多数商科院校法学专业课程体系中的重要组成部分。海商法调整对象的涉外性以及法律渊源的国际性等特点，决定了其不能完全沿用传统的教学方法和手段。海商法双语教学是在海商法课程中，教学语言除了母语以外，还用另一门语言作为课堂主要用语展开教学。〔1〕将双语教学引入海商法教学活动中，是培养涉外法律实务人才的必要手段，同时也符合我国高等教育向国际化方向发展的现实需要。

一、双语教学的内涵与特征

（一）双语教学的基本内涵

双语教学起源于20世纪60年代北美的移民国家。这些国家为了使外来移民或难民克服语言障碍问题，更快更好地融入当地社会而采取以两种语言作为课堂媒介的教学方法。〔2〕可见，双语教学法产生之初是为了消除因语言不通而在社会交往方面存在的障碍。关

---

* 博士，天津商业大学法学院讲师，研究方向：海商法、国际经济法。

〔1〕 苏世芬、沈木珠：“《海商法》双语网络教学改革的思考”，载《南京财经大学学报》2007年第4期，第98页。

〔2〕 张韵君、刘小梅：“内涵与模式：双语教学的现实选择”，载《科教文汇》2008年第11期，第87页。

于双语教学的内涵，目前学界还没有形成统一的认识，学者们从各自的研究视角对其进行了解读。总体上看，关于双语教学内涵的认识，大致可以分为以下三种：

第一种观点认为双语教学是一种同时使用母语和一门外语来授课的教学模式。持此种观点的学者主张，在双语教学过程中，教学活动的双方——教师和学生都需要使用两种语言来完成教学内容，即教师应用两种语言来讲授专业知识，学生应使用两种语言来理解知识要点，并以此为基础和教师展开互动交流。〔3〕

第二种观点认为双语教学是在教学活动中摒弃母语，而完全使用外语进行的教学。这一观点和完全浸入式教学的思维理念一致，即只使用外语或者第二语言来完成课堂教育。〔4〕

第三种观点认为双语教学是以掌握外语为最终目标的教学方法。持此种观点的学者认为语言目标是双语教学的最终目标，双语教学的终极目的在于使学生通过接受以外语作为授课语言的知识传递，得到一个较为纯粹的外语学习环境，进而实现熟练运用、掌握该门外语的效果。借助在课堂教学中全面使用外语授课，帮助学生掌握在普通外语教学中很少触及的专业术语和词汇，这是双语教学的标志。〔5〕

综合学者们对双语教学内涵的不同认识，立足我国高等教育发展的现实需要，笔者认为，双语教学一般是指在教学过程中交互使用母语以及一门外语作为课堂用语而进行的非语言专业的教学方法，旨在培养面向国际的复合型人才。由于海商法双语教学中除母语外所使用的语言在多数情况下是指英语，为便于讨论，以下主要针对“汉语+英语”的双语组合进行探讨。

---

〔3〕樊云慧：“对高等学校开展法学双语教学的思考”，载《高教探索》2013年第1期，第95页。

〔4〕韩建侠、俞理明：“我国高校进行双语教学学生需具备的英语水平”，载《现代外语》2007年第1期，第65~66页。

〔5〕胡炜、蒋堃：“高校双语教学实践初探”，载《改革与开放》2010年第18期，第172页。

（二）双语教学的主要特征

1. 双语教学所使用的两门语言在授课过程中承担不同的任务

双语教学和传统教学模式相比，最直观的特征在于同时使用汉语及英语两门语言作为课堂用语，并且两种语言在课堂讲授过程中发挥着不同的作用。笔者认为，就汉语的使用来说，其主要作用是作为母语为学生接受双语授课提供“过渡”，避免完全使用英语导致学生因语言能力有限难以满足理解专业知识的需要；而双语教学中英语的作用主要体现在为学生提供另外一种获取知识信息的形式，拓宽学生的国际视野，培养以外语分析问题和解决问题的思维方式。因此，不能将双语教学简单地等同于全英文授课，或者过分追求英语在课堂用语中的比例。就当前我国高校非语言类专业教师和学生的英语水平而言，单纯使用英语进行课堂讲授和交流基本不具有可操作性。双语教学本身并不排斥汉语在教学中的运用，无论是知识的传导还是问题的讨论都需要汉语和英语交替进行，明确二者的不同分工对于双语教学方式的科学适用具有重要意义。

2. 双语教学更加强调教师和学生在教学过程中的互动和交流

传统教学模式下的课堂活动主要表现为以教师为主导的单向知识灌输，学生只是被动地接受知识，很难做到自主探究式的学习，不利于调动学生的学习积极性和主动性。因此，高校课程教学改革的目标之一即为实现教师与学生在教学过程中的双向交流与沟通，达到真正的教学相长。双语教学相比单一的母语教学能够更好地贯彻“以学生发展为本”的要求，对师生的互动交流要求更高。这是因为，对于作为课堂语言之一的某一门外语的适应，不能仅仅依赖教师单方面的讲授，而是需要在教师的启发下，带动学生主动地交替采用两种语言来思考问题并进行口头表达，激活学生自主学习的内在动力。在双语教学实践中，需要教师能够流畅、自如地在中英文课堂语言中切换，以两种语言作为传导媒介向学生教授专业内容，与此同时，学生也应当在教师的引导下，交替使用两种语言就所学知识和教师进行讨论和沟通，在这样的双语环境下完成课堂学习。

3. 双语教学对教师的语言能力有较高的要求

教师是双语教学活动的主体之一，教师的语言能力与双语教学法的实施效果息息相关。双语教学过程中需要教师能够熟练地交替使用两种语言进行课堂讲授，对专业知识做出清晰、准确的表达，并有效引导学生主动参与到课堂交流和讨论之中。〔6〕虽然在世界经济高度一体化的背景下，高等院校国际化办学的战略客观上对汉语授课教师的外语水平提出了更高的要求，但这种要求更多地体现在教师应不断提升自身的英语水平以满足日常教学和科研的需要，这和双语教学对教师语言能力的要求存在明显不同。每一种语言的运用都有自己的思维逻辑，双语教学考验的是教师同时驾驭多种语言的能力。换言之，能够全程用外语授课的教师未必是一名合格的双语教师，因为双语教学不等于外语教学。语言在双语教学中只是手段，是信息的载体和传播工具，并非教学的目的。对于从事双语教学工作的教师而言，能够熟练运用外语进行授课和交流仅仅满足了基本要求，更重要的是准确把握语言工具和知识传播之间的结合点，能够在传授专业技能的过程中为学生提供语言学习的机会，促进学生形成双语思维。

二、海商法课程引入双语教学法的重要意义

对于海商法这门课程而言，能否适用双语教学以及双语教学的效果如何，在很大程度上取决于双语教学与高等院校人才培养目标及海商法课程特点的契合程度。以下仅从三个方面分析将双语教学法引入海商法课程的必要性。

（一）双语教学符合商科院校涉外法律人才培养目标的要求

在全球经济一体化不断推进的今天，英语作为世界性的通用语言，在信息传递与国际交流合作中发挥着重要作用。能够熟练运用母语和英语从事专业活动、开展对外交流，是高校毕业生在竞争激烈的人才市场中占据一席之地的必备要件。特别是对商科院校的法学专业学生而言，能够以英语作为其工作语言，无论是对于处理涉

---

〔6〕 谈多娇：“高等学校双语教学的关键环节”，载《教育研究》2010 年第 10 期，第 91 页。

外案件，还是对于跟踪学术界最新的研究动态都大有裨益。天津商业大学作为具有悠久历史的商科院校，其人才培养目标的定位应着眼于高等教育的全球化趋势。具体而言，法学专业的人才培养目标之一应当是训练、培养能够同时使用汉语和英语进行法律思维、开展相关的法学研究、从事涉外法律职业的现代化复合型人才。而单单以母语作为媒介语的教学结果是学生只能以母语应用其所习得的专业知识，这与培养国际人才目标是相背离的。双语教学通过在课堂教学中引入一门外语作为信息传递和沟通的媒介，不仅实现了专业技能的教授，同时也使学生运用外语进行阅读、分析和交流的能力得到有效锻炼，使其真正掌握以外语参与国际商事法律活动的技能，符合商科院校法学专业涉外法律人才培养的目标要求。

（二）双语教学能够更好地突出海商法课程的涉外性特点

海商法是一门涉外性或者国际性非常突出的课程，主要是由海商法独特的调整对象及其表现形式所决定的。一方面，海商法所调整的社会关系大多具有涉外性。在国际货物贸易实务领域，海运是货物运输的主要途径。据统计，将近80%的货物是借助海运这一方式实现跨境移动，而在这一过程中所产生的海上运输关系和船舶关系正是海商法所调整的主要社会关系，因此，海商法的调整对象大多具有涉外性。另一方面，国际法渊源在海商法法律渊源中占据十分重要的地位。除了国内立法以外，在海商法领域还存在着大量的国际法渊源，主要包括国际条约和国际惯例。这些国际法渊源在数量上日益增多，而且其内容所调整的领域也愈发广泛，涉及货物贸易、运输和保险等，是海商法规则实现国际化统一的重要形式和途径。海商法课程的学习离不开对国际海事条约和国际航运惯例的分析，而这些条约和惯例绝大多数都是以英文文本的形式存在，本身就是很好的双语教学资料，因此，在海商法课堂教学中运用双语教学法能够更好地凸显海商法涉外性的特点。

（三）双语教学有助于对海商法课程内容的深入理解和把握

随着各国经贸往来的日益频繁，海商法在国家对外贸易活动中发挥的作用越来越突出，深入、系统地研究海商法不仅是学科发展的需要，更是国际经贸实践的客观要求。鉴于我国《海商法》在制定时大量吸收和借鉴了两大法系以及国际海商事立法的先进经验(包括其他国家制定的海商法以及相关的国际公约及国际惯例)，因此，在学习海商法课程内容的时候，需要对大量的国际条约及国际惯例进行剖析，而对英语语言的运用能力在很大程度上决定了对资料理解的准确性。将双语教学引入海商法课程，能够使语言目标和学科认识目标实现一定程度的统一。[7]例如，在讲授“船舶碰撞”一章时，要想准确理解“船舶碰撞”概念的演进，需要介绍“里斯本规则”关于船舶碰撞内涵的全新界定，如果不针对具体英文条款进行分析，仅凭翻译过来的文献是难以精准把握这一概念的发展变化的。通过双语课程的学习，学生能够接触、学习到原始的英文法律文本，相比学习翻译成汉语的资料，能够更加准确地理解条款含义，对于深入把握海商法课程的基础知识具有重要意义。

三、提高商科院校海商法课程双语教学效果的若干建议

在商科院校的法学专业课程体系中，海商法一直处于较为重要的地位。建议从以下几个方面入手优化海商法课程中双语教学的效果。

（一）明确海商法双语教学的目标

双语教学是一种新型的教学模式或者教学手段。既然作为教学工具存在，就有必要明确其目标定位，以更好地服务于教学。在双语教学模式下，英语是传授和学习专业知识的工具，是进行信息交换的介质。就法学专业课程的双语教学而言，这种教学模式是借助英语这一语言工具进行法学专业内容的教学，其出发点和根本归宿在于使学生掌握法学专业知识。海商法双语教学应当定位于海商法的教学目标，而非外语学习目标。双语教学的具体课程设计和教学环节安排都应当以提高学生对海商法专业知识的吸收和掌握为目的，而不是以单纯提高学生的外语水平为目的，不能本末倒置，更不能

---

〔7〕 李国：“双语教学中的问题与对策——以《国际贸易实务》课程为例”，载《改革与开放》2009年第10期，第215页。

舍本逐末、盲目双语化。明确双语教学的目标定位，还需要注意双语教学和法律英语在法学专业教育中扮演的不同角色。法学专业的法律英语课程从性质上来讲是一种语言课程，借由讲解和学习法律专业词汇的演变、含义及使用方法，达到使学生掌握法律英语语言的目的；[8]而海商法课程的双语教学应当服从海商法课程专业知识的讲授与学习，而非外语学习本身。

（二）多种教学方法结合使用推动双语教学模式

某种教学模式的选择本身并不当然能够提升课程的教学效果。课堂的授课效率以及学生对知识的吸收效果还需要借助教学方法的科学选择和整合。在海商法教学实践中，笔者发现单纯地在授课过程中加入简单的英语讲解，并不能很好地激发学生的学习兴趣以及自主学习的动力，此时的双语教学实际上仍是变相的以教师为主体的知识单向传导模式，学生不是以英语作为媒介语言主动地识别各个知识点，而是被动地接受教师的英语授课信号。经过调整，发现在双语教学过程中适当结合使用以下教学方法，能够较为有效地调动课堂气氛、提高教学效果。一是案例分析法，海商法是一门实践性很强的学科，对专业知识的学习效果需要通过解决实际问题才能得到检验。案例教学法有助于锻炼学生分析问题和解决问题的能力。对于双语教学中的案例分析，关键在于案例材料的选择和使用。教师可以选择英文材料并在课前发给学生，便于其事先阅读理解。需要注意的是，由于海商法案例大多内容复杂或者篇幅过长，教师在选择英文案例素材时需要预先对材料内容进行凝练，供学生讨论使用。二是网络教学方法，充分利用现代电子通信技术，通过开设公共邮箱以及建立手机微信群等方式进一步延伸海商法双语教学的空间和时间。例如，在微信群中每天推送两三个海商法专业术语的英文解读，使学生日积月累不断提高对海商法专业英语的语感和兴趣。

（三）因材施教选择适宜的海商法双语学习材料

虽然海商法双语教材的数量逐年增多，但其中有部分教材要么

---

〔8〕 孙凤娟：“法学专业双语教学的理论和实践探索”，载《科技信息》2008 年第 14 期，第 341 页。

由英文原版教材改编而来，要么受制于编写人员自身的英语水平，在语言使用上存在不严谨之处，教材的质量参差不齐。[9]笔者认为，适用于海商法课程的双语学习材料的选择，关键是要与学生的英语水平相符。对于非海事大学的法学本科高年级学生而言，他们中的大多数都已经通过了英语四六级考试，具备基本的英语听、说、读、写技能，故而可以选择比英语四六级考试难度稍大的英文材料作为学习教材。在教材形式上，笔者认为，海商法授课过程中使用的双语学习材料不必局限于系统编写的教材，而应以专业学习效果作为评断学习材料优劣的最终指标。例如，可以使用英文的案例材料、国外的海商法判例文本、海事仲裁协议文本、英文提单等作为学习资料。为了帮助学生开阔学术视野，还可以有选择地提供给学生专业的英文学术论文作为拓展学习的资料。多种形式的学习材料相较于单一的教材，不仅在信息的载体形式上更为多样化，而且也更容易为学生所接受，避免其产生对大部头外文教材的畏难情绪。

（四）根据学生对双语教学模式的反应不断调整教学设计

海商法课程主要面向法学专业的大三、大四学生开设。笔者在教学实践中发现，对于高年级的学生而言，由于之前已经有相关学科的专业知识作为铺垫，且有大学英语学习的基础，在接触双语教学的初期，多数学生的学习兴趣浓厚，对双语授课的模式较为适应。但随着课程内容的推进，特别是进入到海商法各个具体制度的学习阶段，专业学习的难度开始加大，此时学生对双语教学的接受程度欠佳，课堂气氛沉闷，学生在和教师的互动环节中主动发言的积极性不强。为解决这一问题，就需要针对不同课程阶段学生对双语教学模式的反馈，适当调整教学安排。例如，通过课堂录像、课下回放评课的形式，由双语教学团队的成员对课堂教学的实际情况展开集体讨论和交流，对授课过程中存在的问题进行分析并提出整改方案。例如，针对前述学生在课程的不同阶段对双语教学的接受度不同的问题，教师可以在课程的中后期，在外语表达方面适当放缓语

---

〔9〕 龙国智：“我国高校双语教学的现状评析”，载《改革与开放》2011 年第 4 期，第 173 页。

速，并适度增加多媒体教学工具的使用，以图文并茂的形式为学生创造更为轻松、活跃的学习氛围，从而有效提高学生在课堂学习中的专注程度。

（五）增加相关法学课程中双语教学的比重

海商法是一门实践性、交叉性很强的课程，其内容和许多法学分支学科彼此关联。例如，海上货物运输属于国际货物贸易的配套制度；海上保险制度的内容和保险法紧密相关；船舶碰撞制度和侵权法密不可分；海上污染损害赔偿制度直接涉及环境法的内容。可见，海商法课程的知识体系不仅仅局限于本学科，而是触及其他法学分支学科领域，提高海商法课程知识的学习效果离不开相关法学学科的支撑。实践中，多数高校的大部分法学专业课程都没有实现严格意义上的双语教学，或者最多单独开设法律英语课程。如若仅仅在海商法一门课程中引入双语教学法，学生只能在该门课程的学习中接受英语思维的训练，而在其他相关课程中却缺少英语学习和使用的机会，长此以往，双语教学的效果将大打折扣。如能增加相关法学课程中双语教学的比重，则能够和海商法的双语教学活动形成相互支撑和协同发展，不仅能够优化学生双语学习的效果，还能够从整体上提升法学专业课程的国际化教学水平。

综上，海商法课程引入双语教学不仅有助于课程本身专业知识的传授，而且对于提高学生的国际交流能力和外语水平也具有现实意义。目前，我国海商法课程的双语教学仍处于理论和实践的探索阶段。相信在不久的将来，双语教学能够在海商法乃至法学课程改革中发挥更为重要的作用。

教学管理

高等商科院校自主学习场域构建

——以慕课应用与教学语境转换为切入*

张　涛**

一、高等商科院校自主学习场域的内涵

（一）自主学习的内涵与定位

根据教师、学生两者在教学过程中的核心主导地位不同，在理论上将学生的学习分为两类：师主学习与自主学习。师主学习以教师作为教学过程的核心与主导，学生在教师的安排与协助下，以贯彻执行教师事先根据教学程序与学生特点所安排的学习任务并达到学习目标为主要学习方式。通过新知识的呈现与实践习得综合运用，不断提升学生自身的技术能力与人格发展。自主学习则与之相反，是以学生作为教学过程的核心与主导，学生在学习同伴与教师的协助下，为自我发展设立预期目标，并根据自身能力的结构特点，安排学习任务以达成相关学习目标，进行有意识的计划、调节、监控与评价的学习活动过程。

在学生的学习活动中，师主学习与自主学习都有其各自的重要意义。理想状态下，二者应该相互配合，在不同的教学与学习环节发挥不同的功用。众所周知，目前在我国大部分高等院校的本科人才培养中，师主学习占据主流地位，对于师主学习模式的开展与运行，积累了丰富的经验，比较成熟与完善。但反观学生的自主学习

---

* 本文系天津市普通高校本科教育与教学改革重点研究项目“高等商科院校特色人才培养模式研究”（项目号：171006901B）子课题“高等商科院校应用型特色人才培养模式研究”的阶段性研究成果。

** 法学博士，天津商业大学法学院讲师，主要研究方向：民商法。

模式，则发展得相对较慢。一方面，这与我国的教育文化传统息息相关，教师的职责就在于传道、授业、解惑，学生也必须尊师重道，因此，教学环节须以教师为核心；另一方面，学生从接受教育开始，其学习目标的制定、学习环节的涉及、学习效果的检测等都已经被预先设计和安排出来，形成了被动学习和依赖学习的习惯，未能激发自主学习的原始动力，这也为高等院校的创新型人才培养提出了挑战。

2015 年出台的《国务院关于大力推进大众创业万众创新若干政策措施的意见》指出："推进大众创业、万众创新，是发展的动力之源，也是富民之道、公平之计、强国之策，对于推动经济结构调整、打造发展新引擎、增强发展新动力、走创新驱动发展道路具有重要意义，是稳增长、扩就业、激发亿万群众智慧和创造力，促进社会纵向流动、公平正义的重大举措。"创新创业对人才自主学习的能力提出了较高要求，高等商科院校在培养商科特色人才的过程中，势必要加强对学生自主学习模式的引导，将自主学习作为人才培养的重要目标与手段，使得学生能够适应社会创新创业的发展需求。

高等商科院校人才培养中的学生自主学习，并不是抛弃教师的学习，而是从整体主义视角出发，强调学生在有充分自我认知的基础上，通过教师的协助，探寻自我需要与学习对象之间的契合点，达成学习目标。自主学习有如下显著特点：其一，自主学习，是在认识与发展规律的作用下，学生自发进行的知识获取、技能习得与人格完善的专门性活动。其二，在自主学习的过程中，学生与同伴、教师三者相互配合，构成协调发展的统一体。学生需要同伴、老师的帮助，同伴、老师也能从学生这里汲取营养，获得新知。其三，通过自我预设学习目标、自我掌握学习安排、自我调节学习环节与自我进行学习评价，自主学习的实施与完成本身就是评价学生技能获得与人格进步的重要表征。

（二）教育场域的内涵

"场域"是法国著名社会学家皮埃尔·布迪厄（Pierre Bourdieu）提出的从事社会研究的基本分析单位。他认为社会是一个抽象的空洞概念，并不是一个浑然一体的整合了各种功能的总体，而是存在不同的独立区域，即场域。从分析的角度来看，场域可以被定义为在各种位置之间存在的客观关系的一个网络构型。[3]目前，我国教育界正越来越多地使用这一概念，认为在教育活动中也存在教育场域。教育场域是指在教育者、受教育者及其他教育参与者相互之间所形成的一种以知识的生产、传播与消费为依托，以人的培养、形成、发展和提升为旨归的客观关系网络。教育场域由情景、交互、体验与反思等元素组成，即在教育者、受教育者以及其他教育参加者所构成的特定教学情境中，通过信息交互，完成教学体验，再通过反思，完成对知识的重构与升华。

二、高等商科院校自主学习场域中资本配置的典型手段

文化知识是高等教育学习场域内的主要媒介资本。“教育活动的各个要素及它们之间的联系，基本上都是通过知识而实现的。显然，教师是通过知识的组织和讲授而与学生互动的；而学生也是通过对知识的学习而实现与教师及其他教育者的交往的；教育管理者的活动也是通过对知识的组织、控制和评价等形式来实现的……我们甚至可以认为，教育活动、教育制度与其他社会活动、社会制度之间的关系，从根本上看，也都是通过知识而完成的。”[4]在师主学习中，文化知识主要掌握在教育者手中，即教师掌握了教育场域中的媒介资本，并依据一定的教育规律完成资本的分配与流动。与之相应，在自主学习中，文化知识资本不再沿着“教育者传授—受教育者接受”的单一路径流动，而是受教育者穿透所有文化知识传递，超越资源分配中的被动地位，置身于学习情境之中并与情境融为一体，主动地去追逐文化知识资本。而教师不再是场域内唯一的文化知识信息来源，不再束缚于传达知识的单一位置，而是成为学生创造力的激发者、平等的协作伙伴、智慧的引领者。要完成这一场域资本流动轨道的构建，慕课技术的应用与教育系统的转化成了两个

〔3〕［法］皮埃尔·布迪厄、［美］华康德：《实践与反思：反思社会学导引》，李猛、李康译，中央编译出版社 1998 版，第 136 页。

〔4〕谢维和：《教育活动的社会学分析——一种教育社会学的研究》，教育科学出版社 2000 版，第 73~74 页。

重要的手段。

（一）手段之一：慕课技术的应用

慕课（Massive Open Online Course）是一种基于互联网开设的大规模开放性在线课程。国外慕课的应用较为广泛，学者们对其研究也较为深入。自2011年开始，慕课在全世界呈现井喷式增长，形成了世界范围内规模最大的三个慕课平台Cousera、Udacity、edX。慕课以学习兴趣为导向，不受时空的限制，最大限度地实现了文化知识的共享。

慕课技术拥有与自主学习场域十分契合的核心内在优势。其一，作为开放性课程，慕课的课程类型丰富，且往往由优秀教师进行引导教授，质量可靠。这就便于学生根据自己的兴趣爱好、自身的知识结构水平和目标预期，较为自由地进行学习内容的选择，避免了师主学习中容易产生的由于对学习内容不感兴趣而导致的学习积极性不足的弊端。其二，慕课学习较为便捷，容易利用碎片化的时间来完成某一领域的系统化学习，与高校大学生的生活习惯相适应。慕课课程充分适应了信息时代的特点，学生可以发挥电脑、手机等移动终端的功能，让其成为自主学习的高效工具。其三，慕课课程学习的情境感、参与感、互动感较强，学生可以与老师即时互动，教学相长，互相启发。

（二）手段之二：教学语境的转换

“语境”一词由波兰人类学家马林诺夫斯基在20世纪初期提出，他认为语境具备何故、何事、何人、何地、何时、何如六个面向，是时间、地点、场合、对象等客观因素和使用语言的人、身份、思想、性格、职业、处境、心情等主观因素所构成的语言使用环境。在不同的人类交互领域会形成不同类别的亚语境系统。教学语境是教育交互中听话人领会说话人语意及交际意图的有机环境。在高等院校的人才培养过程中，教学语境是最为重要的语境系统，而教学中的语境建设对预期教学效果的实现有着至关重要的作用。没有教学语境，教学环节便成为无本之木、无源之水。教学语境是所有教学活动客观存在与运行的软性基础与动力来源：它不仅有助于受众辨析歧义，获得准确的信息，有助于其从模糊的信息中推断出传达者的真实意图，更有助于其从话语中体会言外之意，形成正向激励。

"教学是一门艺术，任何东西都无法取代丰富多彩的教学对话。"[5]其中，以对教学语言本身的利用和解读为核心的语内语境，在商科高等院校自主学习场域构建中具有极其重要的意义。教学语境的转化对自主学习场域的构建会产生积极的影响与推动作用：其一，教学语境由"告知"转变为"讨论"，便于激发学生的学习动力。教师从单纯高高在上地把已知知识口传给学生，转化为以一个未知者的身份和学生共同探索新知，会帮助学生感觉到自己是学习的主人翁。其二，教学语境由"枯燥"转变为"有趣"，能够使学生直接体会到教学环节的乐趣。教师一定要从学生的角度出发，通过体察学生的生活认知发掘易于学生接受的语言。通过幽默的语言，缓解教学过程中的枯燥，潜移默化地帮助学生进入知识的殿堂。

三、高等商科院校自主学习场域模型

笔者认为，在充分理解自主学习场域内涵与认识新兴教育场域资本配置手段的基础上，应逐步建立高等商科院校自主学习场域模型，引导学生进行自主完善与发展。其具体模型设计如下图所示：

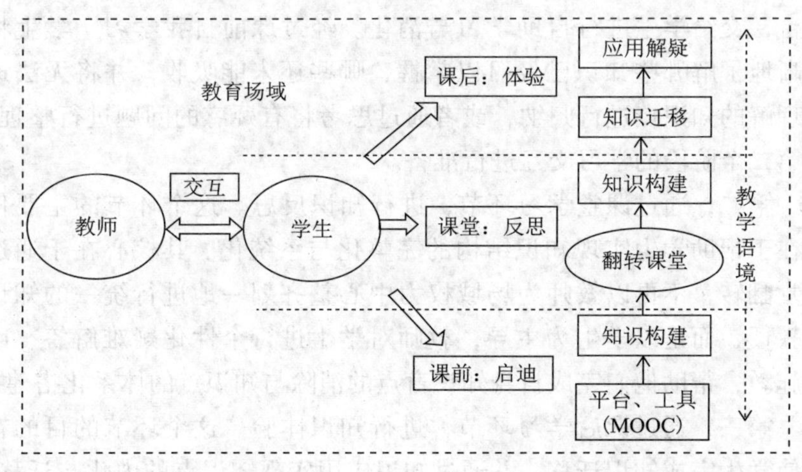

〔5〕 联合国教科文组织总部：《教育：财富蕴藏其中》，联合国教科文组织总部中文科译，教育科学出版社 1996 年版，第 170 页。

（一）自主学习场域模型构成

1. 主体角色构成

在自主学习场域模型中，主要包括学生与教师两类主体。这两类主体构成了场域内资源配置的两极，在信息交互中完成了知识资本的传递：

第一，学生与教师之间的交互。如前所述，在自主学习场域模型中，学生毋庸置疑成了中心权力极，他们的学习预设、学习安排、学习评价成为交互活动的原动力；教师作为辅助权力极，则为学生提供帮扶和必要的方向性指引，使学生的学习活动更加高效合理。

第二，学生与学生之间的交互。学生相互之间，不仅仅是学习过程中的朋伴，共同习得新知，更重要的是他们还相互为师、取长补短，完成知识的分享。

2. 学习环节构成

在自主学习场域模型中，学生的学习进程以课堂这一时空为界定标准，由课前学习、课堂学习与课后学习三个环节构成。

第一，通过课前学习环节，实现知识启迪。这个环节的主要任务是学生完成基础知识结构的搭建。其要义在于将传统教育环节中需要教师进行机械传授的基础性知识，利用慕课等新兴教学手段与平台，交给学生进行自助学习与消化。经过课前自我学习，学生将清晰地了解哪些知识已经可以掌握，哪些还未能吸收，并将无法透彻理解的知识点进行归纳，或者通过思考将有疑惑的问题进行整理，为第二个阶段的学习交互进行准备。

第二，通过课堂学习环节，进行知识反思。这个环节的主要任务在于帮助学生实现知识结构的完整化与系统化。其核心在于通过课堂翻转，不再以教师为场域权力中心整齐划一地进行统一的知识点教授，而是以学生为主导，教师对学生进行个性化疑难解答，因材施教，帮助他们完成自身知识盲点的消除与知识点的体系化搭建。

第三，通过课后学习环节，进行知识体验。这个环节的目的在于使学生完成知识迁移，并通过知识应用实现知识点的内化与迁移。目前，在向应用型人才培养目标转型的浪潮下，引导学生进行实践能力的培养，完成产学研转化，是高等商科院校人才培养的重要目标之一。因此，把学习过程进行延伸，丰富课后学习环节将成为自主学习场域构建的重要内容。

3. 教学语境系统要素构成

在教师与学生的信息交互中，教师要以学生为出发点，从学生便于接受的角度出发，适当运用符合学生认知特点的风格化教学语言，以期建立高效、准确、清晰的教学语境系统。该系统在课前学习、课堂学习与课后学习环节中持续发挥作用，有利于缓解传统教学中学生被动与较为沉闷的气氛，营造活力十足的学习氛围。

（二）自主学习场域模型特色

自主学习场域模型是融合慕课平台等新兴媒体教学元素，以教学语境为黏合剂的高校商科院校教育场域模型，具备如下显著特色：其一，从主体角度而言，该教育场域是场内主体协同、竞争、博弈形成的权力关系网络，以学生为权力中心的理念是教育场域建立的价值核心。其二，从存在的时空角度而言，该教育场域贯穿于传统授课课堂始终，并扩张至课前、课后，形成全方位的沉浸式场域。其三，从运行机制的角度而言，该教育场域充分融合了慕课平台、微课技术等硬件教学元素，也需要通过教学语境改善、交互式体验等软件催化，完成课堂翻转。其四，从融合改良的角度而言，该教育场域的构建不能过分迷信慕课等新兴科技手段，仍需要遵循教育规律，适当搭配模拟法庭、法律援助实习等成熟元素。

应用型高校教师评价现状分析及思考*

刘　婧**

高校教师考核评价历来是高等教育综合改革的重要内容，也是高校教师发展和人事制度改革的难点。《教育部关于深化高校教师考核评价制度改革的指导意见》的出台，为高校推进教师考核评价制度改革提供了政策指导。应用型高校作为我国高等学校的重要组成部分，需要深化教师考核评价制度改革，并以此为抓手加强教师队伍建设，激发高校办学活力，更好地服务于区域经济社会发展。近年来，应用型高校积极探索教师考核评价改革，针对应用型高等教育的特点，在教师分类管理、优化考核指标体系、评价机制创新等方面做了有益尝试，以更好地促进应用型高校办学目标的实现和应用型人才培养质量的提高。笔者对各省市发布的向应用型转型的高校名单的教师评价状况进行了分析，归纳出了特点和存在的问题。

一、应用型高校教师评价呈现出的特点

（一）坚持以德为先，强化师德考核

在应用型高校教师的考核评价中，普遍将教师的思想政治素质和职业道德等师德表现作为首要内容。许多高校制定颁布了师德建设的实施管理办法，强化师德师风建设，突出师德的重要地位。强调教师要坚持政治意识和大局意识，在公共场合和教室讲台，都不能触碰法律底线、违反政治纪律，如有违反学术道德、违反教师职

---

* 本文系天津市教育科学“十三五”规划课题“应用型高校教师评价体系研究”（项目编号：HE3022）、2017 年度天津市哲学社会科学规划项目“应用型本科教育视阈下的师资队伍建构与优化研究”（项目编号：TJJX17-003）的阶段性研究成果。

** 天津商业大学法学院助理研究员，研究方向：高等教育管理。

业道德等师德禁行行为的，实行师德一票否决制，考核评价不合格，并依法依规给予相应处分。

（二）突出教学业绩，重视教学质量

对教学效果的评价采用学生评价、同行评价和督导评价等多种评价主体，对评价指标进行改革创新，使评教结果更具参考价值。注重教学业绩评价，主要包括教学建设、质量工程、教学研究、教学获奖等，引导教师对课程改革、教学方法等热点难点问题进行研究。将教学研究成果与科学研究成果、教学奖励与科研奖励同等对待；将教师参加教学大赛成绩纳入教师考核内容，鼓励教师提升教育教学能力；将教师的创新创业教育作为重要考核指标，教师指导学生创新创业、参加社会实践和各类竞赛，都计入教学工作业绩，纳入到考核评价内容之中。对教师的教学水平实行校院两级考核。许多高校在教师教学考核的各个环节有所创新，如教学工作跟踪考核、教师授课能力测试、教学文件质量考核等。

（三）注重应用性科研，以实际贡献为导向

对教师的科研评价更加关注科研成果与一线工作实际的结合，注重科研所获得的业内、市场与社会的认可程度，重视科研成果的社会应用价值和社会效益。对教师的应用性研究项目和成果，重点评价其解决问题的实际贡献。许多高校已将技术应用、成果转化、科技创新、发明专利、标准制定、智库成果等及其所创造的经济和社会效益作为教师专业技术职务评审的重要依据，一些高校规定教师科研成果推广或转让取得一定经济效益可以替代论文、出版物及科研项目要求。一些高校实行合理的科研评价周期，对科研只实行聘期考核，不以速度和数量论英雄，为学术研究和创新提供宽松的环境和条件，使教师淡化对速度和数量的追求，[1]潜心进行科研创新。许多高校淡化科研成果数量要求，实行代表性成果评价机制，采用学科组评议和同行评议制度。

（四）重视教师的社会服务与实践能力

许多应用型高校鼓励教师参与社会服务，把教师参与科技推广、

---

〔1〕焦师文："坚持发展性评价方向，推进教师考核评价改革"，载《中国高等教育》2014年第10期，第30~32页。

企业技术应用、新产品开发、专家咨询和承担公共学术事务等方面的工作纳入教师评价内容之中。许多高校为离岗创业教师提供优惠政策，三年内可以保留人事关系，等同于在岗人员参加专业技术职务评聘和岗位等级晋升。重视对教师的实践能力的考核，许多高校要求教师有在企事业单位或政府部门挂职或实践锻炼的经历，并将其作为评优评先、岗位聘任和晋升专业技术职务的重要依据。通过实践锻炼促进产教研融合，提升教师的教学、科研和社会服务水平。除了具备实践锻炼的经历，还要求教师切实掌握专业实践技能，胜任所授课程实践环节的教学工作，具有解决本专业生产中实际问题的能力，如调研工作、实验动手能力等。

（五）关注个体差异，实行分类管理

应用型高校以专业技术岗位聘任为切入点，进行教师分类管理。许多应用型高校将教师大致分为教学为主型、教学科研并重型、科研为主型、社会服务与推广型四类，针对不同类型教师制定岗位职责和聘任条件，一些高校在以上分类的基础上更加细化，按学科细化为人文社科、理工科、艺术类、体育类等。在院级管理上，学院根据学科专业特点，制定了更加切合实际的考核评价要求和标准。这种与教师体系相对应的分层评价制度，尊重教师的工作特点，教师可以选择适合自己专业发展的岗位，充分发挥自身特长。

针对“双师双能型”教师，目前各高校对“双师双能型”教师的界定包括几种：一是具有职业资格证书，既有高校教师资格证书又有行业职业资格证书；二是拥有职称证书，既有教师系列职称又有行业系列职称如经济师、工程师等；三是拥有实践经历，即有在行业企业一线从事本专业实际工作的经历；四是从事应用技术研究，主持过应用技术研究项目等。对“双师双能型”教师的评价，有的高校设置了“双师双能型”教师岗位，制定岗位工作职责，在考核评价和晋升中单独设指标，单独考核；有的高校对“双师双能型”教师，在教师评价考核、聘用等方面有所倾斜，包括优先考虑和加分政策等。一些高校在教师申报专业技术职务时，要求教师必须具备双师资格或取得与所从事专业相一致的职业资格证书，很多高校对教师取得双师资格规定了时间表，要求应用型专业的教师要在一定时间范围内全部取得双师资格。

（六）注重教师评价与教师专业发展相结合

应用型高校注重教师的专业发展，在评价教师的同时，结合学校转型发展、人才培养目标变化、教师角色转变等新形势、新情况，采取了一系列诸如制定提升教师实践能力工作计划、出台双师型教师培养管理办法、实施教师全员培训制度、建立教师发展研究中心等措施，帮助教师提升教学能力、实践能力，为实现教师教学、科研和社会服务工作的深度融合以及促进教师的专业发展做出了一系列举措。

二、应用型高校教师评价存在的问题

随着高校办学自主权的进一步扩大和教师职称评审权的逐步下放，许多高校结合自身向应用型转型和教师队伍的实际情况，对教师评价体系改革进行了有益的探索，在评价机制、评价标准、评价指标等方面有所创新，在教师分类评价、教师业绩的定性评价等方面都取得了显著进展，评价体系更加科学合理，逐渐改变了与综合型高校、研究型高校教师评价的同质化倾向，呈现出了应用型高校的特色。各个高校处在转型的不同阶段，教师评价体系的改革发展进程也不尽相同。在取得成绩的同时，也仍存在一些共性的问题。

（一）科研为重的评价导向

在传统的精英教育情结和高校评估中过分重视科研等因素的影响下，长期以来教师作为研究者的角色被强化，而其作为教育者、服务者的角色则被边缘化。[2]因此，高校历来存在教学与科研评价的失衡，把科研作为高校教师评价的主要内容，长期忽略社会服务方面的评价。应用型高校目前的教师评价体系，仍存在过分看重科研论文和项目的情况。大多数高校的科研考核有分值上的硬性要求，而教学考核只是在教学工作量和评教成绩上有硬性要求，教学工作

〔2〕 余婉娜：“角色理论视域下应用技术大学教师评价制度的审视与重建”，载《教育评论》2016 年第 8 期，第 55~58 页。

其他方面的业绩和社会服务工作业绩只是加分项，科研在教师评价、考核晋升中起决定性作用。这种以科研为重的评价导向，势必影响教师在教学和社会服务上的精力投入，与应用型高校培养应用型人才和服务经济社会发展的目标相悖，不利于应用型高校教学、科研和社会服务的协调发展；同时也会导致教师治学心态浮躁，产生学术上的短期行为和学术越轨行为。

（二）发展性评价存在不足

当前应用型高校的教师评价，存在“绩效至上”的评价导向，考核评价目的单一，只评价教师过去和现在所取得的业绩，评价的结果只作为奖惩和晋升依据，很少用于分析教师在考核评价中的优势与不足，教师评价的发展性功能尚未充分体现，难以根据评价结果做出针对每个教师的发展规划，不利于教师的专业发展。高校教师的发展性评价着眼于教师的未来发展，注重过程评价，在评价活动中分析教师的优点和不足，进而为教师制定专业发展计划，促进教师的专业发展。发展性评价需要与当前教师评价中占主导地位的奖惩性评价进行有机结合，需要评价者与教师加强沟通和对话，需要教师进行自我评价，唤起教师内心的反思与自觉。

（三）教师评价主体单一

目前应用型高校教师评价主体由高校领导、职能部门管理人员、学院领导以及教学督导等人员组成，评价主体局限于高校内部，未必具备教师评价所需的相关素质。应用型高校的主要利益相关者如政府、行业企业、地方组织都不是教师评价的主体。随着校企合作办学的增加和产学研的深度融合，应用型高校的服务范围逐渐扩大，[3]教师的工作内容也更加多样化，校企之间的人才流动也更加频繁，迫切需要行业、企业专业人士参与到教师评价工作中来。

（四）缺少对实践教学质量和效果的评价

应用型人才的素质结构主要包括理论知识和应用能力，需要教师对学生知识的传授和实践能力的培养并重，要求教师的理论教学

---

〔3〕余婉娜：“应用本科时代地方高校教师评价的问题与出路——基于教师专业发展的视角”，载《教育探索》2016年第6期，第121~124页。

和实践教学并重。目前对教师理论教学的评价体系比较完备，而对实践教学的评价则大多只涉及工作量的评价，对实践教学质量、效果的评价，很少高校有所涉及，通常只考核教师指导学生发表论文或获奖、指导学生参加竞赛获奖等情况。鉴于实践教学的重要性，高校需要进一步丰富实践教学评价内容，重视考查教师对学生实践应用能力的培养情况。

三、对应用型高校教师评价的思考与展望

在应用型高校的转型发展过程中，科学合理的考核评价制度能够起到引导和激励的作用，激发教师的积极性和创造性，使教师们安心教书育人、专心治学，不断提升自身的应用型能力素质，做出创造性贡献。教师的评价体系改革是应用型高校的重要课题，要站在应用型高校建设和转型的高度，依据学校的发展定位和人才培养目标，进行针对性强、富有特色、可操作性强的评价设计和制度安排，重视岗位管理，坚持德才兼备，注重能力与实绩，体现应用型特色。

（一）加强对教师评价的整体设计

应用型高校要根据学校的办学定位，将教学、科研、社会服务三者在教师评价权重中进行合理分配。改变科研在教师考核评价中占主导地位的局面，加大应用能力评价权重，从整体发展的角度对教师的业绩成就和实际贡献进行评价。建立教师评价的校院分级管理体系。根据不同学科、不同岗位的特点，探索适合高校自身实际情况的分类评价机制。充分发挥教师评价对教师素质提升的促进作用，通过评价激励教师提升专业实践能力和实践教学能力，使“双师双能型”教师成为每个教师的发展目标和自觉追求。〔4〕改变以绩效评价为主的评价制度，把教师评价目标定位于促进教师专业成长与发展，实行发展性评价与奖惩性评价的结合，促进教师与高校的

---

〔4〕 冯旭芳：“‘转型’试点高校‘双师双能型’教师队伍建设探究”，载《高等工程教育研究》2017 年第 1 期，第 140~144 页。

共同发展。

（二）严把师德关，加强对教师思想政治素质的考查

高校教师的思想政治素质和道德情操直接影响着学生的世界观、人生观、价值观的养成，决定着人才培养的质量。应用型高校要将师德考核贯穿于教师评价管理和职业发展的全过程，在教师招聘、岗位聘任、职务晋升、培训进修、年度考核、评优奖励和导师聘任等工作中，切实体现师德方面的要求，把思想政治素质作为必备条件和重要考查内容。推行师德考核负面清单制度，明确实行“师德问题一票否决制”。

（三）探索更加科学合理的评价指标和评价方法

对教师的教学评价，在教学工作量和教学业绩的考核之外，探索对教师应用型课堂教学效果和实践教学水平的评价方法，将教师产教融合、协同育人的工作纳入教学评价中，鼓励教师深入教学一线，积极投身于应用型人才培养中。科研评价要注重应用性科研成果，以服务社会需求和注重实际贡献为评价导向，探索建立“代表性成果”评价机制，对理论性成果考查其创新度和学术影响力，对应用性成果考查其经济社会效益。完善专家评议和同行评议制度，积极探索实施第三方评价，注重个体评价和团队评价相结合，建立合理的科研评价周期。在社会服务的评价中，针对教师参与科技推广、企业技术应用、新产品研发、专家咨询和承担公共学术事务等方面的工作制定明确的评价指标，评价教师参与社会服务活动的数量和质量，对教师的产学研融合能力、产业服务能力等进行全面衡量。

（四）加强教师评价数据信息化管理

应用型高校要做好教师考核评价工作的信息化建设，建立教师业绩数据库，对评价数据进行动态管理和定期公示。通过对以往教师业绩的分析整合，对教师既有的工作和未来的发展潜力做出综合的评价和判断，帮助教师解决工作中所遇到的问题和困难，使教师找准职业发展方向，完善职业发展规划，促进其教学、科研和社会服务水平的不断提高。

（五）鼓励第三方评价，实现评价主体多元化

高等教育治理现代化的基本要求是实现管办评分离，让同行、学生、社会机构各方都参与到教师评价体系中来。[5]加大企业、行业、学术组织、科研机构等第三方评价机构在教师评价中的参与度，教育行政部门则主要担负宏观引导、监管及提供服务等职能。通过第三方机构的合理评价，实现校企之间的人才互聘和职称互认，有利于校企之间的人才流动。重视评价者与被评价者之间的对话与沟通。教师自身既是评价客体也是评价主体，要鼓励教师进行自我评价，在评价中反思和提升自我。

（六）教师评价需要制度上的保障

《国家中长期教育改革和发展规划纲要》（2010~2020年）提出要“建立高校分类体系，实行分类管理”，引导高校合理定位，在不同层次、不同领域办出特色，争创一流。教师评价体系的优化有赖于高校的进一步发展，需要各地对高校进行分类管理和评价，对应用型高校与其他综合型大学、研究型大学，在项目申报、平台建设、专业学科建设等方面平等对待。同时，对高校的评估也要改变以往过分重视科研的倾向，要更加注重学校的特色发展与学科建设，使高校在应用型转型上取得实质性进展。教育主管部门也需要进一步优化评价环境，将教师评价主体下移，把考核评价的主导权下放给高校，做好监管和引导，使高校根据自己的发展战略和发展阶段，自主选择适应本校的教师考核评价方法。

---

〔5〕王者鹤：“新建地方本科院校转型发展的困境与对策研究”，载《中国高教研究》2015年第4期，第53~59页。

双创背景下高校教育改革探析

——以商科院校为例

肖灵姗*

一、高校教育管理现状分析

高校是培养高素质人才的圣地。多位领导人在各种会议上对于高校的发展定位以及高校的首要任务都做出过批示和强调。刘延东副总理在2016年召开的深入推进高校创新创业教育改革座谈会上明确强调，要抓住高校创新创业教育这个“牵一发而动全身”的突破口。[1]所以，我们应该继续致力于输出优秀人才，奠定坚实的基础，推动高校的进一步发展，关键是要深化教育教学改革，在双创背景下找到教育改革的突破口，以双创背景要求为指导，培养具有国际竞争力的一流人才。

1. 双创背景下，要求高校教师转变以前的应试思维，适应新的要求，但是，有些教师并不能适应新的需求。一般来说，目前，高校教师虽然受过高等教育，学术水平高，但是，他们大部分主要是从学校到学校，从课堂到课堂，没有创新实践经验和能力，而且很少参与过社会竞争，大部分高校的教师墨守成规，沿袭着自己以前接受的应试教育，不愿意去接受新的思想和创新思维，教学的各个环节以及课堂、考试、考查仍习惯传统的应试教育观念，无论是课堂的授课内容还是期中、期末的考试题目都很难达到培养学生独立

---

* 天津商业大学法学院助理研究员，主要研究方向：教育管理、法理学、法史学。

〔1〕 刘延东：“深入推进创新创业教育改革，培养大众创业万众创新生力军——在深入推进高校创新创业教育改革座谈会上的讲话”，载《中国教育报》2015年10月26日，第001版。

思考和想象能力的作用。

2. 在教育管理过程中，当前的排课等制度还不能与创新教育背景相符合。大部分高校承袭几十年来的发展套路，无法跟上时代的发展潮流。当前高校都在进行学校、学科的发展定位讨论，以及高校建设新思路的征集，大部分高校都在努力改变自己以前的发展思路，但是仍然有一部分高校墨守成规，不去顺应潮流的发展，无法理解创新教育的内涵，达不到创新教育的实质希望，教师们的研究成果仍然停留在往日的研究领域，很多思想已经与最新的潮流格格不入，在这样一种情况下，很难研究出高水平的符合时代潮流的成果。

3. 现有的实验教学平台不能真正适应双创背景对教育的要求。目前，高校的实验教学和社会实践主要以单纯的技能训练为主，无法与培养学生的创造性思维、独立思考能力和想象力相适应。这样一种教学无法启发学生们的新思路，无法真正与新时代要求相对接。为此，我们要在实验教学和社会实践中赋予学生新的思考能力，设计新的课程思路和授课方式来启蒙学生的思维，通过各种可以利用的环节培养学生的管理能力。

二、双创背景下高校教育改革的新需求

“十三五”规划提出了很多关于创新教育重要性的论断，在时代背景下，如何通过对教育的改革、对课堂教学的改革以及对授课方式的改变，来改变教师们的教学方式以提高教师们的水平，真正培养出高素质人才呢？这需要我们分析双创背景下高校教育改革的新需求是什么。

第一，教育追求多重目标，最关键的是培养人才，但是在这个过程中会涉及教育的各个阶段，从而创新教学设计、创新教学思路、创新教学方式以及增加对教学管理的深入规范等。有一些学者将学校教育的目标归结为“识记、领会、应用、分析、综合、评价”六个方面，这种教育目标的分类在历史上具有非常重要的作用。20世纪90年代末期，美国国会通过《美国教育法案》（Goals 2000：Educate America Act)，更明确了依托教育目标进行教学活动的一致性规范。[2]1990年，安德森（Anderson）和克拉斯沃尔（Krathwohl）的研究表明，有必要对教育目标的实现做出进一步的调整，这是相当迫切和必要的，他们重点研究如何更好地适应新时期教育目标分类的新变化。从美国高等教育的文献回顾可以发现，美国的高校教育达到了人才培养的终极目标，美国高校以人才培养作为教育的最终目标，同时对教育评价的方法和方式产生了直接的影响。随着时代的发展以及顺应高等教育的发展要求，我国的教育必须突破原有的束缚，改变过去的应试目标，将高校的目标转向对人才成长的培养，对人才的创新和创造力的培养给予真正的关注。

第二，随着时代的不断发展和更新，中国的高等教育也在不断地进步和突破，但是在教育上仍然还存在很多问题，高校的培养目标在不断地发生变化，随着培养目标的变化，教育形式必将进行改革。有关学者提出了一种不同于以往的学科定位模式，这种模式以特殊的应用背景为基础，以“跨学科”和“问题导向”为基础，重视知识的实用价值，新的知识将出现“多价”的局面，具有跨学科和商业化的特征。具体而言，在学生教育领域，研究人员发现学校涉及不同类型的项目活动，突破国家和国籍的限制，突破民族之间的差异，学生之间互相交流，分别与具有不同宗教信仰和价值观的个人交流，学习方式不断多样化和潮流化，与传统的课堂模式完全不同，这种形式的课堂充满了互动，这种教育模式有利于提高学生的学习效率和成绩。

总体而言，随着双创教育的不断发展，知识的特点不断变化，这对学校教育模式的发展提出了更高的要求，高校应该怀有开放和进取的态度，不断尝试进行跨世界、跨区域的合作，进行多元化的教育设计，并不断普及。

第三，随着双创教育的不断发展，知识生产特征的不断变化，

---

〔2〕 R. E. Carlson & D. Smith-Howell，“Classroom Public Speaking Assessment：Reliability and Validity of Selected Evaluation Instruments”，in *Communication Education*，1995，44（2）.

大学教师的身份在未来将呈现出多重特征，他们可能是大学教授，可能是兼职律师，同时又可能是企业顾问。与这种特点相适应，大学知识生产也呈现出更加开放的特点，只是发表几篇文章、拿下几个项目已经不足以表明一位老师的成就，而学生们的成绩也不仅仅停留在考试名次上。未来的教育将包括专业知识的学习、健康人格的培养、创新潜能的开发等多个方面。纵观高校的发展，学科的评估不仅仅包括学科实力、学科人才、学科的发展潜力和贡献，而是开始考虑学科优势、学科特色、学科授课模式、学生创新能力等，学科的评估指标出现了多层次和多元化的特征。就我们学校而言，评教体系从传统的学生评教发展成为“学生评教+同行评教”，或者是二级学院自己根据学院特点制定具有自己特色的评教模式，这些发展情况更加现实地表明教育模式在不断变化，因为需要顺势而为，不断进行教育管理的改革。

三、双创背景下高校教育改革新对策

（一）把握方向，扎实推进教育改革

双创教育改革即将面临机遇和挑战，其进程非常的复杂，高校作为双创教育的主体和关键改革之地，要把重点放在全面提高人才培养质量的关键任务上，抓住关键领域和关键环节，推动改革的进一步发展。要积极增强创新创业的主体意识，积极落实培养高素质人才的关键性问题，将创新创业教育观念与社会主义核心价值观相结合，使高校的学生树立大局观念，不计较个人得失，通过学生个人创新和创业能力的提高促进中华民族伟大复兴的实现，学生将个人追求与抱负融入国家的进步和发展过程中，增强学生自身的使命感，培养实干精神，使学生乐于创新、勇于实践。积极与创新行业相适应，开创新形态，最终使高校学科适应新需求，使相应发展起来的就业结构向创新、创业方向倾斜。我们应该促进本省和外省高校之间的合作以及国内高校与国外高校之间的合作，加强学校内部各学院、各系之间的交流与合作，完善国内外优秀学生的交流机制，使不同主体之间的优秀教育经验能够互相促进与传播，进而促进高

等教育培育人才机制的创新，实现优质教育资源的互补，为天津市乃至全国高校教育提供发展契机，为进一步发展打下坚实的基础。

（二）把握任务，切实深化教育改革

1. 双创教育改革的切实推进和高水平人才的培养，必须坚持不断深化教育体制改革，改变以往应试教育的思维模式，培养学生的独立思维能力，要敢于批判一切理论，一切事情都要从点点滴滴开始，这样才能积聚力量达到质变，聚焦于高校，就是从课堂的几十分钟抓起。对课堂教学改革的核心是实现互动式教学方式，真正地启发学生的思维，与学生不断进行互动与交流，探究这种教学模式的常态化，在课堂上，教师与学生不是讲授、传授和灌输的状态，而是应该不断加强交流与互动，不仅使学生的学习效果增强，还要使教师的教学水平提高。课堂教学改革同时还应当改变标准答案考试和取消应试及格分数，建立新的课堂教学评价和考核体系。标准答案不再是考试结果的决定性因素，不能简单死板地通过学生背多少知识、记住了多少知识来考查学生，学生只要有好的创意、好的想法甚至有些异想天开，也要鼓励。班上可以进行分小组讨论，让每个学生的思想能够得以碰撞，对学生进行动态考查，从根本上提高学生上课的积极性，杜绝考试作弊等不良现象。

2. 研究者要更加注重高校教育体制改革和创新研究，并将学术研究与就业、创业的客观实际相结合，通过开展学术讨论，对创新教育的规律和特点进行深入研究，不断深入探索有助于创新人才发展的途径，探索不断进行改革和创业创新教育的有效途径。

3. 放弃追求考试分数的价值取向，建立以培养创新型人才为目标的新型教育制度。培养创新型人才是顶层设计的过程，因此，要重视人才创新能力的培养和提高，我们过去的教育实践提倡素质教育，但在实际实施过程中，仍需要进行教育体制改革，调整专业培养规划，细化实施办法，将培养创新型人才的目标细化为教育指导方案，这个方案需要加以描述分解，易于应用，易于操作和实践评估。避免传统教学过程中的僵化形式，实行多样化的教学实践。注重通过各种课堂以外的学习方式启发学生的思维和思考方向，注重团队合作，鼓励质疑思想的建立以及探索多种解决方案和做法。不断与从业者和研究人员进行交流，激励教育学生，从而得到广泛认可，但与传统的课堂教学相比，教学的改革方向比较复杂，难以控制，组织实施评估的过程中出现了很多问题，新的教学设计方案尚未广泛应用于高等教育领域。对比美国高校，其更倡导积累多样性经验，认为多样性经验对创造力的培养至关重要。未来中国的高等教育体制改革，应当更加开放和包容，利用“互联网+”、大数据和其他新的资源，创建综合教育体系，促进教育体制革新。通过各种方式，不断激励学生们的创新思维和能力。不得不提的是，在发达国家，教育评价、教育政策和学校管理会受到教育机构和学生调查评价结果的重要影响。

4. 抓好专业课程体系建设和师资队伍建设。要对学校各学院的课程进行全面的排查和梳理，不断改善学校现有的教学课程、培训目标、培训计划，“双创”教育的目标、内容和要求体现在专业设置、培养目标和培训计划之中，无论是在培养目标模式上还是在培养内容评价体系上都要体现“双创”教育精神，使学校教学模式更适应专业学科教育的发展，通过高等教育体制的革新实现“双创”教育的定位和要求。同时，不断改善高校人才管理机制，与大型企业和基地建立双向交流形式，使得高校大部分教师适应双创教育的要求，打破在双创教育过程中所遇到的瓶颈。

5. 注重改革奖励和考核机制。建立对努力从事教学、不断进行科研研究、认真完成教学任务的教师进行奖励的长效机制，对在教育教学理念上具有创新型思维的教师和真正致力于为学生服务、立足于培养高素质人才的教师进行奖励。奖励机制的建立能够不断鼓励和引导教师把更多的时间和精力放在学生身上，从有利于学生综合发展的角度安排课程，进而促进教学和学术研究水平的提高。表彰岗位的设置不应当侧重于那些著名的科学家和学者，更应当侧重于那些在普通教学工作岗位上默默无闻但对贯彻高校人才培养计划做出贡献的普通教师。在进行奖励的同时，也要加强考核机制的进一步规范，虽然我校在整个天津市来说，并不是最好的，但是也要按照一流大学的目标和标准执行，注重一流学科和一流专业的建设。因此，需要加强对岗位业绩的考核，以优异的业绩、优质的服务、卓越的贡献来要求教师。按照“十三五”规划的要求，我校已经对《人事制度改革方案》进行了二次意见的征稿，这是在顺应双创教育背景和“十三五”规划要求的基础上进行的，受到各个学院的高度重视，真正做到根据实际特点，严格考核任务，将每项工作责任落实到位。通过加强岗位考核，进一步提升每一名教职员工的责任感和敬畏感，引导每一位教职员更加爱岗敬业。加强绩效考核是高水平大学建设的核心，新的人事制度将会实施，教师会按照实施方案的要求重新规整自己，使自己更加符合双创潮流的定位和要求。

四、结语

随着社会的不断发展，创新创业教育改革不断深化，在这种背景下，不断进行教育改革是高校不断发展的新任务和新要求。新时期顺应时代潮流实施国家战略方针是一项重要举措。当前，国内外形势严峻复杂，高校教育的发展并不平稳，高等教育的改革和发展面临着新的机遇和挑战。从国际上看，世界各大高校都在顺应全球新一轮兴起的科技革命和产业革命而不断进行改革，知识创新、技术创新不断加快，其周期在不断缩短，发展战略不断调整，更加注重创新能力的培养和高等教育的发展；在我国，科技创新对我国经济水平的提高发挥着关键性作用，我国各项事业进入发展的新常态，这样的发展状况和国情要求我国加快创新能力的建设，通过创新和发展促进我国科技水平的迅速提高。高等教育体制应当根据社会科技和经济水平的发展不断改革，以适应新的社会需求，通过教育体制的改革，培养人才创新能力，建设鼓励创新的多元包容的教育方针和政策。通过不断深化教育体制改革，促进创新型国家的建设和发展，提高高校培养创新型人才的能力，共同致力于我国创新人才的培养。我国的高等教育将进入新的发展时期、阶段和水平，经过一系列努力，为我国高等教育的发展不断赢得主动、赢得优势、赢得未来。

过程性教学课程考勤的创新研究

——以天津商业大学法学院为例

王舒婷*

随着过程性教学理念的发展，普通高校关于如何科学合理地制定出人才培养方案展开了各种各样的理论论证与实践探索。过程性教学课程考勤是普通高校在过程性教学基础上提出的一种督促学生学习、提高其综合素质的教育教学措施，在不同的高等院校中，它有点名考勤、上课交手机、课堂作业附带考勤等诸多表现形式。〔1〕伴随着高等教育教学领域的丰富与复杂的发展态势和外界生活的多元与引诱，高等院校学生自我管理约束能力渐弱，这便促使高等院校普遍把过程性教学课程考勤制度提上日程。

一、过程性教学概述

关于过程性教学课程考勤制度，我们首先要明确的是什么是过程性教学，因为只有对于过程性教学有了深入的了解，才能准确把握过程性教学的实质内涵，才能真正将过程性教学原则的理念灌输到过程性教学课程考勤制度中来。所谓过程性教学原则，是指教学必须以知识的发生发展和认知所形成的内在联系为线索，充分展现和经历其中的思维活动，使学生真正参与到发现的过程中来。

这一教学原则由当代数学教育研究工作者何良仆先生提出，他先是于1995年通过《中国教育学刊》第二期发表《数学教学要着力

* 天津商业大学法学院辅导员，政工师，主要研究方向：学生思想政治教育。

〔1〕 陈兴来："高校课堂教学考勤数据分析"，载《学园》2013年第36期，第22~23页。

揭示数学过程》，首次有了“数学过程”这一提法。随后，何良仆先生又在2003年由电子科技大学出版的学术专著《揭示数学过程与数学教育的重构》及2006年出版的专著《现代数学教育导论——教师专业发展的理论与实践基础》中，进一步对“数学过程”的内涵作出了阐释。书中围绕这一概念从崭新的角度对数学教育的本质进行了系统诠释，并在此基础上对数学教育的价值、目标、方法和规律作了全面阐述。2010年9月，何良仆先生通过在论文中的论证，主张将“过程性”作为数学教学的一项基本原则，重申了数学过程在数学教学中的意义，阐述了确立这一原则的重要性。

如今这一教学原则得到了有效的延伸和突破性发展，开始伸入到其他学科领域。过程性教学的基本要义，是通过再现知识的来龙去脉，引导学生亲历和感受知识发生的历程，使学生不仅占有知识形态的精神产品，而且占有镌刻于精神产品中的认识能力。为此，在教学过程中，要调动学生积极参与知识建构的全程，充分揭示和暴露学生的真实思维过程。

二、天津商业大学法学院过程性课程考勤制度分析

（一）过程性课程考勤的制度宗旨

2011年，天津商业大学法学院为响应《教育部关于进一步深化本科教学改革全面提高教学质量的若干意见》（教高〔2007〕2号）和《关于全面提高天津高等教育教学质量的若干意见》的精神，经党政联席会议决定，以提高学风和严肃考纪为工作重心，并凸显学院学科特色，创立过程性课程考勤制度，并于2011年2月下旬开始制定、试行并出台了多项学风建设实施方案，在这一系列的实施工作中，集中开展了学风整顿系列措施，大大提高了全院学生的出勤率与学习自觉性，为优良学风的创建营造了良好的氛围。

2011年3月初至今，法学院以《普通高等学校学生管理规定》和《天津商业大学学生管理制度》为依据，制定并推行了《法学院关于加强学风督察的实施办法（试行）》、《法学院学风督察员管理制度（试行）》和《天津商业大学法学院本科生学业管理办法》，

并不断修订完善，使过程性课程考勤各项工作皆有章可循。

（二）过程性课程考勤的工作阶段

1. 宣传动员和制定实施计划阶段

（1）法学院学风建设领导小组组织、协调班主任和各科教师部署学期学风建设总体工作，明确工作要求。

（2）辅导员老师召集召开学生骨干动员大会，成立学风督察员队伍（每学年共两期）。

（3）在全院范围内开展学风问卷调查，比较准确地掌握学风建设的现状，并据此向各班下发了《法学院关于加强学风督察的通知》。

（4）各班级召开学风建设主题班会，明确学风督察的指导思想，并要求大家在学风督察中，找出本班存在的不足，并及时反馈、纠正。在新生中将考勤作为各班团员推优的依据之一，积极培养其自我学习、自我警示意识。

（5）期末考试期间下发《天津商业大学法学院关于严肃考风考纪的通知》，并组织各班级学习。

2. 全面实施阶段

（1）学院进一步加强上课考勤工作，严格课堂和考试纪律，检查情况随时通报，建立日反馈、周反馈、月反馈等预警机制，对旷课、迟到、早退等非正常出勤的学生，按照有关管理规定予以严肃处理。

（2）发挥学生骨干的模范带头作用。在积极做好宣传工作的同时，开展不同形式的教育培训活动，要求学生干部、党员、入党积极分子以身作则，率先垂范，严格要求自己，在“学风建设”活动中发挥模范带头作用，宣传、组织、带领全院学生深入开展优良学风建设。

（3）开展各种形式的主题班会或主题团日活动。各年级要在认真调查研究的基础上，找准各班级学风建设所存在的薄弱环节，对学校及学院有关的规章制度进行进一步的学习和重申，结合学校开展过的类似于留级、处分等典型案例，剖析其原因，深入进行一次普遍教育。

（4）召开学风建设学生代表座谈会。邀请各年级各专业学生代表对我院的学风情况进行座谈，以便提出切实可行的新举措，促进我院学风建设。

（5）召开学风建设教师座谈会。邀请学院相关教师对我院的学风情况进行座谈，进一步找准我院学风建设中仍然存在的一些问题，认真剖析其原因，对症下药，促进我院良好学风的形成。

（6）每学期开学第一周，院学生工作办公室将符合学业警示、学业警告、学业淘汰和学业留级条件的学生名单报院党政联席会议，由院党政联席会议做出处理决定。由班主任将处罚决定告知本人，并与其家长取得联系，指出存在的问题，提出改进措施。

3. 过程性教学课程考勤总结表彰阶段

总结表彰阶段主要由学院学风组织负责组织召开学风督察工作总结会，在总结会中主要对往届优秀学风督察员进行表彰，对学风建设活动进行总结，推广好的经验、方法，表彰先进个人与集体。在表彰结束后，进行新一轮的督察员考勤培训，根据表彰总结时的经验进行自我批评改进，并将改进措施运用到下一轮的过程性教学课程考勤中去。

（三）过程性教学课程考勤工作成果

在法学院全体教职工和学风督察员的努力下，学风整顿系列措施大大激发了学生学习的积极性和主动性，在学院内逐步形成了良好的学习风气，并做到了奖惩分明，对多名违纪学生进行相应处理，并将各班级出勤率作为优秀班级考评内容，对评选出的优秀班集体予以表彰和奖励。其中，予以严重警告1人，警告5人，以上受处理学生皆未出现在学业留级和学业淘汰名单中。根据2015~2016学年的各科期末总评成绩，第一批受到学业警示、警告处罚的学生数据如下：

法学院2015~2016学年学业警示、警告处罚人数

项目（人）	2014级	2015级	2016级	总　计
学业警示	12	4	13	29
学业警告	4	4	4	12

续表

项目（人）	2014级	2015级	2016级	总　计
学业留级	0	0	5	5
学业淘汰	0	0	4	4
总　计	16	8	26	50

经过2016~2017学年第一学期的补考，上述受到学业警示、警告处分的同学都取得了一定的进步，其学习主动性和自觉性向明显积极的方向发展，学习状态有了明显的改观。

法学院2016~2017学年学业警示、警告补考通过情况

处分等级	受处分人数	挂课门数	补考全部通过的人数	比　率
学业警示	26	3	19	73.08%
学业警告	12	4	7	58.33%

另外，5位受学业留级处分的同学经过辅导员和班主任的耐心劝导和教育，经过2016~2017学年第一学期的补考，相应地通过了一定的科目，其处分等级也分别降到了学业警示和学业警告。4位受到学业淘汰处分的同学中有2位全部通过了所有补考科目，其他2位同学也通过补考取得了一定的学分。

通过比对2016年各年级、班级的出勤率趋势图表（如下），可以看出我院各年级、班级总的出勤趋势是良性发展的，受到缺勤警告的5名学生，经过辅导员、班主任的教育，出勤情况皆有所改善，在学业管理评价框架内均无出现挂科门数多的学业淘汰、学业留级情况。可以说，一年来我院学风督察相关工作的成效是显著的，该项制度的继续是必要的且有持续完善的探讨空间。

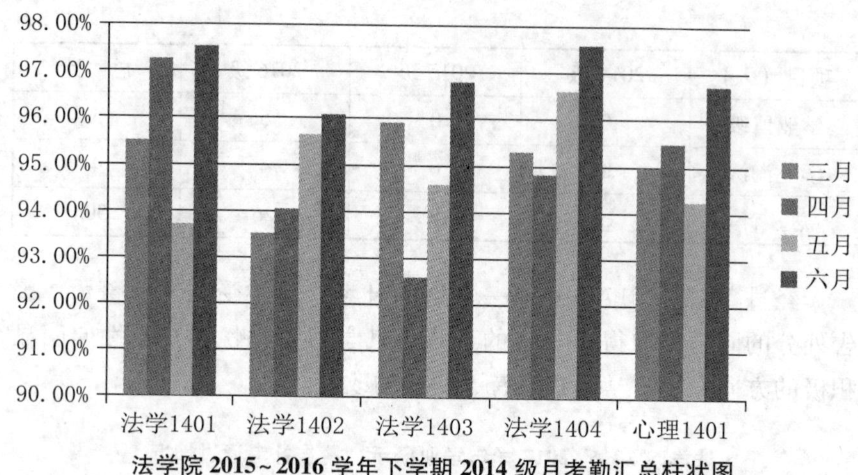

法学院 2015~2016 学年下学期 2014 级月考勤汇总柱状图

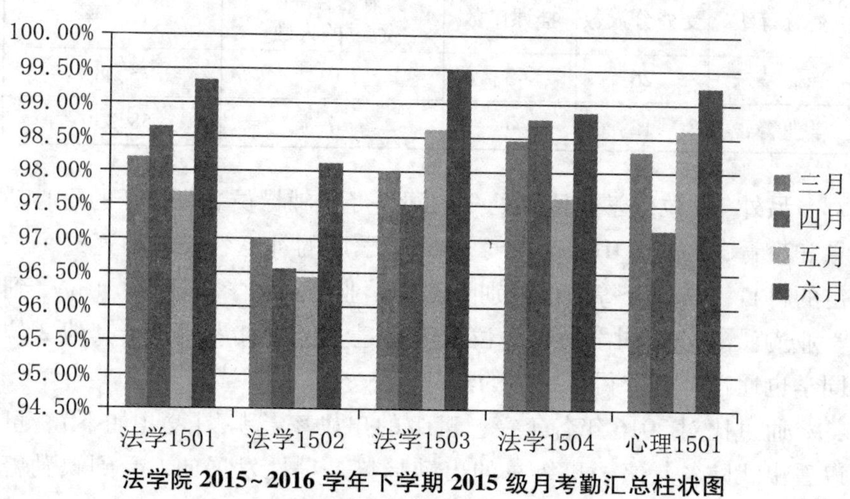

法学院 2015~2016 学年下学期 2015 级月考勤汇总柱状图

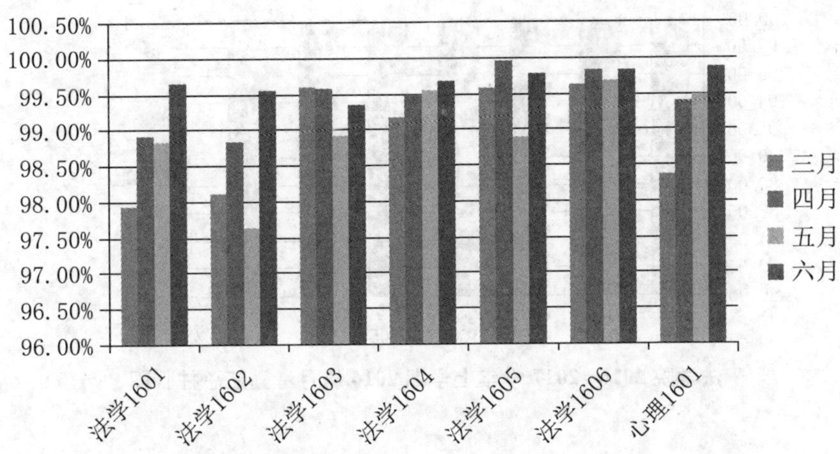

法学院 2015~2016 学年下学期 2016 级月考勤汇总柱状图

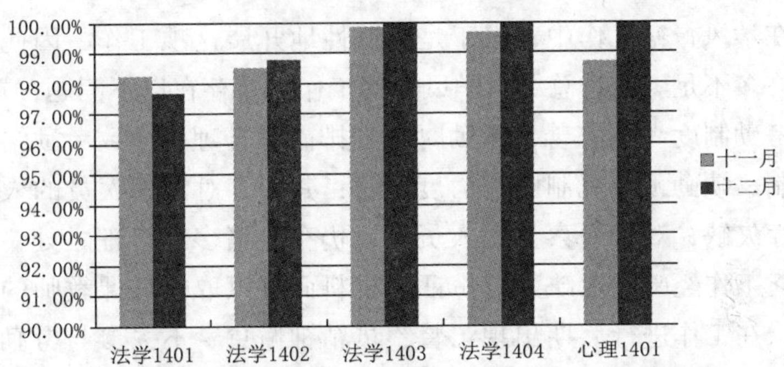

法学院 2016~2017 学年上学期 2014 级月考勤汇总柱状图

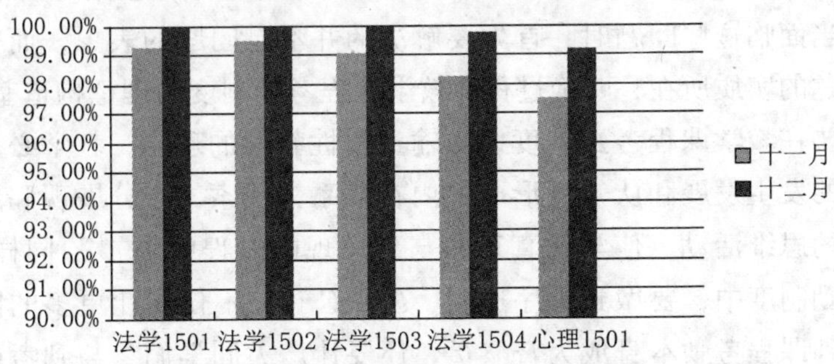

法学院 2016~2017 学年上学期 2015 级月考勤汇总柱状图

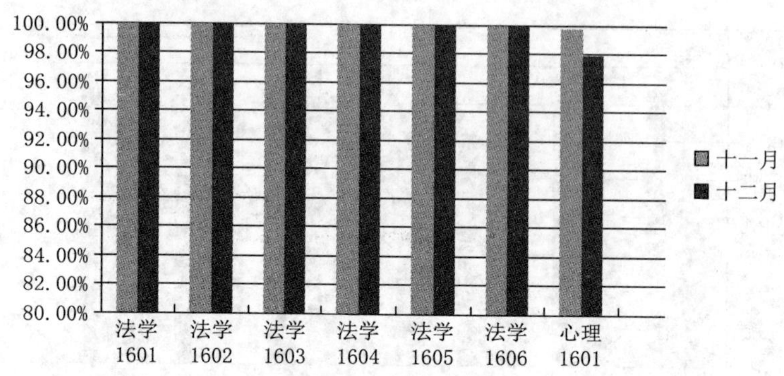

法学院 2016~2017 学年上学期 2016 级月考勤汇总柱状图

三、过程性教学课程考勤制度中出现的问题及对策

在学风督察工作中，由于是尝试性地开展这项工作，因此不免存在许多不足。通过总结，学风督察工作主要存在以下问题：首先，日常考勤制度尚不完善，考勤时间安排尚不合理，导致考勤结果反馈机制、缺勤预警机制跟进力度不够；其次，对督察人员的人员配备尚存欠缺，对于督察员的人员设置仍存在诸多不合理之处，督察员缺乏工作经验，因缺少身份证明材料而难以取得任课教师的积极配合，在工作进行后期出现了督察员精神懈怠、不去参与考勤、态度不端正等情况；最后，考勤对象本身也存在诸多问题，例如，替人考勤签到、找人替己签到、打游击战式签到等现象逐渐凸显出来。

当面临这些问题时，首先要解决的并不是问题的表象，而是认清问题的实质所在，明确过程性教学课程考勤制度的理论构造基础：就是要在教学课程考勤制度中灌输过程性教学的理念，教学必须以知识的发生发展和认知所形成的内在联系为线索，充分展现和经历其中的思维活动，使学生真正参与到发现的过程中来。〔2〕同样地，在考勤制度中，要做到程序透明、公平公正，不仅要让更多的同学参与到课程考勤本身成为督察员，还要让广大同学们参与到考勤制

〔2〕 郭鹏云："关于过程性教学的思考——教师需要在哪些方面改变?"，载《阴山学刊》（自然科学版）2018 年第 1 期。

度监督中来。

基于这些问题，法学院学生干部（包括学生组织干部和各年级各班班干部）通过多次开会讨论，研究制定出各种应对方案，以法科背景为衬托，充分保障各方权利义务，明确督察员的职责，建立完善的督察员管理办法；与此同时，确立了广大学生群体的监督权限，更加深刻地认识到此项工作的重要性，在实践中逐步完善了配套反馈制度，定期召开班级干部会议对各班级的出勤情况予以公示，对考勤结果有异议的，可以申请进行相关考勤材料的调查审核。针对出现的考勤时替人考勤签到、找人替己签到等弄虚作假、自欺欺人的不良行为，鉴于这些问题涉及个人素质和修养，因此，学院可以不定期展开诚信教育讲座、学生组织定期开展诚信教育活动等方式，对学生群体进行诚信教育，以确保学生个人在其价值观、人生观形成的重要时期受到优良道德品质的熏陶。将考勤结果定期向各班班主任进行通报，以确保班主任对班级学生学习状况有更加深入的了解，及时与学生沟通，促进学生学习成绩的提高和综合素质的发展。同时将考勤结果于学期末向任课教师汇报，使任课老师了解学生的学习态度，保证任课老师给出科学合理的平时分，以确保建立长久的考勤与学分挂钩制度，促使同学们更加积极地参与到课堂教学中来，保障过程性教学原则得到有效的贯彻落实。通过召开督察员会议，对学风督察过程中出现的问题进行讨论，对优秀经验进行总结，加强督察员的责任意识，提高督察员的业务素质，修改考勤表格设计，添加任课教师签字一栏，督促督察员认真履行职责。为督察员制作吊牌以证明其督察员身份便于得到任课教师的积极配合，及时解决督察工作中出现的各类问题，并逐步建立健全学风督察员的监督机制。对于表现优秀的督察员予以表彰，并优先考虑其为入党发展对象及优先取得预备党员转正资格。完善有效促进学生综合素质发展的机制，进一步促进高等院校人才培养总方案的落实。

四、结语

在天津商业大学法学院的过程性教学课程考勤制度中，我们不难看到，过程性教学课程考勤制度建设是一个长期而艰巨的工作，它需要学院每一个学生的积极参与，只有长抓不懈、建立长效机制，才能取得更显著的效果，才能有助于我院学生的学习，激发学生的学习兴趣。

笔者认为，天津商业大学法学院的过程性教学课程考勤制度在制度设计上存在着诸多优点，例如，充分贯彻了过程性教学原则在考勤制度中的运用，保证考勤制度的设计有基础的理论支撑；借助学院学科背景优势在制度构建上明确权利义务关系和监督体制；积极开展诚信教育，提升学生的综合素质，促进学院学生优良价值观的形成。然而，也处在着一些值得探讨的地方，例如，过分强调考勤所带来的效益，难免会有剥夺学生自由、强迫学生之嫌，甚至会出现“为了考勤而上课”等不良现象。

基于以上分析，笔者建议，过程性教学课程考勤制度应当继续坚持以过程性教学原则为基础理论根基，继续坚持公开、公正原则，落实有效监督机制，在实践中不断完善各项制度设计。弘扬依靠自身学科背景构建制度的特色，发动学生组织活动的积极性和学生群体参与活动的积极性，更要明确“以教育、激励学生为主，以惩罚学生为辅”的原则，进一步建立健全考勤信息反馈制度和缺勤预警机制，加强与任课老师的沟通与交流，在实践中逐步探索更好的工作方式和工作方法。通过日常考勤制度和学习成绩分析的结合，共同督促各年级学生珍惜光阴，奋发学习。

提高高等教育质量，核心是提高人才培养质量，坚持立德树人的根本任务，主动适应经济社会发展和天津市产业转型升级的人才需求，坚持以学生为中心，促进学生全面发展。[3]对本科专业人才培养方案进行整体优化，全面落实学校人才培养目标，建立以能力系统化培养为核心，知识教育、能力培养、素质拓展为一体的应用型人才培养体系，培养有高度社会责任感、深厚商学素养的复合型、应用型创新创业人才。

---

〔3〕 杨红霞：“改革人才培养模式，提高人才培养质量——国家教育体制改革试点调研报告”，载《中国高教研究》2014年第10期，第44~51页。